U0518005

母子公司
知识转移模式与机制研究

Research on Knowledge Transfer Mode and
Mechanism in Parent-Subsidiary Company

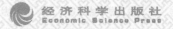

经济科学出版社
Economic Science Press

图书在版编目（CIP）数据

母子公司知识转移模式与机制研究/孙中伟著.—北京：
经济科学出版社，2013.10
ISBN 978-7-5141-3717-0

Ⅰ.①母… Ⅱ.①孙… Ⅲ.①母子公司-技术转移-
研究 Ⅳ.①F276.6

中国版本图书馆 CIP 数据核字（2013）第 195583 号

责任编辑：柳　敏　周秀霞
责任校对：刘　昕
版式设计：齐　杰
责任印制：李　鹏

母子公司知识转移模式与机制研究

孙中伟　著

经济科学出版社出版、发行　新华书店经销
社址：北京市海淀区阜成路甲 28 号　邮编：100142
总编部电话：010-88191217　发行部电话：010-88191522
网址：www.esp.com.cn
电子邮件：esp@esp.com.cn
天猫网店：经济科学出版社旗舰店
网址：http://jjkxcbs.tmall.com
汉德鼎印刷厂印刷
华玉装订厂装订
710×1000　16 开　18.25 印张　300000 字
2013 年 8 月第 1 版　2013 年 8 月第 1 次印刷
ISBN 978-7-5141-3717-0　定价：63.00 元

（图书出现印装问题，本社负责调换。电话：010-88191502）
（版权所有　翻印必究）

序

    作为企业航母，企业集团在国民经济建设中占有重要地位，是我国现代化建设的中坚力量。企业集团分为财团型企业集团与母子公司型企业集团两种类型。根据我国国家工商行政管理局颁布的《企业集团登记管理暂行规定》，我国的企业集团属母子公司型，这也是世界范围内企业集团主要采取的组织形式。加强对母子公司管理的研究，对于提高企业集团实力、促进社会经济发展、增强我国国际竞争力无疑具有重要意义。

    中国的母子公司发展面临着两个问题：一是规模与质量上的提升，打造具有超强竞争力的企业集团，使之成长为"大象"；二是克服大企业病，提高经营的灵活性与创新性，要让大象会"跳舞"。为此，当前对母子公司管理的研究热了起来，研究的重点大体可分为三个方面：一是母子公司治理；二是母子公司管理模式；三是母子公司管理控制。母子公司治理从公司制度安排上解决委托代理问题，管理模式从集权与分析的角度确立母子公司角色与功能定位，母子公司管控则通过母公司对子公司管理的管理，寻求母合优势。无论研究重点是哪一方面，其关注的根本都是母子公司的竞争优势的构建与保持问题。企业集团战略优势的关键来源是什么？答案随时代的变迁而更新，从早期的规模经济理论、范围经济理论，到新古典经济理论的内部化理论、资源观企业理论，一直到目前把知识视为企业核心资产的知识观企业理论，对母子公司战略优势来源都给出了深刻剖析。当今社会进入了知识经济新时代，在企业的整体资源体系中，知识成为最有价值的战略性资源，如何让有价值知识在组织内部转移与分享，成为企业管理理论界与实务界关注的焦点。母子公司存在与发展的先天优势在于这种组织体制便于知识的流动与分享，寻求适当的管理模式与手段以让知识在组织内部的转移与共享更有效率，是母子公司培育战略优势的关键。

因此，研究母子公司的治理结构、管理模式、管控体系如何促进知识在组织内部的转移与共享，是一个极好的分析视角。孙中伟博士的著作《母子公司知识转移模式与机制研究》就是沿着这样的逻辑而展开论述的，具体研究了母子公司的知识生成、知识转移模式与知识转移机制等相关问题，透视了母子公司知识的创造机理、知识的转移过程，实证分析了母子公司管控手段对知识转移效果的影响，这些对于丰富母子公司管理理论、提高母子公司管控水平具有较强的理论与现实意义。综合起来，本著作具有以下特点：

1. 系统的管理思想展现。本著作把知识管理与传统管理理论相结合，全面分析母子公司内部知识创造与转移问题。作者没有详细探讨知识的挖掘、存储等企业知识管理问题，而是运用传统管理理论分析母子公司内部有效知识转移的方式以及促进知识转移效果的管控手段，涉及的管理理论是多层面的，综合了公司治理、战略管理、管理控制、人力资源管理与市场营销等理论知识，展现出系统的管理思想。

2. 全面的母子公司管理理论梳理。作者掌握丰富的母子公司管理理论知识，既对母子公司管理模式、母子公司关系、母子公司管控、母子公司治理等相关知识进行了全面的介绍，又对知识观企业理论视角下母子公司成因、边界、组织体制与管理手段作了深入的分析。本书对母子公司管理与控制等方面作的理论集成梳理，内容饱满，视角多维，为读者了解该领域理论知识提供了丰富的资料。

3. 先导型的观点创新。一方面，作者根据当前在母子公司知识转移研究中存在的概念使用混乱、研究标题芜杂的现象，把研究领域细分为知识生成、转移模式与转移机制三大模块，这个观点属首次提出，使得这方面的研究方向立刻变得清晰起来。另一方面，本书对母子公司知识转移四种模式的概括，也属首创式观点，这四种模式比较具体地描述了知识在不同的母子公司内部转移所呈现出的特点，反映了组织情境的个体差异，经调查显示，企业对该模式分类的认可程度较高。当然，任何创新的观点有无理论价值，要接受时间的考验，希望作者在本书中提出的观点能够被证明是有价值的。

4. 具体的管控手段分析。本书重点分析了母子公司这一组织情境对知识转移效果的影响，比如对母子公司控制手段的实证研究，其结论可操作性强，对于母子公司丰富管控手段、提高管理水平具有较强的实践指导作用。

总之，本书理论与实务兼备，是一部较好的供理论研究者与企业集团管理人士阅读参考的专著。

祝愿孙中伟博士在以后的学术生涯中，继续围绕母子公司管理这一主题，取得丰硕成果。

仅以此为序。

前　言

在知识经济时代，经济增长已由依靠传统的生产要素转到依靠知识要素。知识观企业理论把企业看作各类知识的集合，企业创造、共享与使用知识的能力成为企业构建核心竞争力的关键。现在学术界普遍认为母子公司内部的知识创造与知识转移能力是企业集团整体核心竞争力的主要来源。母子公司作为介于市场与科层之间的组织形态，由母公司及众多的子公司组成，组织庞大、经营分散，知识在组织内部的创造与转移遇到的问题更为复杂。

本书在母子公司这一组织情境下，以降低知识转移成本、提高知识转移效果为主线，重点研究知识转移与母子公司管理控制关系、知识生成机制、知识转移模式与知识转移机制，结合案例与统计分析比较系统地研究知识转化与共享管理手段、影响知识转移因素等相关问题。

本研究把母子公司知识转移的研究分类归纳为知识生成机制、知识转移模式与知识转移机制三大模块，有助于全面理解知识转移研究框架，明晰与规范研究内容；本研究首次提出母子公司知识转移的控制式、自主式、交互式与网络式四种模式，有助于反映管理实践、指明母子公司知识转移管理的优化方向；本研究还较为系统地分析知识转移机制构成要素，提供了系统的理论视角，有助于提高母子公司知识转移管理的针对性与有效性。

本书从四个方面进行研究，主要的研究发现是：

第一，交易费用决定着规制结构，母子公司的产生源自对知识粘滞性与转移成本的降低；对于单体公司主动扩张发展为母子公司体制可以用知识转移能力的提高来解释，高的知识转移能力可较大幅度地降低公司运营与知识转移成本、增加隐性知识转移的数量，扩大了母子公司的适用范围。母子公司组织结构、母子公司关系、母子公司管理控制手段的演变与调整，主要是为了发挥知识的核心能力作用，通过知识转移，培育、保持并提高企业的竞争优势。

第二，母子公司的知识生成，从单个焦点公司（母公司或子公司）看，其知识来源分为三个部分：经营环境中的外部知识（网络知识）、企业集团内部其他公司的知识及本公司内部创造的知识，这三类都要经过 SECI 螺旋成为本公司知识；从母子公司整体看，知识在母子公司组织内流动、转移与分享，也要经过 SECI 交互过程，通过母公司提供的发起巴、对话巴、系统巴与演练巴，凝聚为母子公司的知识。

第三，从知识流动的方向、数量与频率角度，母子公司知识转移存在控制式、自主式、交互式与网络式四种模式。母子公司的战略、管理类型、控制模式、子公司角色、相互依赖程度、企业文化、外部环境动荡情况及子公司生命周期阶段等因素决定着对知识转移模式的选择与运用。

第四，母子公司知识转移机制由五个部分组成，分别是知识属性、知识发送方、知识接收方、知识转移渠道与母子公司管理控制手段。其中，公司内部产生的知识较之来自于网络的知识更容易转移；知识发送方对权力的认知及对知识的编码与传授能力影响着知识转移效果；知识接收方对权力的认知与学习能力对知识转移效果有正向影响；公司的横向社会化机制正向影响知识转移效果；子公司自治程度与知识转移效果正相关、母公司高管外派与知识转移效果正相关；文化控制与知识转移效果正相关。

以上研究发现，对于深入理解母子公司知识转移过程、加强对知识转移活动管理、制定高效知识转移战略，以及对于明确与细化母子公司知识转移研究领域，均具有一定的启示意义。

目　　录

第一章

绪 论

在知识经济时代，知识成为企业最重要的资产，是企业获取竞争优势的源头。母子公司在其内部有效地转移优势知识，对于构建企业核心能力具有重要意义。目前对于母子公司知识转移的研究还不够系统与全面，这是本书写作的初衷所在。本章首先就研究背景、研究方向与研究意义作出说明，其次对相关概念进行界定，再次简述本书的研究内容与研究方法，最后介绍全书的研究框架以及创新之处。

第一节 研究背景与研究意义

随着知识经济的产生与发展，社会经济增长方式与企业优势的获取方式都发生了巨大变化。本节在这个时代背景下，通过对母子公司知识转移研究文献的考察，提出研究问题，把母子公司知识创造、转移模式与转移机制作为研究内容，具有较强的理论与实践意义。

一、研究背景

（一）知识经济与经济增长方式转变

随着"第三次浪潮"科技革命的发展，知识经济已成为当今时代的特征，渗入到社会每个层面。特别是从 20 世纪 90 年代开始，全球信息产业迅猛发展，经济增长呈现出信息化、网络化、科技化与资本化特点，全球经济活动由物质经济向知识经济转化，知识经济（knowledge economy）的概念被广泛认可。

世界经合组织（OECD）在其 1996 年的年度报告中对知识经济给出了

定义：知识经济是以知识为基础的经济，具体说，知识经济就是以现代科学技术为核心，建立在知识和信息的生产、分配和利用之上的经济。总体上看知识经济具有以下特征：知识经济是以无形资产投入为主的经济，是智能经济，是创新经济，是世界经济全球化的经济，是经济发展可持续化的经济。①

知识经济时代下，对知识的学习与掌握成为个人或组织核心能力构建的最主要方式，知识、技能、创新与持续的学习成为企业获取竞争优势的关键要素。知识在经济增长中的作用较早就受到许多经济学家的关注。经典经济增长理论中的资本和劳动越来越不能解释所有的实际经济增长现象，达尔·尼夫（1998）发现1948～1984年间的经济增长中有高达66%的增长是资本和劳动力无法解释的。于是，经济学家们将视野转向了传统的资本和劳动以外的要素——技术和知识（教育）。罗默（Romer，1990）提出了经济增长的四要素理论，其核心思想是将知识视为促进经济增长更重要的因素。彼得·德鲁克指出："在新社会真正支配性的资源、绝对决定性的生产要素，既不是资本、土地，也不是劳动力，而是知识。"②

经济增长方式的转变，使得经济学家们重新思考经济发展的理论根基，在新古典经济理论的基础上，把企业利润归结为市场结构的不完善，形成了内部化理论。内部化理论也受到了理论与实践的双重挑战，更多的研究者认为企业利润不是来自市场结构特征，而是企业内部的资源禀赋差异，形成了以企业资源为中心的资源观企业理论。随着对资源的稀缺性、价值性及不可模仿性的分析，企业知识成为驱动企业利润最主要的因素，知识观企业理论随之产生。传统企业理论以资源稀缺性和投资收益递减为理论基础，而知识经济时代的企业理论以知识的无限性和投资收益递增为理论根基。基于知识的资源对于企业获得可持续竞争优势具有特别重要的意义，因为这些资源通常来说更加难以模仿，而且这些资源在组织的创新能力中具有重要的地位，有助于企业绩效的实现（McEvily & Chakravarthy，2002）。

（二）知识转移与企业竞争优势获取

依照知识观企业理论，企业作为知识的集合体，其知识的存量和结构

① 韩经纶. 知识管理. 天津：南开大学出版社，2006；3-8.
② ［美］彼得·F·德鲁克著. 傅振焜译. 后资本主义社会. 北京：东方出版社，2009；（序言）4-5.

决定了企业配置、开发和利用资源的能力以及创新能力，从而最终决定了企业的竞争优势和市场地位（Grant，1996；Conner & Prahalad，1996）。企业并不能仅仅被视为是拥有知识和信息的实体，而更应看作是创造知识和信息的经济体（Nonaka，1994）。知识、创造和利用知识的能力已经成为企业持续竞争优势最重要的方式（Nonaka，1994；Leonard & Sensiper，1998）。

企业知识根据其来源可分为内部创造与外部引入两类。相比于可以从外部购得的知识，企业内部形成的关键知识或技术才是企业独特的知识，且具有唯一性，是企业能够维持竞争优势的关键因素（Dixon，2000）。近年来，关于企业知识创新与转移的研究认为，企业能否成功地将已有的知识转移给企业内部成员是影响组织绩效优劣的关键（Szulanski，1996；O'Dell & Grayson，1998；Argote & Ingram，2000；Dixon，2000）。苏兰斯基（Szulanski，1996）认为企业对内部最佳实践的转移能力是企业建立竞争优势的关键，因为企业内部形成的独特能力对其他企业来说是难以模仿的。奥戴尔和格雷森（O'Dell & Grayson，1998）认为企业若能很好地转移内部的最佳实践，其效果比企业从外部购得知识更加优越。凯恩和阿戈特（Kane & Argote，2005）也认为，随着跨国公司全球市场的扩展，企业合资和战略联盟的数量不断增加，收购和兼并现象日益普遍，企业需要集合各种力量来实现知识创造的最大化，在企业内部进行有效的知识转移，使得优势知识得以共享，发挥出更大的作用，对于提高企业竞争力具有重要的意义。总之，相关研究普遍认为企业在内部进行知识有效转移变得越来越重要。

母子公司作为企业组织的高级形态，是知识的复杂集合。母子公司关系实质上是建立在两公司间物化资源基础之上的知识资源的扩散关系（郭培民，2001），母子公司的出现是因为这种组织形式可以更为有效地转移知识并创造价值（Kogut & Zander，1993）。对于大型企业来说，全球竞争的激化，知识已成为最重要的战略资源（Kogut，2000；Kogut & Zander，1993），其生存和发展越来越取决于有价值的知识在组织内的传播速度和传播难易程度（Hedlund，1986；Bartlett & Ghoshal，1989）。惠普和3M公司被广泛地描述为学习型组织，它们鼓励员工去分享与转移知识，而且它们还奖励那些转移知识给其他员工或团队来提高产品质量或优化工作流程的做法（Prusak，1997）。奥戴尔和格雷森（O'Dell & Grayson，1999）认为转移知识可以让企业获得大量收益，他们举了两个例子：雪铁龙公司通过分享最佳实践，在7年内减少了运营成本达20亿美元，它的最佳实践团队在能源方面就节约了6.5亿美元；得克萨斯仪器公司通过在它的13个装配工厂转移最佳实践，其年度装配能力的提高使得年度收入增加了1.5亿美元。[①]

二、问题的提出

普遍认为，跨国公司（大多是母子公司管理体制）的存在是因为它在转移知识上有更优异的能力（比起市场），这个能力同时也是竞争优势的来源（比起单一国内企业）。但知识转移并不会自动发生，知识转移的成本是客观存在的。蒂斯（Teece，1981）[②] 研究发现，跨国公司内部技术的转移成本占企业总成本的比例为2.24% ~ 59%，平均是19.6%。在考格特和赞德（Kogut & Zander，1993）[③] 看来，"这些成本来自于向接收者编码与传授复杂知识的付出"。可见，在母子公司内部进行知识转移会存在很多的障碍，需要对母子公司知识转移的过程、转移模式及转移机制做出系统研究，揭示影响因素、建立促进机制，这对于母子公司构筑以知识为基础的竞争优势是非常必要的。

众多的研究文献分析了母子公司内部知识转移的效率与效果，并识别出影响知识转移的各类因素。大多数的研究主要分析了知识特性、知识转移双方各自特点及双方关系的特征对知识转移的影响，关于组织管理手段对知识转移影响的研究尚少，在母子公司这一组织情境对知识转移影响的研究方面还没有形成一个体系。许强（2007）[④] 提到：运用知识视角来进行母子公司关系管理的研究还处于起步阶段，对于有效管理母子公司知识转移过程的机制和情境因素仍需要做进一步深入研究和完善，如权力使用、激励和监督手段、共享的情境等。

笔者认为，对母子公司知识转移的研究应从以下三个方面做出努力：

首先，既要研究知识转移的影响因素，更重要的是要研究母子公司这

---

① O'Dell C. , Grayson C. J. Jr. . Knowledge transfer: discover your value proposition. Strategy & Leadship, 1999, March/April: 11.

② Teece D. J. The Market for Know-How and the Efficient International Transfer of Technology. Annals, AAPSS 458, 1981: 81 – 96.

③ Kogut B. , Zander U. . Knowledge of the Firm and the Evolutionary Theory of the Multinational Corporation. Journal of International Business Studies, 1993 24（4）: 630.

④ 许强. 母子公司控制机制选择：知识转移的视角. 科学学研究，2007年12月，第25卷增刊：388.

一管理体制对知识转移的影响。钱德勒指出 M 型组织的显著特征是总部的存在，总部具有双重角色，一是协调、评价与计划目标与政策，二是分配资源。他进一步用"企业家功能"与"行政功能"二词来表述总部的特征①。迈克尔·古德等把母公司的作用描述为"母合优势"。另外，作为企业资源的配置者及决策权的分配者，母公司的管理职能对于知识在母子公司内转移的作用是显而易见的。目前对这方面的研究尚不多。

其次，有必要进行概念的界定与澄清。目前国内的企业知识转移研究存在概念不一的现象，大多把与知识转移相关的内容均称之为知识转移机制。事实上，有些属知识的创造范畴，即知识的生成过程；有些则属知识转移的模式，即知识转移的流向；有些则属对知识转移过程的管理，即企业采取相应的组织手段促进知识的有效转移，笔者认为这部分才应称之为知识转移的机制。这三部分在国外研究文献中得以较清晰体现，但如果统称为知识转移机制，会产生层次不清、内容不明的弊端。

最后，母子公司知识转移的研究内容需要进一步完善。对于学术性期刊论文，完全可以从影响知识转移的个别因素的角度考察组织手段与管理模式的适用性，但对于系统研究母子公司知识转移的著作，笔者认为仅仅考察影响因素未免失之偏颇。而目前国内研究母子公司（或跨国公司）知识转移的博士论文则大多侧重于知识转移的影响因素分析，而对母子公司管理这方面的论述相对不足。许强（2008）基于其博士论文的著作《母子公司关系管理：基于知识转移的新视角》比较系统地研究了母子公司的组织情境，不过，该书的重点并不是知识转移，而是母子公司关系管理。

米辛等（Miesing et al.，2007）② 在《跨国公司内有效知识转移模型》一文中提出，跨国公司全球知识转移需要考察三个方面的内容，分别是知识创造、知识转移与知识使用。对于知识创造，要求企业用柔性的世界观做好一体化与当地化问题，摄取并内化优势知识；对于知识转移，则要求在组织内部通过母子公司关系管理协调彼此的信任、合作与依赖关系，以便知识在组织内有效传播；对于知识使用，则主要是指接收方的知识学习与吸收。如图 1.1 所示。笔者较为认同他们的观点，这也是本书写作的思路。

① Chandler A. . The functions of the headquarters unit in the multibusiness firm. Strategic Management Journal, 1991, 12 (S2)：31 – 50.

② Miesing P. , Kriger M. P. , Slough N. . Towards a model of effective knowledge transfer within transnationals：the case of Chinese foreign invested enterprises. Journal of Technology Transfer, 2007, 32 (1 – 2)：109 – 122.

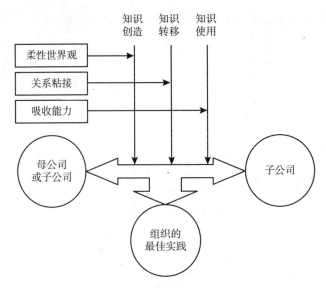

图 1.1 知识转移的系统视角

资料来源：Miesing P. ，Kriger M. P. ，Slough N. . Towards a model of effective knowledge transfer within transnationals：the case of Chinese foreign invested enterprises. Journal of Technology Transfer，2007，32（1–2）：116.

三、研 究 意 义

总结起来，对母子公司知识转移的研究基于以下两点：

首先，构建企业竞争优势的需要。德鲁克指出持续创新是企业生存的基本条件，而知识则是创新的基础。通过对知识的转移和整合，优化企业知识结构、发挥优势知识的效用已成为企业界相当重视的做法。另外，通过知识的转移与共享，企业可以形成独特的知识资源，能够产生更强的其他企业难以模仿的竞争优势（Grant，1996；Morosini，2003）。母子公司的知识转移与整合已经成为企业进行组织创新、发展核心能力和构建竞争优势的主要方式。

其次，母子公司管理的需要。母子公司之间知识转移是母子公司管理的重要内容，为了利于知识的转移，需要相应的管理模式与控制机制的改变，子公司自治、相互依赖网络以及社会化控制机制等管理方式应运而生。对母子公司知识转移的深入研究，有助于提供建设更为高效与完善的母子公司管理体制的洞见。

本书从母子公司知识生成机制、知识转移模式及知识转移机制三个方面来研究母子公司内部的知识转移问题，重点考察母子公司这一组织体制下知识转移的特征、流向、影响因素与保障机制等问题，比较全面地分析了母子公司这一情境变量，对于母子公司关系管理理论及其知识转移理论是一个有效的补充与完善。本书还对当前知识转移研究中容易混淆的概念作了分类区分，提出了生成机制、转移模式与转移机制三个概念，从理论上作出了界定，有助于理清概念的内涵、规范研究内容。

本书在知识生成机制中对知识的内部创造与外部吸收的作用机理作了分析，在知识转移模式中根据母子公司的运营实践总结了四类转移模式，在知识转移机制中考察了转移机制组成部分的交互作用，并对母公司的管理职能对于知识转移的影响进行了重点分析。本研究可以为母公司在战略决策、管理控制、流程设计与企业文化建设等方面提供管理思维视角，对于母子公司管理的实践具有一定的现实指导意义。

第二节　相关概念界定

结合研究主题，本节对相关的研究内容与概念作出界定，限定研究对象与研究范围，以提高研究的针对性与适用性。

一、母子公司

母子公司是核心层企业以资本为联结纽带，通过垂直持股方式控制成员企业的一种企业集团组织类型。母子公司结构最早产生于跨国公司制度，伴随着企业的发展与壮大，母子公司制成为现代大型公司组织结构的普遍选择。母子公司都属法人企业，各自具有独立的法人地位。

（一）母公司

母公司是指拥有其他公司的产权（股票或资产），依照法律关系可以对该公司实施管理控制的公司。母公司拥有子公司的产权有两种方式：（1）通过购买股票而拥有产权关系，从理论上讲只要持该公司51%或以上的股份就成为绝对控股的母子公司关系；另有一种情况是持有的股份比例在50%或以下，但在所有的股东中所持股份最高，在该公司的股东大会上发言权权重最高，也可以对该公司的生产经营活动进行实际的管理控制，成为相对控股的母子公司关系。（2）母公司与其他公司联合投资新建股份公司，并在新建公司中拥有绝对控股或相对控股的股权比例，也可以成为事实上的母子公司关系。

本书提及的母公司是包括对子公司绝对控股的公司，也包括对子公司相对控股的公司。母公司可以说是企业集团的总部。

（二）子公司

子公司是相对于母公司而言的，是指因股权关系而受到母公司控制的公司。根据母公司拥有产权的多少，子公司分三种类型：一是全资子公司；二是控股子公司；三是参股公司。参股公司由于母公司对其不能控股，严格上讲不能成为子公司。控股子公司又分为两种情况：一是绝对控股子公司，即母公司拥有子公司 50% 以上的股份；二是一般控股子公司，即母公司虽然所持某公司的股份不足以绝对控股，却是该公司的最大股东，拥有实际控制权，该公司就是母公司的一般控股子公司。

本书提及的子公司包括全资子公司，也包括控股子公司。

二、知 识

知识并没有一个统一的概念，对于知识的理解可以划分为认知论与存在论两个视角。

认知论主要从认知学与心理学的角度对知识作出界定。罗素认为一切综合性的知识都是以经验为基础。[①] 知识是直接的经验、间接的经验和内省的经验总和。达文波特和普鲁萨克（Davenport & Prusak，1998）[②] 把知识定义为：为评估与合并新的经验与信息而提供的结构化的经验、价值、环境的信息与专家洞见的具有流动性的组合。彼得·德鲁克认为知识是一种能够改变某些人或某些事物的信息——这既包括使信息成为行动的基础的方法，也包括通过对信息的运用使某个个体（或机构）有能力进行改变或进行更为有效的行为方式。[③] 野中郁次郎和竹内（Nonaka & Takeuchi，1995）[④] 对知识的定义是：调整个人的信念来接近事实的动态的人类过程。

---

① ［英］罗素. 人类的知识. 北京：商务印书馆，1983：592.

② Davenport T. H., Prusak L. Working knowledge：How organizations manage what they know. Boston：Harvard Business School Press, 1998：5.

③ 德鲁克著，杨开峰译. 知识管理. 北京：中国人民大学出版社，2004：1 – 20.

④ Nonaka I., Takeuchi, H.. The knowledge creating company：How Japanese companies create the dynamics of innovation. New York：Oxford University Press，1995：58.

存在论则通过对感知到的知识进行分类描述来理解知识的内容。波兰尼（Polanyi，1962）[1] 连续在《人的知识》、《人类的学习》两书中从分类学的角度对知识的概念进行了解读，把知识分为隐性知识（tacit knowledge）和显性知识（explicit knowledge）。显性知识指能够以文字、图表和公式等符号形式加以表述，可以系统地传授和学习的知识；隐性知识不是以逻辑化的符号形式表征在头脑中的，只能意会而不能言传，一般不能以常规的教学形式加以传递，是难以言述的知识。人们的知识大部分以隐性形式存在，显性知识只是浮出海面的冰山一角。野中郁次郎（Nonaka，1995）认为，显性知识可以通过沟通直接获取，而隐性知识则无法直接传递，需要通过观察、模仿或干中学等方式间接学习。经合组织（OECD）在 1996 年《以知识为基础的经济》一书中，将知识归纳为四种类型：知道是什么（know-what），主要是指叙述事实方面的知识；知道为什么（know-why），主要指自然原理和规律方面的知识；知道怎么做（know-how），主要是指技能与技巧；知道是谁（know-who），主要是指对于关系理解。know-why 一般可在大学实验室及研究中获得，know-what 可通过读书、查看数据库等方式获得，know-who 与 know-how 则属于隐性的经验知识，难以被编码和度量，获取这类知识的典型范例是"学徒制"，它需要一定的协调特定社会关系的技巧，主要通过社会实践而获得，有时也可在特殊的教育环境中学习到。

本书论及的知识是指母子公司在生产经营中产生的企业知识。从价值链的视角，企业知识可分为功能性知识与辅助性知识，即企业的功能性活动与辅助性活动中产生的各类技术与技能、操作与流程、模型与概念等方面的知识；从知识对企业的价值贡献的视角，知识可分为生存性知识、发展性知识与竞争性知识；从知识来源的视角，知识分为企业内部产生的知识（内部知识）与企业外部流入的知识（网络知识）。

三、知 识 转 移

对于知识转移的概念，学者们基本上是从知识转移的过程与知识转移的效果两个方面给出界定。

---

[1] Polanyi M. . Personal Knowledge：Towards a Post-critical Philosophy. Chicago：University of Chicago Press，1962.

Polanyi M. . Study of Man. Chicago：University of Chicago Press，1962：12 – 31.

从知识转移的过程角度，苏兰斯基（Szulanski，1996）[①] 认为，知识转移是知识源与知识接收方之间的知识交换过程。赞德和考格特（Zander 和 Kogut，1995）[②] 认为，知识转移不仅是知识从源单位到接收单位的过程，而且还是知识整合和利用的过程。阿戈特和英格拉姆（Argote & Ingram，2000）[③] 认为知识转移是个人或群体的知识受他人经验影响的过程，在这过程中一个组织单元（如群体，部门或分部）把它的经验传递给另一个。国内学者徐金发认同苏兰斯基的观点，认为知识转移是企业组织内知识转移双方动态的知识交换过程。

从知识转移的效果角度，达文波特和普鲁萨克（Davenport 和 Prusak，1998）认为，知识转移包括两个方面，一是传达知识给潜在的接受者；二是由该接受的个人或团体加以吸收。知识转移表达为如下公式：知识转移 = 知识传达 + 知识吸收。阿拉维和莱德纳（Alavi & Leidner，1999）[④] 认为知识转移是组织内个人或群体使用同企业内不同的个人或群体产生的知识来让自己更有效率与生产力。

根据研究文献，结合研究内容，本书把知识转移界定为：为构建整体竞争优势，母子公司内发送、吸收、共享与创造知识的过程。母子公司知识转移活动包括知识转移的双方（发送方或接收方既可以是母公司，也可以是子公司）、知识转移的渠道与方式、知识转移的组织情境以及转移的知识等部分。

四、知识转移模式

母子公司内部的知识转移具有自己的特点，比如在集权管理体制下，子公司的知识主要来自于母公司，母子公司之间的知识转移表现出由母公司到子公司的单向转移特点；而在分权管理体制下，子公司的知识更多地依靠自我开发，有些优势知识可能还会被母公司吸收借鉴并在整个集团内作出传播。另外，在不同的管理模式、经营环境等组织情境下，母子公司

---

① Szulanski G. Exploring internal stickiness：impediments to the transfer of best practice within the firm. Strategic Management Journal, 1996, 17: 27–43.

② Zander U. , Kogut B. . Knowledge and the Speed of the Transfer and Imitation of Organizational Capabilities：An Empirical Test. Organization Science, 1995, Vol. 6 Issue1：76–92.

③ Argote L, Ingram P. . Kowledge management systems：Issues, challenges, benefits. Organizational Behavior and Human Decision Processes, 2000, 82 (1)：150–169.

④ Alavi M. , Leidner D. Knowledge Management Systems：Emerging Views and Practices from the Field. Communications of the AIS, February 1999.

之间知识转移的流量和方向也会有所不同。知识转移模式的概念就是从这个角度来作出描述。

本研究把知识转移模式定义为：知识转移模式是对知识转移的流向、流量和频率的类型描述，如单向的知识转移、双向的知识转移、频繁的知识转移、偶尔的知识转移等。

本书把母子公司知识转移的模式概括为控制式、自主式、交互式和网络式四种类型。

五、知识转移机制

毫无疑问，知识转移需要各方的参与，包括知识发送方、接收方、转移媒介、转移的内容以及双方交互的手段等，这些部分的综合协调作用，保障与促进知识的有效转移。肖小勇和曾怀风（2006）[①] 认为，知识转移机制是知识转移过程中知识发送者与接收者的结合方式及影响因素的相互作用，适当的转移机制是知识得以顺利转移的保证。笔者较为认同这一定义，但母子公司的知识转移机制的概念，还要充分考虑母子公司这一组织情境。因为母子公司制这一企业规制，其知识转移既有组织内知识转移的特点，又有组织间知识转移的特点；另外，母子公司的管理模式及管理控制类型，也对知识转移有着极重要的影响，反过来，母子公司的知识转移又影响着母子公司的管理模式的演化。

本研究对母子公司知识转移机制定义的是：知识在母子公司内转移的方式与手段的综合，知识转移的各部分相互结合与相互作用，共同促进知识成功转移，使得母子公司知识得以积累、分享与开发，从而提升整体的竞争优势。

第三节　研究内容与研究方法

一、研究内容

本书力图比较全面地整理母子公司知识转移的相关问题，并对母子公司知识生成机制、知识转移模式与知识转移机制进行充分的论述。具体研

---

① 肖小勇，曾怀风. 基于抽象水平和驱力类型的组织间知识转移机制研究. 情报杂志，2006，11：52.

究内容如下：

（一）母子公司性质与管理

对于公司性质的研究主要包括公司的产生根源与公司的边界两大问题。母子公司作为介于市场与科层结构的中间形态，对其产生的根源，早期经济理论从规模经济与范围经济的角度给出了合理的解释；新制度经济学下，交易费用理论从交易成本的角度认为母子公司的产生是源自对交易成本的节省，内部化理论则从市场结构不完善的角度认为，母子公司的产生是因为对市场不完善的规避；资源观企业理论认为母子公司的产生是公司优势资源能力扩张的需要，企业的资源优势借此转移到其他领域；知识观企业理论则认为公司的知识资产的充分利用与扩张，是母子公司产生的主要原因。

随着对知识转移研究的兴起，普遍认为，公司的知识转移能力是其竞争优势的主要来源，较高的知识转移能力可以较为有效地降低知识转移的成本。知识转移能力与效果的提升，拓展了母子公司这一组织体制的适用范围。母子公司的边界在于对知识转移管理成本与知识转移收益的权衡。

母子公司管理模式与手段一直是理论界与实务界关注的问题。从知识转移的视角，知识转移手段的丰富与知识转移效果的提高，对母子公司管理提出新的挑战，反之，母子公司的管理也要以促进组织内部知识转移为目标。

从知识转移视角研究母子公司形成动因、母子公司关系管理及母子公司管理控制等问题，进一步明确知识转移对于母子公司管理的重要性，讨论母子公司知识转移的过程与内容，显得更具理论与现实意义。

（二）母子公司知识的形成

母子公司内焦点企业的知识来源分为三个部分：该公司在生产运营过程中自我创造的知识、从其他子公司或母公司转移过来的知识、从母子公司外部环境中转移过来的知识。这些知识如何通过知识的转换成为组织知识，是该单体公司的知识生成问题。

从母子公司整体来说，分散在母公司与各个子公司的知识如何转化为母子公司整体的知识，这是总体上的知识生成问题。

对于单一公司知识生成的研究，不同研究者从不同的角度提出了不同的模型。母子公司的知识生成，既有组织内知识生成的特点，又有组织间知识转化的特点。对母子公司知识生成机制的研究，需要分析母子公司的知识结构、知识来源以及知识生成的原理。

（三）母子公司知识转移

对母子公司知识转移的研究包括两方面的问题：一是知识转移的模式；二是知识转移效果的提升。

母子公司知识的转移兼具组织内与组织间知识转移的特征，结合母子公司知识转移的过程特点，母子公司的知识在转移方向、转移数量与转移频率等方面会存在差异，导致这些差异的原因是母子公司的类型、管理模式、控制机制、公司战略、企业文化等方面的不同，从而表现出不同的知识转移模式。

为有效地提高知识转移效果，需要详细分析影响知识转移效果的因素。这些因素的综合作用，构成了知识转移机制。母子公司的知识转移机制在母子公司这一特定组织情境下表现出区别于单一企业的特点，本书通过分析母子公司知识转移中各部分的相互作用机理，提出知识转移机制模型，并根据知识转移机制详细探讨知识转移的影响因素与促进知识转移的管理措施。

二、研究方法

本书采用比较研究、规范研究、案例研究、深度访谈、抽样调查、数据实证检验分析等多种科学研究方法，比较系统地分析知识观视角下的母子公司管理、母子公司知识生成、知识转移模式与转移机制等问题。

对母子公司成因的研究主要运用理论演绎与数理分析的方法；对母子公司关系、管理控制主要采取文献分析、调查问卷与规范研究的方法；对母子公司知识生成机制的分析主要采取文献分析、企业深度访谈等方法；对知识转移模式的分析采取文献分析、比较研究、理论演绎、企业深度访谈、抽样调查及描述性统计等方法；对知识转移机制则采取文献分析、规范研究、企业深度访谈等方法；在实证分析部分，则主要采用文献分析及多元线性回归分析等研究方法。

第四节 研究框架与创新

本节介绍本书的整体结构框架，并对研究的创新之处进行归纳整理。

一、研究框架

本研究共分八章，具体内容安排为：

第一章，绪论。介绍选题的背景、意义，对相关的研究概念进行界定，对研究内容与研究方法给出说明，并介绍本书写作框架以及可能存在的创新之处。

第二章，理论基础与文献综述。理论基础主要介绍母子公司管理理论、资源观企业理论与知识观企业理论。文献综述部分详尽介绍本选题的理论前沿成果与研究进展，找出母子公司知识转移研究的不足与研究方向，提出本研究的主要结构布局。

第三章，知识转移视角下的母子公司管理。从知识转移的视角，主要分析母子公司形成的动因、母子公司关系管理及母子公司管理控制等问题，进一步明确知识转移对于母子公司管理的重要性，提出母子公司管理的重点。

第四章，母子公司知识生成机制。分析母子公司知识结构、知识来源、企业内知识转化过程，以及母子公司知识生成机制与原理，进一步明确母子公司知识的特点、类型以及知识转移对于母子公司构建核心优势的重要作用。

第五章，母子公司知识转移模式。从母子公司知识转移过程出发，根据知识转移的方向、数量与频率等提出母子公司知识转移模式；分析每种知识转移模式的内涵及优缺点，以及每类模式的适用条件；根据实证调研资料，对四种知识转移模式的认可度、企业运行现状进行实证分析。

第六章，母子公司知识转移机制。从知识转移活动构成要素角度分析母子公司知识转移中各部分的相互作用机理，提出母子公司知识转移机制整合模型。

第七章，实证分析。提出研究假设，通过调查数据进行检验分析，对实证检验结果进行讨论，确认或修正研究假设。

第八章，研究结论与展望。总结全书，提炼研究结论，并结合研究局限对后续研究作出展望。

研究框架结构如图1.2所示。

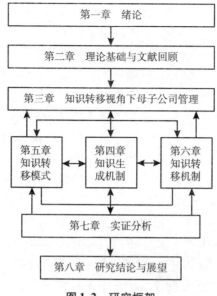

图 1.2 研究框架

二、创 新 点

本书相对全面地梳理与研究了母子公司知识转移问题，并专章论述了母子公司知识生成机制，为知识转移模式与知识转移机制的后续研究做了充分的铺垫。笔者认为，这样的结构安排对分析母子公司知识转移问题提供了相对全面的视角。本研究可能存在的创新点主要包括以下三个方面：

1. 提出了母子公司知识生成机制、母子公司知识转移模式及母子公司知识转移机制三个知识转移研究模块，比较系统与科学地反映出母子公司知识转移研究的内容，厘清了相应研究领域，纠正了前期研究存在概念混淆、层次不清的不足。

以往的研究文献，尤其国内对知识转移的研究文献存在一个共性的不足，即对研究的内容均称之为知识转移机制，而实际上，其研究的内容有的属企业知识的产生，有的属知识转移的不同方式（模式），有的则属对知识转移效果的影响因素分析。如果均称为知识转移机制，则无法反映其研究的重点，也无法保证研究结论的适用性。为此，笔者提出了知识转移研究的三大模块，并分别给以概念界定，对这三个概念的区分，能够比较全面地反映母子公司知识转移中的三类不同的内容，也对相关的研究内容提供了一个概念框架。这不仅提高了母子公司知识转移研究的针对性，而且更利于母子公司了解知识转化、知识转移类型与促进知识转移的手段等方面问题，提高了实务操作的针对性。

2. 首次提出了母子公司知识转移的四种模式，并分别对控制式、自主式、交互式与网络式知识转移模式的适用条件作了具体分析与论述。

母子公司知识转移不同于单一企业的知识转移，也不同于公司间的知识转移，其知识转移的方向、数量与频率因母子公司管理类型、企业发展战略、子公司角色定位、母子公司管理与控制的模式以及公司文化等诸因素的不同而体现出不同的特征。笔者提出的知识转移模式能比较系统与清晰地反映母子公司这一组织情境下的知识转移特点。

问卷调查与企业访谈的结果表明，企业对本研究提出的知识转移模式认可度较高。这四种模式的提出，有助于企业了解其知识转移现状，为企业改进对知识转移的管理提供了方向，具有较强的理论与现实指导意义。

3. 对知识转移机制的构成要素进行了较为全面的分析与总结。

本书克服了以往研究仅仅关注几个要素的不足，对母子公司这一组织情境给予了充分的关注，比较全面地探讨了母子公司知识转移机制的构成要素，并对母子公司管理模式类型、控制机制、公司文化与内部的权力斗争等母子公司特有的情境因素对知识转移效果的影响进行了具体的分析。这不仅丰富与完善了母子公司知识转移机制的研究内容，也有利于母子公司采取有针对性的管理手段与措施来提高知识转移效果。

第二章

理论基础与文献综述

本章首先对母子公司知识转移研究的理论基础作出简述，指明研究的理论依据与逻辑演绎的基础；其次对相关文献进行系统回顾梳理，结合研究现状与研究成果，找出研究不足，明确本书的研究方向与重点。

第一节　理论基础

母子公司知识转移的研究，既要体现母子公司这一企业组织体制的特点，又突出知识转移这一论题。其理论基础包括母子公司管理理论、资源观企业理论与知识观企业理论。

一、母子公司管理理论

母子公司管理理论包含的内容极为广泛，综合起来可分为三大部分，分别是母子公司管理模式、母子公司关系管理及母子公司管理控制。

（一）管理模式

帕穆特（Perlmutter，1969）[①] 在对跨国公司管理演进的研究中，把跨国公司的管理模式分为种族中心的、多中心的与以地球为中心的三种类型。种族中心的管理模式实行的是集权管理，决策权严格控制在母公司内，用母公司的标准来要求所有的子公司，沟通与信息主要体现在订单、命令与建议上，子公司的关键岗位完全来自母公司，复杂性问题集中于母公司处理；多中心的管理模式则是分权管理，决策由子公司根据当地情况

---

① Perlmutter H. V.. The tortuous evolution of the multinational corporation. Columbia Journal of World Business, 1969, 4 (4): 9 – 18.

自行制定，子公司完全当地化经营，母子公司信息沟通松散，子公司的关键岗位人员也由当地选聘，子公司各自独立处理复杂问题；以地球为中心的管理模式则注重从全球经营中获取利益，采取集权与分权相统一的方式，在决策权上母子公司为了共同的目标相互合作、共同寻找解决方案，子公司的标准既有来自母公司的规范，也有适应当地经营的自我开发的规范，信息在母子公司之间进行双向沟通，子公司的关键岗位人员由母公司全球调配，母子公司内部相互依赖程度较高。

古尔德等[①]从母公司战略控制风格角度，区分出三种一般的管理模式，称之为母合风格（parenting styles）：战略规划型、战略控制型和财务控制型。(1) 战略规划型，母公司在计划制定和战略开发方面深度介入其业务单位，并且强调长期目标的作用及控制过程中的内在竞争动态，通常会提供明确的总体指导；业务单位则根据这一框架开发自己的战略，并追随母公司发起的战略动议；通常在总部设有庞大而强有力的职能部门，包括整个公司共有的资源，以及营销、工程、研发和人事等服务部门；战略规划型公司会积极鼓励业务单位之间的合作和协调。(2) 财务控制型，母公司将计划和战略开发的职责授予给各业务单位，并对其施予严格的、注重短期利润目标的控制；母公司的首要作用是确保所有的决策均由业务单位"所有"，而且其建议必须符合规定的财务目标；总部参谋班子保持在最小规模，其职责是支持总部的管理和财务控制；公司鼓励各业务单位进行交易，就像它们是独立的实体一样，各单位只有在看得见明确的利益时才会协同工作。(3) 战略控制型，母公司则在上述两种类型之间寻找某种中庸的做法，将计划权下放给业务单位，但仍保留对业务单位的建议进行核准和评价的权力；业务单位负有"自下而上"地推进战略、计划和建议的责任；总部参谋部门的主要作用是支持母公司的工作，但也包含一些面向业务单位的职能中心和服务部门，业务单位是否采用其服务则根据自愿原则。

葛晨和徐金发（1999）[②]认为母子公司存在四种控制类型：(1) 资本控制型，母公司通过投资入股子公司，成为子公司的股东，并且掌握控股权，母子公司之间是投资与被投资的关系；(2) 行政控制型，母公司对子公司实施直接控制，母公司直接任命子公司的管理层，母公司的职能部门

① 迈克尔·古尔德，安德鲁·坎贝尔，马库斯·亚历山大（黄一义译）. 公司层面战略：多业务公司的管理与价值创造. 北京：人民邮电出版社，2004：394–397.

② 葛晨，徐金发. 母子公司的管理与控制模式——北大方正集团、中国华诚集团等管理与控制模式案例评析. 管理世界，1999，6：190–196.

对子公司的相关职能部门实施控制和管理；（3）参与控制型，母公司投资控股子公司，并让子公司的管理层人员参股子公司成为子公司的股东，母公司与子公司的管理层人员共同研究决策；（4）平台控制型，母公司通过全资或绝对控股的形式投资子公司，投资额一般不大，子公司成为母公司的"作业平台"，是为母公司特定目的而建设的"平台"型企业。事实上，他们的分类存在标准不统一问题，比如，资本控制不应该称为是一种控制模式，行政管理控制的界定不够准确，平台控制只是一种手段而不是模式①。笔者认为，这四种形式与其说是母子公司控制类型，不如说是母子公司的管理模式，因为其内容反映了母公司对子公司的管理方式的不同。因此在此作为管理模式列出。

陈志军（2006）② 从公司治理的角度，结合中国母子公司的实际，提出了行政管理型、治理型与自主管理型三种母子公司管理模式。（1）行政管理型，母公司越过子公司董事会直接对子公司行使集权管理，子公司董事会形同虚设，子公司没有独立的决策权。这是一种极为集权的管理模式。（2）自主管理型，母公司无法对子公司的生产经营实施直接的行政控制，母公司的意愿要通过子公司的董事会来体现，母子公司的法人治理结构都是完善的，公司的运营要通过法人治理结构来实施，而且子公司拥有较高的自主权。这是一种最为分权的管理模式。（3）治理型，母公司对子公司保持必要的管理控制，子公司又有决策的自主权。母公司对子公司的管理是在尊重其独立法人地位的前提下进行的，母公司的管理目标应该是降低发生错误的可能性和加快纠正错误的速度。这是一种集权分权相结合的管理模式。

（二）母子公司关系

1. 公平与程序公正。公平与程序公正起源于哲学政治学科、司法以及宗教领域。早期研究集中于分配结果的公平，后来人们注意到过程公正同样重要，相应的研究转向程序与结果两方面的公正性。利德和泰勒（Lind & Tyler，1988）在《程序公正的社会心理》一书系统地介绍了程序公正的心理期望、组织反应与建设措施，对于组织积极实施程序公正进行管理具有重要的意义③。对于组织的公正性研究主要考察企业内的个人在

---

① 陈志军. 母子公司管理控制机制研究. 北京：经济科学出版社，2006：82.

② 陈志军. 母子公司管理控制机制研究. 北京：经济科学出版社，2006：87－90.

③ Lind E. A., Tyler T. R.. The social psychology of procedural justice. New York：Plenum，1988.

面对不公正的情况下的具体反应行为。格林伯格（Greenberg，1987）[①] 对组织公正理论进行了文献整理，他认为组织公正理论的研究领域也反映在结果与过程上，表现在四个方面：（1）对结果的反应研究，即工人面对不平等的薪金待遇时是如何反应的；（2）对结果的能动性研究，即工人是如何去创造公平的待遇的；（3）对过程的反应研究，即工人面对不公平的政策与程序时是如何反应的；（4）对过程的能动性研究，即工人是如何去创造公平的政策与程序的。

金和莫博涅（Kim & Mauborgne，1991）[②] 把程序公正问题引入到跨国公司战略制定过程中，从战略决策过程的角度，把程序公正定义为：跨国公司战略制定过程被子公司高层管理者判断为公平的程度。他们认为在母子公司内（跨国公司）对过程公平的判断有五个特征：（1）总部对子公司的情况了解充分；（2）在战略制定中存在双向沟通；（3）总部在制定决策时对所有子公司单元都是始终如一的公正；（4）子公司单元可以合理地挑战总部的观点；（5）子公司单元可以理解公司最终战略决策，能达成共识。在他们的研究中也是从这五个方面具体测量程序公正度，具体的测量指标是：双边交流（bilateral communications）、反驳能力（ability to refute）、对最终战略决策的全面描述程度（provision of an account）、决策过程中的一致性程度（consistent decision making procedures）和地区熟知度（local familiarity）。金和莫博涅（1993）[③] 继续了他们的研究，认为程序公正会引发子公司高层管理者的组织承诺、信任与对结果满意度，程序公正会让子公司自觉遵守跨国公司的战略决策。他们在 1998 年的研究中发现，只要感觉到程序公正，即使结果有些不尽如人意，个人也会欣然接受结果。[④]

博洁思（Berces，2003）[⑤] 认为，在母子公司相互依赖过程中，为了

① Greenberg J.. A taxonomy of organizational justice theories. Academy of Management Review, 1987, 12: 9 – 22.

② Kim W. C., Mauborgne R. A. Implementing global strategies: The role of procedural justice. Strategic Management Journal, 1991, 12: 125 – 143.

③ Kim W. C., Mauborgne R. A.. Procedural Justice, Attitudes, and Subsidiary Top Management Compliance with Multinationals' Corporate Strategic Decisions. The Academy of Management Journal, Jun., 1993, Vol. 36, No. 3: 502 – 526.

④ Kim W. C., Mauborgne R. A.. Procedural Justice, Strategic Decision Making, and the Knowledge Economy. Strategic Management Journal, Apr. 1998, 19 (4): 323 – 338.

⑤ Christian Berces. Managing foreign subsidiaries-aligning headquaters' and subsidiaries' goals. Seminar in Business Strategy and International Business, 2003, TU – 91. 167.

避免信息的误解，母公司保证其行为的公正性是必要的，公平不是只看结果，而要在其管理程序或流程上保证公正性，即程序公正。曼佐尼和巴苏克斯（Manzoni & Barsoux, 2002）[①] 在其著作中提到，子公司视公正的过程是其得到收益份额的保证，同时，公平与过程公正是子公司声誉、尊严的标志和象征。

塔格特（Taggart, 1996）[②] 从子公司的自治权与程序公正的角度，把子公司的类型分为：斗士、封臣、伙伴与合作者。斗士型子公司具有较高的自治权，但面对的程序缺乏公正性；封臣型子公司的自治权低，且程序公正程度亦低；合作者型子公司拥有较少的自治权，但得到较多的程序公正待遇；伙伴型子公司既拥有较高的自治权，面对的公正程度也高。可以预见，随着社会经济的发展，各自具有独立法人资格的母子公司之间更多地体现出伙伴型关系。

2. 差异化与价值共享。古普塔和戈文达拉扬（Gupta & Govindarajan, 1991）[③] 认为，母子公司关系的性质与委托代理关系很相似。作为委托方，母公司由于不拥有全部信息而必须依靠子公司的独特知识，母公司不可能有效地作出所有决策；另一方面，母公司又不能把所有的决策权给予子公司，因为子公司为了自己的利益不会把整个跨国公司作为一个整体。

为避免组织成员仅顾及自身偏好而使整体利益最小化，一些学者从委托代理关系中寻找到控制手段。大内（Ouchi, 1980）[④] 提到：共同的价值与信念提供了协调的利益，这会影响机会主义行为的可能性。艾森哈特（Eisenhardt, 1985）[⑤] 补充认为，成员为实现组织目标的合作是因为成员理解并内化了这些目标。查克拉瓦蒂和罗伦吉（Chakravarthy & Lorange, 1989）[⑥] 认为，建立了共享价值与信念，即使没有母公司的正式监督，子

---

① Manzoni J. F. , Barsoux J. L. . The set-up-to-fail syndrome. Harvard Business School Press, 2002.

② James H. Taggart. Autonomy and Procedural Justice: A Framework for Evaluating Subsidiary Strategy. Journal of International Business Studies, 1st Qtr. , 1997, Vol. 28, No. 1: 51 – 76.

③ Gupta A. K. , Govindarajan V. . Knowledge flows and the structure of control within multinational corporations. Academy of Management Review, 1991, 16 (4): 768 – 792.

④ Ouchi W. G. . Markets, bureaucracies, and clans. Administrative Science Quarterly, 1980, 25: 138.

⑤ Eisenhardt K. M. . Control: Organizational and economic approaches. Management Science, 1985, 31 (2): 134 – 149.

⑥ Chakravarthy B. S. , Lorange P. . Strategic adaptation in multibusiness firms. Working Paper 209, Strategic Management Research Center, University of Minnesota, 1989.

公司也会利用它们独特的当地知识和资源来寻求跨国公司的整体利益而不是仅仅为了它们自己个体的利益。

诺瑞亚和戈绍尔（Nohria & Ghoshal, 1994）① 认为，在母子公司管理的研究中很少有人考虑子公司的不同。他们从子公司当地环境的复杂性与子公司拥有的资源水平两个维度来研究母子公司的集权化程度与正式化机制的运用，提出了差异化适应与价值共享的概念。建立价值共享的母子公司关系，母公司要在全部子公司中创造一个共享的价值，而不是用不同的正式结构去管理不同的子公司。正是基于此，博洁思（2003）② 认为，差异化适应立足于为每一种公司关系作一个"量身定做"，价值共享是为了保证企业集团的整体性，避免"裂成碎片"。

3. 信任与合作。贝塞拉和古普塔（Beccerra & Gupta, 1999）③ 认为，对经理层的信任是母子公司管理的一个重要方面。金和莫博涅（Kim & Maugorgne, 1996）④、摩根和亨特（Morgan & Hunt, 1994）⑤ 也研究了组织成员的信任问题，认为信任作为一个健康的人格，在减少组织冲突、提高个人绩效、增进内部合作方面扮演着重要角色。研究发现，信任可产生合作行为，并能降低不确定性。公司内的合作存在于母子公司之间，也存在于子公司之间。在处理母子公司关系时，不应仅看到节点管理，而是把母子公司作为一个网状结构来全面管理。

4. 相互依赖。戈绍尔和诺瑞亚（Ghoshal & Nohria, 1989）⑥ 在研究大型跨国公司的管理中认为跨国公司与广泛分布的子公司的相互联接与合作机制代表和反映了各种依赖与相互依赖的形式与程度，在公司内部各单元之间通过交换关系，来达到依赖与相互依赖。

① Nohria N. , Ghoshal S. . Differentiated Fit and Shared Values: Alternatives for Managing Head-quarters-Subsidiary Relations. Strategic Management Journal, Jul. , 1994, Vol. 15, No. 6: 491 –502.

② Christian Berces. Managing foreign subsidiaries-aligning headquaters' and subsidiaries' goals. Seminar in Business Strategy and International Business, 2003, TU – 91. 167.

③ Beccerra M. , Gupta A. K. . Trust within the organization: Integrating the trust literature with Agency Theory and Transaction Costs Economics. Public Administration Quarterly, Randallstown, 1999: 56 – 89.

④ Kim W. C. , Mauborgne R. A. . Procedural Justice and Manager, In-role and Extra-role Behav-ior: the Case of the Multinational. Management Science, 1996 (42): 499 –575.

⑤ Morgan R. M. , Hunt S. D. . The Commitment Trust Theory of Relationship Marketing. Journal of Marketing, 1994 (58): 20 –38.

⑥ Ghoshal S. , Nohria N. . Internal differentiation within the multinational corporation. Strategic Management Journal, 1989, 10: 323 – 337.

巴特利特和戈绍尔（Bartlett & Ghoshal，1990）[①] 认为对跨国公司研究已经从关注总部与子公司的关系及特定的海外子公司的决策，转向研究对建立在海外子公司网络的管理与分析这样的网络潜在的范围经济产生的竞争优势。他们首次把跨国公司概念化为交换关系的网络，在这个网络里不同的单元（包括母公司和地处不同国家的子公司）嵌入在结构化的情境中，是一个差异化的网络。他们借助组织间的理论，对组织网络、外部网络、内部网络、网络密度、网络中心性及权力等相关概念作出了界定。

有大量的研究发现，采用网络结构的复杂组织，组织内各单元之间更多的是彼此依赖的关系。奥戴尔（O'Donnell，2000）[②] 认为，在相互依赖的网络下，母公司管理职能表现在：一是对众多子公司里知识流的协调管理能力，二是处理文化特例能力。

（三）母子公司控制

大内（1977）[③] 把组织控制分为行为控制与产出控制两种类型，行为控制是按标准化的操作流程来校正员工的工作行为，产出控制则是把绩效作为考核的主要指标，通过对结果的控制来达到组织控制目标。母子公司的管理控制类型，大内（1979，1980）[④] 又分为：官僚式控制（bureaucratic control）、市场式控制（market control）和团队式控制（clan control）。其中团队控制是指使用社会手段，使得组织成员有着共享的价值观并相互信任。

马丁内斯和加里洛（Martinez & Jarillo，1989）[⑤] 系统地总结了 1953 年 ~ 1988 年关于跨国企业控制机制的研究文献，把母子公司控制机制分为两类：正式的机制、非正式的机制。正式机制是通过组织设计与结构框架实施，决策权在组织层级的正式结构中分布；非正式机制是通过建立各部

---

①　Bartlett C. A.，Ghoshal S.. The multinational corporation as an interorganizational Network. Academy of Management Review，1990，Vol. 15，No. 4：603 – 625.

②　O'Donnell S. W.. Managing Foreign Subsidiaries：Agents of Headquarters，or an Independent Network？. Strategic Management Journal，2000（21）：525 – 548.

③　Ouchi W. G.. The Relationship Between Organizational Structure and Organizational Control. Administrative Science Quarterly，1977，22（2）：129 – 141.

④　理查德·达夫特（李维安等译）. 组织理论与设计精要. 北京：机械工业出版社，1999：172 – 175.

⑤　Martinez，J. I.，Jarillo J. C. The evolution of research on coordination mechanisms in multinational corporations. Journal of International Business Studies，1989，Fall，Vol. 20 Issue 3：489 – 514.

门之间的社会关系与沟通、公司内部的社会等方式来实施。戈麦斯和桑切斯（Gomez & Sanchez，2005）[①] 认为组织的正式与非正式控制机制不是相互排斥的，而是可以共存。

李维安（2002）[②] 从公司治理的角度，把母公司对子公司的控制分为三种类型：直接控制、间接控制与混合控制。直接控制下，母公司直接任命子公司的管理层，母公司的职能部门对子公司的相关职能部门实施控制和管理；间接控制下，母公司不直接控制子公司，而是通过子公司董事会对子公司的经营活动进行控制；混合控制下，母公司投资控股子公司，并让子公司的管理层人员参股子公司成为子公司的股东并进入股东会与董事会，母公司与子公司的管理人员在经营决策及子公司的经营总目标制定方面共同研究决定。

陈志军（2006）[③] 根据中国企业集团当前实际运作方式，结合母子公司管理与公司治理理论，提出了母子公司控制的三类模式：行政管理型控制模式、治理型控制模式及自主管理型控制模式。

二、资源观企业理论

传统的战略理论重视企业的外部环境分析，认为企业的竞争力来自其市场位势。但这并不能解释企业在相同市场环境下表现出来的绩效差异。彭罗斯（Penrose，1959）在其企业成长理论中就把企业看成资源集合并强调资源异质性对其绩效的影响作用，成为内部化理论的先导。内部化理论认为企业的产生是由于外部市场的不完善，通过资源的内部化才能取得效率。作为内部化理论的延伸，20 世纪 80 年代对企业资源的热点研究形成了资源观的企业理论。严格地说，资源观企业理论是一种研究视角，是对企业资源对于企业核心能力的贡献与保持问题的论述集合。

（一）企业资源的概念

企业的资源既包括有形的资源，如设备、技术等，也包括无形的资产，如品牌、信誉与文化等。随着对企业竞争优势研究的深入进展，研究

---

① Gomez C. , Sanchez J. I. . Human resource control in MNCs: a study of the factors influencing the use of formal and informal control mechanisms. International Journal of Human Resource Management, Oct2005, Vol. 16 Issue 10: 1847 – 1861.

② 李维安. 公司治理教程. 上海：上海人民出版社，2002：340 – 342.

③ 陈志军. 母子公司管理控制机制研究. 北京：经济科学出版社，2006：85 – 90.

者发现企业整合资源的能力也属于企业的重要资源之一。对于企业资源的概念，尽管不同的研究者提法不一，但基本上包括了企业的实物资源与企业能力两个方面。巴尼（Barney，1991）[①] 认为，企业资源是指企业控制的可以有助于企业为提高效率和效果而构架与实施战略的所有资产、能力、组织流程、企业属性、信息、知识等。沃纳菲尔特（Wernerfelt，1984）[②] 认为，企业资源是指可以使企业实施其战略而提高组织的效率和效果的实物资产、人员与组织能力。阿米特和休马克（Amit & Schoemaker，1993）[③] 认为，企业资源是企业控制的或获得的资源存量与开发资源的能力。

（二）资源观企业理论的主要观点

资源观企业理论的假设是：企业拥有的资源及能力都是有价值与稀缺的，可以获得竞争优势；如果这些资源与能力也都是不可模仿与不可替代的，企业也同样可以获得竞争优势；获得这样的竞争优势可以使得企业提高它的短期与长期绩效（Amit & Schoemaker，1993；Barney，1997；Eisenhardt & Martin，2000；Henderson & Cockburn，1994；Powell，2001；Teece et al.，1997）。

总结起来，资源观企业理论的核心观点主要有：

1. 企业可以看作是独有的、难以模仿的资源和能力的集合，是以资源为基础的组合体，不同资源有着不同用途。

2. 企业资源具有异质性特点，用于生产的资源在企业间的效用也不相同，企业资源的异质性形成了企业的差异。

3. 企业在资源方面的差异，是企业获利能力不同的潜在因素，也是那些拥有优势资源的企业能够获取超出平均收益的原因。

4. 企业的关键性资源直接影响与决定着企业持续竞争力，而一般性资源则是关键性资源发挥作用的保障，属辅助性资源。

5. 企业的资源可以是有形的，也可以是无形的。

———————————

① Barney J. B.. Firm resource and sustained competitive advantage. Journal of Management：1991，Vol. 17，No. 1：99 – 120.

② Wnernerfelt B.. A resource based view of the firm. Strategic Management Journal，1984，5：171 – 180.

③ Amit R，Schoemaker Paul J. H.. Strategic assets and organizational rent. Strategic Management Journal 1993，14（1）：33 – 46.

6. 企业的竞争优势是企业开发与使用独特资源的核心能力。企业核心能力具有难以被模仿、路径依赖程度高、因果关系模糊、稀缺、不可替代等特征。

7. 企业资源与市场间存在强烈的互动关系，企业资源的积累主要来自企业对外部资源的摄取与自身创造。

（三）产生竞争优势的企业资源的特点

巴尼（1991）[①] 认为并不是所有的企业资源都能够带来竞争优势，能够产生竞争优势的资源必须具备以下四个属性：一是价值性，企业资源能够使企业提高效率并获得战略预想效果，还可以使企业充分利用外部机会或减少外部威胁；二是稀缺性，这类资源只被少数企业使用，企业间的竞争未达到完全竞争状态；三是不完全模仿性，这类资源带来的优势无法被模仿，或即使被模仿需要付出极高的成本而使得资源失去价值；四是不可替代性，即不存在可替代的资源，现有资源可以为企业带来持续的竞争优势。

彼得拉夫（Peteraf，1993）[②] 从企业的资源观角度分析了企业的竞争优势，认为企业资源要产生竞争优势需具备四个条件：一是异质性，即资源在效率上存在内在差异，企业可通过对稀缺资源的垄断获得经济租金；二是事后竞争限制，即企业需要限制对这些租金的争夺；三是不完全流动性，即关键资源应该是企业专用性资产；四是事前竞争限制，即资源的获取成本要低于其投入后所能产生的价值。

郭培民（2001）[③] 通过文献整理，把可产生竞争优势的企业资源的特点归纳为七个方面：（1）路径依赖性，企业资源的产生有其特定的历史文化背景，是企业成长历程中的内部结构与外部环境的相互作用；（2）累积性，在外部要素市场购得的资源，企业经过一定的时间对其改造、消化与吸收，无法外购的企业核心资源，则通过自身组织学习、创造等长时期积累；（3）编码与模仿的不完善性，企业独有资源不可能被其他组织完全编译或复制；（4）扩散性，有价值的资源可以在不同组织之间流动与共享而

---

① Barney J. B.. Firm resource and sustained competitive advantage. Journal of Management：1991，Vol. 17，No. 1：99－120.

② Peteraf M. A.. The Cornerstones of competitive advantage：A resourced-based view. Strategic Management Journal，Mar1993，Vol. 14，Issue3：179－191.

③ 郭培民. 基于企业资源论的母子公司性质及管理策略研究 [博士论文]. 杭州：浙江大学，2001：36－40.

发挥其效用；（5）价值的时效性，资源的价值会因其他组织仿效或被更有价值的资源所替代而优势不再；（6）交易性，巴尼（1986）[1] 认为，企业资源可以通过交易获取，因为外部存在着战略资源竞争市场，迪瑞克斯和库（Dierickx & Cool，1989）[2] 则持另一种观点，认为个性化的独特资源（如名誉、名声）无法在市场中完全获取的，不过他们观点也暗示着一般性的竞争资源存在着外购的可能性；（7）发展性，具有竞争优势的资源也会随着时间、环境的变化以及组织自身的调整而向上一层级演化发展。

（四）企业资源与竞争优势获取

资源观企业理论关注的是资源对企业构建竞争优势的影响。众多的文献研究了企业资源的价值性、稀缺性、不可模仿性与不可替代性对企业竞争优势获取的关键作用。

格兰特（Grant，1991）[3] 从资源、能力、竞争优势与企业战略的角度分析了企业的行动方案，包括五个方面：一是对企业资源进行分类，分析与竞争对手相比的优势与弱势，识别出更好利用资源的机会；二是识别企业能力的复杂性与需要的资源支撑；三是评价资源产生租金的潜力与能力，保证企业的资源既可以保持竞争优势，又能得到合适的回报；四是针对外部机会来选择开发企业资源与能力的最佳战略；五是识别需要填平的资源缺口，在企业资源的补充、增加与更新等方面做出投资。

斯科特（Scott，2008）[4] 从价值及稀缺性两个方面考察了企业资源与企业的能力的结合对竞争优势及企业绩效的促进作用。研究认为，企业的资源虽然对于企业的组织绩效重要，但企业的能力也是不可或缺的内容，企业的资源最终要通过企业的能力来转化为企业优势与绩效。

资源观企业理论侧重于企业内部资源的能力分析，以普拉哈拉德与哈默尔为代表。他们二人于 1990 年在《哈佛商业评论》上发表了论文《公

①　Barney J. B.. Strategic factor markets：Expectations，Luck and Business Strategy. Management Science：1986，Vol. 32，Issue10：1231–1241.

②　Dierickx I.，Cool K.. Asset stock accumulation and sustainability of competitive advantage. Management Science，1989，Vol. 35，Issue12：1504–1511.

③　Grant R. M.. The Resource-Based Theory of Competitive Advantage：Implications for Strategy Formulation. California Management Review，1991，Vol. 33 Issue3：114–135.

④　Scott L. N.. Value，Rareness，competitive advantage，and performance：A conceptual-level empirical investigation of the resource-based view of the firm. Strategic Management Journal，2008，29：745–768.

司的核心竞争力》，首先提出了核心竞争力概念，并认为核心竞争力是企业可持续竞争优势与新事业发展的源泉，它们应成为公司战略的焦点。企业的核心能力表现在三个方面：一是核心能力能够为企业进入多个市场提供方便；二是核心能力应当对最终产品为客户带来的可感知价值有重大贡献；三是核心能力应当是竞争对手难以模仿的。

巴顿（Barton）[1] 于 1992 年提出了核心能力存在核心刚性的问题。核心刚性的存在使得核心能力无法适应环境的变化，在快速变化的环境中，企业原有的核心能力有可能成为阻碍企业发展的一个包袱。

蒂斯等（1994）[2] 提出了动态能力的概念，认为动态能力是企业整合、建立以及重构企业内外能力以便适应快速变化的环境的能力。蒂斯等（1997）[3] 提出了著名的动态能力框架，把企业的动态能力概括为过程、位势和路径三个维度。过程包括：（1）协调/整合内外部资源以适应变化，不断实施创新；（2）进行组织学习；（3）资源重构，根据快速变化的环境需要，重新配置资源结构。位势是指企业的专门资产，包括难以交易的隐性知识及其辅助资产、声誉资产、关系资产。路径指企业的可选发展战略、路径依赖等。

（五）企业资源类型

格兰特（1991）等人将企业资源分为六大类：财务资源、有形资源、人力资源、组织资源、科研资源、名誉资源。

巴尼（1991）等人将企业的资源分为三大类：物质性资本资源、人力资源、组织资本资源。福斯和努森（Foss & Knudsen，2003）[4] 将企业资源分为两大类：实物资本、智力资本。

三、知识观企业理论

演化经济学家们着眼于探寻企业竞争优势的来源，从企业的知识资源

① Leonard-Barton，Dorothy. Core capability and fore rigidities：A paradox in managing new product development. Strategic Management Journal，1992，Vol. 13：111－125.

② Teece David，Pisano Gary. The Dynamic Capabilities of Firms：an Introduction. Industrial & Corporate Change，1994，Vol. 3，Issue3：537－556.

③ Teece David J. ，Pisano Gary，Shuen Amy. Dynamic capability and strategic management. Strategic Management Journal，1997，Vol. 18 Issue7：509－533.

④ Foss N. J. ，Knudsen T. . The Resource-Based Tangle：Towards a Sustainable Explanation of Competitive Advantage，Managerial & Decision Economics，2003，Vol. 24 Issue4：291－307.

出发研究企业的性质、边界以及企业竞争优势的构建，形成了知识观企业理论。近几年，基于知识的企业理论文献日益增多，成为知识观企业理论的重要组成部分。

（一）知识观企业理论的形成脉络

知识观企业理论的形成脉络可以从两个视角来考察：一是经济学的视角；二是战略管理中竞争优势的寻求与构建的视角。

1. 经济学的视角。经济学在回答企业为什么存在这个问题上形成了不同流派的企业理论，从新古典经济学企业理论到知识观企业理论，具有清晰的发展脉络，理论演进的主线是对前期理论的思辨与改进。

在新古典经济学中，企业是一个生产函数（Williamson，1985）[1]，是对生产要素的综合利用的投入—产出单元。在这个企业理论下，最基本的假设是，企业决策所需的信息和知识是没有成本的，成本只产生在生产要素购买与使用中。

交易成本理论认为企业取代市场是因为可以节约交易成本。企业在市场购买与自我生产的选择时，交易成本与管理成本的比较是主要的标准，而没有考虑知识或信息本身的成本问题，其隐含的假设仍是信息和知识是零成本的（Demsetz，1988）[2]。

随着资源观与内部化理论的兴起，人们对企业的异质性分析发现，在相同的制度安排下企业表现迥异的原因在于企业知识与能力的不同，知识已经成为企业增长的最重要的资源要素。知识观企业理论的产生，既是对交易成本经济学缺陷的补充和回应，也直接吸收和借鉴了资源观的企业理论，并区分和澄清了资源观理论内部原始与模糊的重要概念（Kaplan et al.，2001）[3]。在知识观企业理论中，资源区别于能力，前者并非包括所有形式的生产要素，它通常可以交易并从属于组织；而后者则不然，它往往不能在市场上进行交易，且不能从组织中剥离出来，因此具有特殊的性质。研究者将能力定义为行动的能力，进而推论能力由知识同资源相结合而产生，研究视角转向知识这一要素。

---

[1] Williamson, Oliver. The Economic Institutions of Capitalism. New York：The Free Press，1985.

[2] Demsetz, H. The theory of the firm revisited. Journal of Law Economic Organization，1988，4（1）：141 – 162.

[3] Kaplan S., A. Schenkel, G. von Krogh, C. Weber. Knowledge-Based Theories of the Firm in Strategic Management：A Review and Extension，MIT Sloan Working Paper，2001：7.

2. 战略竞争优势的视角。古典战略理论尽管流派众多，但其核心思想是强调企业内部资源与外部环境之间的匹配的所谓"三安范式"（安东尼—安索夫—安德鲁斯范式）。20 世纪 80 年代以波特为代表的市场结构学派（又称位势学派）将产业组织理论的研究成果（S－C－P 范式）应用于战略管理领域，提出了分析外部市场结构的五种竞争力模型，成为战略理论的主流，其核心思想认为：企业利润来自市场力量，而市场力量取决于竞争结构。[①] 波特的竞争优势理论是在同一产业内通过五种竞争力的提升来获得超额利润，即获取张伯伦租金。这一理论的前提是把企业看成同质的，忽视了企业的异质性。事实上，企业的异质性同样可以带来超额利润，即李嘉图租金。

正是在对企业异质性的承认以及对李嘉图租金与张伯伦租金的区分构成了资源基础观的理论基础。资源观理论侧重于企业内部资源的能力特征分析，认为企业内部差异性资源是企业获取持续竞争优势的关键。随着资源观理论的发展，对资源与企业持续竞争优势、组织租金关系的研究重心逐渐转移至难以模仿的组织能力上来，把组织学习视为提高组织能力的关键，提出唯一可持续的竞争优势就是比对手更快的学习能力。

人们在组织学习的研究中，逐步认识到管理者的关键任务是积累和保护有价值的知识或能力（Rumelt, 1984；Barney, 1984；Wernerfelt, 1984；Teece et al. , 1997）。这样的知识或能力是企业把投入有效地转化成有价值产出的能力（Arrow & Hahn, 1971；Debreu, 1959；Nelson & Winter, 1982）。战略管理文献中一个常见的假设是企业的边界能够拥有这些能力与核心知识（Argyres, 1996；Prahalad & Hamel, 1990）。把有价值知识内化或存储于组织内，企业既要开发又要保护自己的知识，而且关键是如何使组织有效地创造知识和能力。对这样问题的关注，学者们试图去发展称之为知识观或知识基础的企业理论（Conner, 1991；Demsetz, 1988；Conner & Prahalad, 1996；Kogut & Zander, 1992, 1996；Grant, 1996；Madhok, 1996；Nahapiet & Ghoshal, 1998），来解释组织的选择如何影响生产效率与保护有价值知识和能力。知识观企业理论是独立于交易成本理论与行为机会主义假设的，认为企业的存在是对知识交换的成本节约，而不是

---

① 竞争结构学派的理论渊源是哈佛学派产业组织理论对市场结构与企业绩效之间关系的研究。梅森、贝恩等产业经济学家在对市场结构与绩效之间关系的实证研究当中建立了结构—行为—绩效的研究框架（即 S－C－P 范式），认为市场结构通过企业行为最终影响企业绩效。

削弱机会主义，正如康纳（Conner，1991）[①] 所说，企业边界内的行动整合是积极的创造者而是不是消极的避免者。

（二）知识观企业理论的要点

1. 企业的性质。知识观企业理论认为，企业是知识的蓄水池（Winter，1982），作为知识的集合体，企业能够比市场更有效率地创新、储存、共享和使用（Grant，1996；Nickerson & Zenger，2004；Nonaka，1994）。考格特和赞德（1992）[②] 将企业存在的原因归结为企业转移隐性知识的能力差异，认为企业比市场在员工个人之间及群体之间分享与转移知识方面更有效。慕继丰和陈方丽（2002）[③] 认为，企业存在和发展的原因在于组织租金，而组织租金主要来自于组织所创造和拥有的具有默会性与专属性特征的组织知识，企业知识是决定企业生产可能性曲线的关键变量。

知识观企业理论中，企业的性质表现在：（1）企业是知识的集合，这些知识由信息与诀窍构成。知识存在于员工个人中，也嵌于组织的规则、制度中。（2）企业能力源自企业知识，企业能力表现为员工能力、技术能力、组织能力和信息能力四种基本形态。企业能力作用发挥的关键在于企业的管理机制，如组织结构、业务流程、信息系统、价值观和愿景等。（3）企业是异质的，异质性的根源在于企业知识产生具有路径依赖性，具有较强的默会性与不可复制性。

2. 企业的边界。企业的边界在于企业使用知识带来的收益与维持并管理知识所付出成本的比较，企业的规模取决于企业拥有的知识和对知识的管理能力（Penrose，1959）。

企业边界改变有两种方式：一是彭罗斯式演进，即通过学习与积累，企业基于知识的能力得以膨胀，造成能力过剩，就会产生扩张的冲动，通过扩大规模、投资新建或并购，复制企业知识与能力，推动企业边界扩张；也可能会由于本企业的知识老化或核心能力丧失，企业的边界逐步萎缩。二是熊彼特式演进，企业通过创新活动，打破企业已有惯例，对企业

---

① Conner K. R.. A historical comparison of resource-based theory and five schools of thought within industrial organization economics：Do we have a new theory of the firm? Journl of Management，1991，17（1）：139.

② Kogut B.，Zander U.. Knowledge of the firm，combinatitvie capability and the replication of technology. Organization Science，1992，Vol. 3，Issue 3：383 – 397.

③ 慕继丰，陈方丽. 基于知识的企业理论. 经济管理·新管理，2002，2：36.

资源、知识与能力进行新的整合，形成新的惯例，企业边界表现为断裂式或革命式的演进。

3. 企业的协调和控制。知识观企业理论认为，由于企业内部知识具有分散性、默会性与专业性特征，要发挥知识的协同效用就需要通过管理协调与控制职能实现知识的系统化与一体化。另一方面，企业在运营过程中会产生大量的凌乱分布的企业知识，需要通过协调与控制把个人与群体知识转化为企业知识，并固化在企业流程、组织惯例与组织规范中，提高企业知识的存量与价值，发挥知识的生产性能力，从而提升企业的整体竞争优势。

第二节　知识转移概念

只要存在人员的交流，知识转移就会发生。正如达文波特和普鲁萨克所言：不管我们有没有对知识转移进行管理，知识转移都在组织中存在。学者们在组织知识转移的研究中对知识转移的概念作出了各自的界定。

一、转移过程角度的定义

从知识转移过程来界定知识转移的内涵，关注的焦点是知识转移双方的沟通与交互过程，以及知识特性、双方关系与情境对知识转移的影响。

苏兰斯基（1996）[1] 从交换角度认为，知识转移是知识源与知识接收方之间知识的双方交换过程。

阿戈特和英格拉姆（2000）[2] 认为知识转移是个人或群体的知识受他人经验的影响过程，在此过程中一个组织单元（如群体，部门或分部）把它的经验传递给另一个。

霍萨姆（Holtham，2001）[3] 指出知识转移是一个沟通的过程，知识转移时要有重建的行为，并且要具备充分的知识。

---

[1]　Szulanski G. Exploring internal stickiness: impediments to the transfer of best practice within the firm. Strategic Management Journal, 1996, 17: 27 –43.

[2]　Argote L, Ingram P. . Kowledge management systems: Issues, challenges, benefits. Organizational Behavior and Human Decision Processes, 2000, 82 (1): 150 –169.

[3]　Holtham Clive, Courtney Nigel. Developing managerial learning styles in the context of the strategic application of information and communications technologies. International Journal of Training & Development, 2001, 5 (1): 22 –34.

王等（Wong et al.，2003）① 认为知识转移就是组织进行系统的整理信息与技能，并在实体间交换的过程。

段（Duan，2010）② 认为知识转移就是知识在个人、团队、群体或组织间进行交换。

二、转移效果角度的定义

从知识转移效果来界定知识转移的内涵，更多的是关注知识接收方知识的变化及组织绩效的提升。

梅耶（Meyer，1977）③ 将知识转移定义为知识的内化（Internalization），接收方获得所转移知识的所有权（Ownership）、承诺（Commitment）以及满意度（Satisfaction）。

赞德和考格特（1995）④ 认为，知识转移不仅是知识从源单位到接受单位的过程，而且还是知识整合和利用的过程。

达尔和库茨伯格（Darr & Kurtzberg，2000）⑤ 也认为知识被接收方吸收才是真正的知识转移，他们进一步提出，当知识贡献者的知识为知识接收者所使用，知识转移才发生。

董和科斯奇（Dong & Kirsch，2005）⑥ 在对 ERP 实施中咨询顾问与实施方之间的知识转移研究中，将知识转移定义为：知识在知识接收方（recipient）与知识源（source）之间的沟通，使其能够为接收方所学习和应用。

弗朗西斯科等（Francesco et al.，2010）⑦ 对跨国企业的知识转移作

---

① Wong, Y. Y., T. E. Maher, J. D. Nicholson, A. F. Bai, Organisational, Organisational learning and the risks of technology transfers in China, Management Research News 26（12），2003：1 – 11.

② Yanqing Duan, Wanya Nie, Elayne Coakes. Identifying key factors affecting transnational knowledge transfer. Information & Management, 2010, 47：357.

③ Meyer J. W., Rowan B.. Institutionalized organizations formal structure as myth and ceremony. American Journal of Sociology, 1977, 83：240 – 363.

④ Zander Udo, Kogut Bruce. Knowledge and the Speed of the Transfer and Imitation of Organizational Capabilities：An Empirical Test. Organization Science, 1995, Vol. 6, Issue1：76 – 92.

⑤ Darr E. D., Kurtzberg T. R.. An Investigation of Partner Similarity Dimensions on Knowledge Transfer. Organizational Behavior & Human Decision Processes. 2000, 82（1）：28 – 45.

⑥ Dong-Gil K., Kirsch L. J. Antecedents of Knowledge Transfer From Consultants To Clients In Enterprise System Implementations. MIS Quarterly, 2005, 29（1）：59 – 86.

⑦ Francesco Ciabuschi, Oscar Martín Martín, Benjamin Ståhl. Headquarters' Influence on Knowledge Transfer Performance. Management International Review, 2010, 50：471 – 491.

出了界定，认为知识转移是两个子公司之间特定的、有目的的、在母公司指导下的项目，这个项目规定了时间与付出（行动）、具有明确的目标，确保接收知识的子公司可以使用转移的知识。

国内研究者大多借鉴了国外文献对知识转移概念的界定，不再一一介绍。肖久灵（2007）[①] 与以往稍有不同的是从知识整合的角度对跨国企业知识转移概念作出界定，认为知识转移是接受单位（企业总部或母公司）从源单位（海外企业）获取技能、知识和专有技术，并将其整合并运用到整个企业的运作过程。

第三节　知识转移过程

学者们从不同的视角对知识转移的过程进行了分析，在此作简要回顾。

一、苏兰斯基知识转移四阶段

苏兰斯基（Szulanski，2000）认为，知识转移是一个在知识传送者和接收者之间相互传递的动态过程，知识转移分为四个阶段：初始、实施、调整、整合，每个阶段中知识的粘性来源于知识属性、知识发送方特征、接收方特征和双方关系情境等方面。初始阶段，源单位（知识发送方）识别可以满足对方要求的知识；实施阶段，建立适合知识转移的渠道，同时源单位对拟转移的知识进行调整以适应接收单位的需要；调整阶段，接收单位对知识进行调整，以适应新的情境；整合阶段，接收单位对知识进行制度化，使其成为自身知识的一部分。不仅如此，每一阶段之间都有明确的里程碑。如图 2.1 所示。

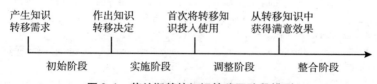

图 2.1　苏兰斯基的知识转移四阶段模型

资料来源：Szulanski G.. The process of knowledge transfer: a diachronic analysis of stickiness. Organizational Behavior and Human Decision Processes，2000，82（1）：9 - 27.

---

① 肖久灵. 我国海外企业知识转移与绩效评价. 北京：经济科学出版社，2007，12：111 - 112.

二、米辛等知识转移三阶段

米辛等（Miesing et al.，2007）[①] 的知识转移模型认为知识转移过程包括三个方面的活动：创造知识、共享知识和应用知识。创造知识是组织内知识生成的过程，SECI 螺旋较好地解释了这个过程，公司的知识创造需要组织内成员具有柔性世界的观念，而不是严格的行政控制，才能接触到多样化的、当地化的、特定的知识；知识的共享需要组织成员间具有紧密的、信任的关系联接，社会网络以及大量非正式的沟通有助于知识的分享；应用知识要求知识接收方具有较强的知识吸收能力，这也需要成员间具有松散的耦合关系，形成可信赖的认同感，才能保持并提高企业吸收知识的动态能力。

三、野中郁次郎知识转移五阶段

野中郁次郎（Nonaka，1994）[②] 认为，知识创造过程主要包括五个阶段：（1）扩大个人知识，即通过组织内人员的交流与互动，鼓励个人表达出自己的知识，使得整体的知识总量得以扩大；（2）分享隐性知识，这是组织知识创造的关键步骤；（3）创造观念，这阶段隐性知识与显性知识互动最为强烈，具体表现为概念化与结晶化，概念化是指在组织成员中形成信任，通过持续的对话来表达观点并形成假设，结晶化是指通过对假设的检验与认可，最后形成在群体内共享的心智模式；（4）调整，这一阶段是对知识的进一步确认，通过建立原型，将确认的观念转化为较为具体的原型；（5）跨层次的知识扩展，发生于组织内部及组织之间，形成网络化的知识（Networking Knowledge）。

四、其他国内外学者的研究

阿布扎伊德（Abou-Zeid，2005）[③] 把组织间的知识转移看成文化认识

---

① Miesing P.，Kriger M. P.，Slough N.. Towards a model of effective knowledge transfer within transnationals：The case of chinese foreign invested enterprises. The Journal of Technology Transfer，2007，Vol. 32，No. 1 – 2：109 – 122.

② Nonaka I.. A dynamic theory of organizational knowledge creation. Organization Science，1994，Feb.，Vol. 5，No. 1：22 – 28.

③ Abou-Zeid E. S.. A culturally aware model of inter-organizational knowledge transfer. Knowledge Management Research and Practice，2005，3（3）：146 – 155.

的四个阶段，包括初始化、组织间关系调整、实施与内部化，主要论述转移双方的文化特性在这四个阶段对知识转移的影响。吉尔伯特和科尔代—海耶斯（Gilbert & Cordey-Hayes，1996）[①] 在研究组织技术创新中，把知识转移分为五个阶段：知识获取、知识沟通、知识应用、知识接受及知识同化，知识获取、知识沟通与知识应用需要把外部知识转移过来，知识同化是一个创造性的过程，组织成员将获取的新知识与过去所累积的知识加以整合与重构。

国内研究者基本上遵循上述对知识转移过程的划分，侧重于研究知识转移的障碍与促进知识转移要素分析，也有少量的研究关注了知识转移过程的阶段。

和金生与王雪利（2006）[②] 综合了知识转移的信息交流与认识—行为模式，将母公司对子公司的知识转移分为四个阶段：选择阶段、传送阶段、学习阶段、反馈阶段。母公司对子公司的知识转移是互动学习的过程，在这个过程中，母公司作为知识发送者的角色，对知识的转移起着促进、协调与领导作用，子公司作为知识接收者的角色，对转移的知识进行吸收、学习与应用，同时，子公司并不是被动的角色，而是主动的吸收和学习，并对知识接收情况积极地向母公司反馈。

曹洲涛（2008）[③] 在对跨国公司管理移植的研究中，把知识由母公司流入子公司分为四个阶段：流入阶段、共享阶段、运用阶段和创新阶段，其中流入阶段是母公司的主动行为，把管理知识移入子公司，后三阶段则是子公司对移入知识的消化、吸收、运用与创造过程。

徐金发等（2003）[④] 借鉴苏兰斯基（1996）的研究，也把知识转移过程分为开始、实施、调整、整合四个阶段，在他们的分析中增加了企业内部知识转移的情境变量。如图 2.2 所示。

---

① Gilbert M. , Cordey-Hayes M. . Understanding the process of knowledge transfer to achieve successful technological innovation. Technovation, 1996, 16（6）：301 – 312.

② 和金生，王雪利. 母公司对子公司知识转移的影响因素研究. 西安电子科技大学学报（社会科学版）. 2006，2：87 – 91.

③ 曹洲涛. 基于母子公司关系的跨国公司管理移植的实证研究框架. 科学学与科学技术管理，2008，5：164 – 168.

④ 徐金发，许强，顾惊雷. 企业知识转移的情境分析模型. 科研管理，2003，2：54 – 60.

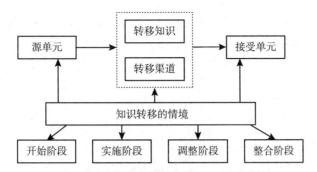

图 2.2 知识转移的交流模型与情境关系

资料来源：徐金发，许强，顾惊雷．企业知识转移的情境分析模型．科研管理，2003，2：55.

第四节 知识转移方式

知识转移方式，在一些研究文献中称之为知识转移模式，主要探讨的是知识转移的类型、手段与方法等。本节对这一部分文献作一简述。

一、基于任务匹配的知识转移

狄克逊（Dixon）[①] 从被转移知识类型、任务性质、任务与情境的相似性三个方面来考察知识转移方式。知识类型，包括知识属性与知识保存的结构；任务性质，包括任务发生的频率与任务的复杂程度；任务与情境的相似性，包括知识转移双方在任务上的相似程度，以及知识接收者环境背景与发送方相似程度。在此基础上，狄克逊提出了五种知识转移模式：连续转移（serial transfer）、近转移（near transfer）、远转移（far transfer）、战略转移（strategic transfer）与专家转移（expert transfer）。

二、基于转移手段的知识转移

（一）人际沟通、编码传播与嵌入转移

阿美达和格兰特（Almedia & Grant，1998）[②] 从知识默会性出发探讨了企业知识转移的具体方式，将其分为人际沟通、编码传播和嵌入转移三大类。

[①] 南希·狄克逊．共有知识—企业知识共享的方法与案例．北京：人民邮电出版社，2002：19–162.

[②] Almeida P.，Grant R. M.．International Corporations and Cross-Border Knowledge Transfer in the Semiconductor Industry. A Report to the Carnegie-Bosch Institute，1998，1–35.

选择何种转移方式主要依赖于以下因素：一是转移知识的类型，如转移隐性知识，人际沟通是最好的方法；二是转移知识的预期用途，如想要通过知识转移改善生产流程和效率，转移嵌入知识的工艺程序和生产指令就比较合适；三是知识的分散程度，如果知识分散的幅度较大，编码传播方法（如文字报告、手册）或嵌入转移方法（如规则、程序或指令）比较适合。

（二）正式的知识转移与非正式的知识转移

霍萨姆和考特尼（Holtham & Courtney，2001）[①] 从知识转移方法的角度，把知识转移模式划分两个类型：正式的知识转移与非正式的知识转移。前者主要是指知识转移的组织手段，比如公司培训、临时任务小组、长期合作团队、会议交流等组织手段；后者则指社会化的手段，更多地是依赖人员的关系交往与社会资本来传递知识，比如闲谈交流、师徒关系以及私人聚会等形式。

正式的知识转移由于是组织的安排，对于加深对知识的理解、达成合作共识具有积极的作用。随着对社会资本等关系网络的研究深入，学者们普遍认为，非正式的知识转移由于伴随着友谊的增进，双方关系愈加密切，更容易产生信任，知识转移的效果会更好。艾伦（Allen，1983）[②] 认为，非正式知识转移的最大特点在于其纯粹的私人性质，它独立于组织结构、政策和正式合作之外，更容易分享隐性知识。布蒂（Booty，2000）[③]认为，依赖个体所拥有的社会资本而非组织安排来获得信息与知识，是非正式知识转移的主要特点，社会维度是影响非正式知识转移的本质因素。希佩尔（Hippel，1987）[④] 指出，非正式的知识转移主要发生在因共同职业兴趣而聚合在一起的研发人员之间，组织内人际关系的非正式网络是个人获取信息与知识的主要渠道。谢荷锋、水常青（2007）[⑤] 认为，正式和

[①] Holtham C. , Courtney N. . Developing managerial learning styles in the context of the strategic application of information and communication technologies. International Journal of Training and Developing，2001，5（1）：23 –33.

[②] Allen R. . Collective invention. Journal of Economic Behavior and organization，1983，4（1）：1 –24.

[③] Booty I. . Inter-Persona land inter-action influences on informal resource exchanges between R&D and research across organizational boundaries. Academy of Management Journal，2000，43（1）：50 –60.

[④] Hippel V. . Cooperation between rivals：informal know-how trading. Research Policy1987，16（6）：291 –302.

[⑤] 谢荷锋，水常青 . 个体间非正式知识转移研究述评 . 研究与发展管理，2006，18（4）：54 –62.

非正式知识转移的根本区别，在于治理制度和行为控制方式的差异。一般而言，正式的知识转移在转移内容或转移流程等方面存在一种约定，这种约定可以是制度，也可以是合约，通过约定来规范知识转移双方的行为；非正式的知识转移中双方的行为约束则主要是来自双方社会关联的性质和强度。

三、基于子公司战略的知识转移

曾（Tseng, 2006）[①] 研究了跨国公司设在台湾地区的子公司的管理实践，从跨国公司一体化程度和当地响应程度两个维度来区分相应的转移模式，将跨国公司知识转移模式分为：全球化知识、标准化知识转移、东道国知识发展、混合转移。

杜晓君等（2009）[②] 借鉴曾对知识转移模式的分类，通过对跨国公司对在华子公司知识转移模式的观察，根据跨国公司在华子公司知识来源的两个维度（母公司、当地市场）的组合，将跨国公司知识转移模式区分为更具有一般性意义的三类：全球化知识转移模式、本土化知识转移模式和全球本土化知识转移模式。

全球化知识转移模式中，母公司作为知识贡献者，在知识转移中处于核心地位，子公司知识来源于母公司的程度很高，而来源于当地市场的程度很低。

本土化知识转移模式中，子公司知识来源于当地市场的程度很高，而来源于母公司的程度很低。东道国当地供应商、客户、社会团体和政府等将市场知识转移给子公司，子公司又将知识转移给母公司或其他子公司。

全球本土化知识转移模式中，子公司知识来源于母公司和当地市场的程度都很高，子公司的战略知识主要来源于母公司，而具体市场行为（产品生产、研发、运营管理和营销活动等）的知识则主要来源于当地市场。

四、基于知识联接方式的知识转移

巴克利和卡特（Buckley & Carter, 1999, 2004）[③] 提出公司内知识组

---

① YiMing Tseng. International strategies and knowledge transfer experiences of MNCs' Taiwanese subsidiaries. Journal of American Academy of Business, 2006, 8 (2): 120 – 125.

② 杜晓君，王小干，周仙华，刘赫. 跨国公司全球战略、东道国市场特征与跨国公司知识转移模式——基于跨国公司在华子公司市场知识转移的实证研究. 研究与发展管理, 2009, 12: 9 – 18.

③ Buckley P. J., Carter M. J.. Managing cross-border complementary knowledge: conceptual developments in the business process approach to knowledge management in multinational firms. International Studies of Management and Organization, 1999, 29 (1): 80 – 104.
　　Buckley P. J., Carter M. J.. A Formal Analysis of Knowledge Combination in Multinational Enterprises. Journal of International Business Studies, Sep. 2004, Vol. 35, No. 5: 371 – 384.

合的三个类型：附加组合、序列组合和复杂组合。许强（2007）[1]在此基础上提出相应的知识转移三种模式：附加性知识转移、序列性知识转移与复杂性知识转移。附加性知识转移主要是母公司向子公司的知识扩散，使得母公司知识在子公司环境下创造附加的价值；序列性知识转移主要是指子公司的知识只有在母公司知识的支持下才能发挥相应的价值，这种情况下的知识转移有助于子公司知识创造价值；复杂性知识转移则指母子公司高度依赖的情况，知识转移表现为知识的交互作用。

第五节　知识转移的影响因素

一、个体影响因素

综合研究文献，影响知识转移的个体因素主要包括知识本身特性、知识转移双方特征以及组织情境等。

（一）知识特性

苏兰斯基（1996）研究了组织内知识转移的障碍，全面分析了知识的特性、知识接收者特点、知识源特点、情境特点四个方面对知识转移的影响。知识特性包括模糊性与不可证明性，知识接收方包括缺乏动机、缺乏吸收能力、缺乏保持能力，知识源包括缺乏动机、感觉不可靠，组织情境因素包括贫瘠的组织情境、彼此关系的艰难等。

苏兰斯基的分析提供了比较全面的视角，后来的研究文献大多是考察上面提到的四个方面对知识转移效果的影响。如：赞德和考格特（1995）、西蒙尼（Simonin，1999a，1999b）、派克和帕克（Pak & Park，2004）对转移的知识特性做了研究；福斯和佩德森（Foss & Pedersen，2002）对知识源做了研究；莱尔和索尔克（Lyles & Salk，1996）、雷恩和卢巴金（Lane & Lubatkin，1998）、雷恩等（Lane et al.，2001）、明巴耶娃等（Minbaeva et al.，2003）对吸收能力做了研究，西蒙尼（Simonin，1999a，1999b）、布雷斯曼等（Bresman et al.，1999）、派克和帕克（2004）对知识转移的组织情境做了研究。

许多研究者把知识的模糊性作为影响知识转移的主要因素。列德和德

---

① 许强. 母子公司控制机制选择：知识转移的视角. 科学学研究，2007，12：388–393.

菲利普（Reed & DeFillippi，1990）[1] 认为知识的默会性是模糊性的主要来源，并把它和知识的复杂性与专用性一起视为知识转移的障碍。布雷斯曼等（1999）[2] 把默会性理解为知识的可表达性。赞德和考格特（1995）[3] 把默会性归结为知识的可编码性，通过知识的难言性与难传性对知识转移速度的影响研究，发现隐性知识降低了知识转移的速度。西蒙尼（1999a，1999b）[4] 对此研究的结论是，知识默会性影响着知识模糊性，进而影响着知识的转移效果，而且这个影响是一向明显的。

（二）知识接收方特点

知识接收方对知识的吸收能力是研究者关注的焦点。知识接收能力低被认为是组织内部知识转移的最重要障碍之一（Cohen & Levinthal，1990；Lyles & Salk，1996；Szulanski，1996；Lane & Lubatkin，1998；Gupta & Govindarajan，2000；Lane et al.，2001）。

科恩和莱温特（Cohen & Levinthal，1990）[5]、金（Kim，2001）[6] 认为吸收能力包括两个元素：前期知识与努力程度。前期知识是指企业的知识存量，包括基础技巧、共用的语言、相关的前期经验、现代信息等；努力程度，主要从工作激励的期望理论来考察对员工接收知识的影响，被激励的员工会愿意对组织绩效作出贡献。鲍尔温（Baldwin et al.，1991）[7]

[1] Reed R. , DeFillippi R. . Causal Ambiguity, Barriers to Imitation, and Sustainable Competitive Advantage. Academy of Management Review, 1990, 15, 1,: 88 – 102.

[2] Bresman H. , Birkinshaw J. , Nobel R. . Knowledge Transfer in International Acquisitions, Journal of International Business Studies, 1999, 30 (3): 439 – 462.

[3] Zander Udo, Kogut Bruce. Knowledge and the Speed of the Transfer and Imitation of Organizational Capabilities: An Empirical Test. Organization Science, 1995, Vol. 6 Issue1: 76 – 92.

[4] Simonin B. . Transfer of Marketing Know-How in International Strategic Alliances: An Empirical Investigation of the Role and Antecedents of Knowledge Ambiguity, Journal of International Business Studies, 1999a, 30 (3): 463 – 490.
Simonin B. . Ambiguity and the process of knowledge transfer in strategic alliance, Strategic Management Journal, 1999b, 20, 7: 595 – 623.

[5] Cohen W. , Levinthal D. . Absorptive Capacity: A New Perspective on Learning and Innovation. Administrative Science Quarterly, 1990, 35 (1): 128 – 152.

[6] Kim L. . Absorptive Capacity, Co-operation, and Knowledge Creation: Samsung's Leapfrogging in Semiconductors. in Nonaka I. , Nishiguchi T. (eds.). Knowledge Emergence: Social, Technical, and Evolutionary Dimensions of Knowledge Creation, Oxford: Oxford University Press, 2001: 270 – 286.

[7] Baldwin T. , Magjuka R. , Loher B. . The Perils of Participation: Effects of Choice of Training on Trainee Motivation and Learning. Personnel Psychology, 1991, 44 (1): 51 – 65.

研究发现，即使组织拥有很多具有强大学习能力的员工，如果这些员工的激励水平很低或缺失，组织利用知识的能力就会很低。

明巴耶娃（2007）① 发现，知识接收方的知识可获得性，对于提高知识吸收能力具有重要作用，因此企业需要使用联合的技巧使得员工能够发现、获得、管理、共享与应用组织需要的知识。

明巴耶娃等（2003）② 从组织激励的角度认为，知识接收方员工的学习能力与激励是从跨国公司内其他单元吸收知识的最佳工具。弗鲁姆（Vroom）早在 1964 年在其著作《工作与激励》一书中就提到激励对于知识分享的作用，他指出："组织拥有高吸收能力且受得激励程度高的员工，其知识转移水平会高于那些员工吸引能力低但受到激励比较高的组织；也会高于员工没有受到激励但吸收能力高的组织"③。

（三）知识发送方特点

卡布雷拉（Cabrera，2003）④ 综合社会学与心理学的研究成果，把可能影响发送者行为的因素总结为九个方面，关于个人的因素包括自我效能（self-efficacy）、组织承诺（organizational commitment）、责任心（conscientiousness）、友善（agreeableness）、对经验的开放态度（open to experience）；关于组织环境的因素包括职业民主（job autonomy）、对来自合作者与监督者支持的感知（perceived support from co-workers and supervisors）、与知识共享相关的外在奖励（extrinsic rewards associated with knowledge sharing）、内在奖励（intrinsic rewards）。

综合文献，知识发送方至少有两个方面特点对知识转移产生影响：一是知识的发送能力；二是共享知识的意愿。

明巴耶娃和米哈伊洛娃（Minbaeva & Michailova，2004）⑤ 对知识发送

---

① Minbaeva D. B. . Knowledge transfer in multinational corporations. Management International Review，2007，4，Vol. 47：567 – 593.

② Minbaeva D. B. ，Pedersen T. ，Björkman I. ，Fey C. ，Park H. . MNC Knowledge Transfer，Subsidiary Absorptive Capacity and Knowledge Transfer. Journal of International Business Studies，2003，34（6）：586 – 599.

③ Vroom V. . Work and Motivation. New York，London and Sydney：John Wiley and Sons 1964：203.

④ Cabrera E. . Socio-psychological aspects of knowledge sharing in organizations. The 7th Conference on International Human Resource Management. University of Limerick，Ireland，2003：4 – 6.

⑤ Minbaeva D. ，Michailova S. . Knowledge Transfer and Expatriation Practices in MNCs：The Role of Disseminative Capacity，Employee Relations，2004，26，6：663 – 679.

者的行为做了研究，认为组织成员共享知识的能力与意愿是成功进行知识转移的关键，并把能力称为"传播的能力"（disseminative capacity），主要是指知识传授（teaching）的能力。知识共享是通过各种不同的方式来解释相同的观点，因此，拥有知识的发送者需要具有较高的能力来解释与沟通知识，这个能力可以通过教育、培训、观察与实地学习来获得。温特（Winter，1987）也认为，尤其对隐性知识的转移更是需要较高的传授能力。

赫斯特德和米哈伊洛娃（Husted & Michailova，2002）[①] 把个人意愿作为知识转移的重要影响因素，他们列举了知识发送者对知识共享心存敌意的六个原因：（1）在价值、议价能力、个人竞争优势的保护等方面的潜在损失；（2）不愿意在共享知识上花费时间；（3）对"知识寄生虫"的恐惧；（4）回避暴露知识；（5）知识转移效果的不确定性；（6）对级层与正式权力的推崇，害怕丢失特权与优越地位。

（四）知识转移情境

苏兰斯基（1996）[②] 把影响知识转移的情境分为组织情境的缺失及关系的困境两类，表现在：（1）一方可以建立优势的知识在另一方可能作用不大，甚至没有作用；（2）对于深嵌在其产生情境中的知识，双方倾向于抵制转移和接收。一个鲜明的例子，当跨国公司在开拓国外市场时，由于无法获取当地的隐性与显性知识，经常会依赖当地合作者的帮助，但是当他们在国外获得足够的竞争实力后，跨国公司仍难有效获取与转移当地知识，仍长期需要当地合作者；（3）转移的知识如果具有较高的默会性，需要大量的个人交流沟通，甚至是工作岗位轮换，才能较好地进行知识转移；（4）要成功地转移知识还依赖于双方沟通的容易程度及关系的亲密程度。

汉森（Hansen，1999）[③] 认为，组织间不同部门人员直接联系的缺失及沟通广度的不足会阻碍知识转移，而部门间的强联系会利于知识转移。

---

① Husted K. , Michailova S. . Diagnosing and fighting knowledge sharing hostility. Organizational Dynamics, 2001, 31（1）：60 – 73.

② Szulanski G. . Exploring internal stickiness：impediments to the transfer of best practice within the firm. Strategic Management Journal, 1996, 17：27 – 43.

③ Hansen M. . The search-transfer problem：the role of weak ties in sharing knowledge across organization subunits. Administrative Science Quarterly, 1999, 44,（1）：82 – 111.

在他后来对知识网络的研究中，面对有些部门通过知识转移受益而有些部门却无法受益的现象，他进一步解释了他的前期观点："在知识网络中，亲密的关系对于知识接收方提供了直接接近知识的机会，对知识接收方是非常有益的，部门间彼此参与度越高，就会从其他部门中获得越多的知识"。[①]

阿南德和罕娜（Anand & Khanna，2000）[②] 认为，有效的知识转移关键在于母子公司间是否具有合作行为，网络联结强度高的母子公司结构必然有利于合作，强的关系网络可以建立起关系资本，如沟通、信任、观念交换等。伯特（Burt，1987）[③] 研究认为，母子公司的网络联结有利于网络内的信息共享与知识获取。

从社会网络的角度研究社会关系对知识转移的影响一度成为学术热点，基本的观点是紧密的关系联结有助于信息的分享（Granovetter，1973；Rindfleisch，Moorman，2001；Uzzi，1999；Uzzi & Gillespie，2002）。对于母子公司关系网络普遍的观点是，母子公司内建立一个较强的合作、信息分享、认同感的企业网络，有助于他们进行新产品开发和知识转移（Birkinshaw & Morrison，1995；Luo，2003；Powell et al.，1996）。

段（2010）[④] 运用德尔菲法对于知识转移情境因素作了系统汇总，专家们普通认可的最主要的情境因素包括：双方关系、合作伙伴的选择、组织柔性、合作网络、协调制度、政策结构与行政管理流程等。

二、整合影响因素

（一）组织内层面

1. 苏兰斯基（1996）的经典研究开创了对组织内知识转移影响因素的综合分析框架，他把影响因素归结为知识的特性、知识接收者特点、知识源特点、情境特点四个方面。后续的研究大多是从这四个方面分析影响组织知识转移的综合因素。

---

① Hansen M.. Knowledge networks：Explaining effective knowledge sharing in multiunit companies. Organization Science，2002，13（3）：234.

② Anand Bharat N.，Tarun Khanna. Do Firms Learn to Create Value? The Case of Alliances. Strategic Management Journal，2000，21（3）：295 – 315.

③ Burt Ronald S. Social contagion and innovation：Cohsion Versus Structural Equivalence. American Journal of Sociology，1987，92：1287 – 1335.

④ Yanqing Duan，Wanya Nie，Elayne Coakes. Identifying key factors affecting transnational knowledge transfer. Information & Management，2010，47：356 – 363.

2. 艾佩（Ipe，2003）[①] 提出的知识分享的概念模型很有意义，把影响知识转移的因素归纳为五个方面，分别是：知识的属性、分享的动机与机会、工作环境的文化、个人间的关系。其概念框架如图2.3所示。

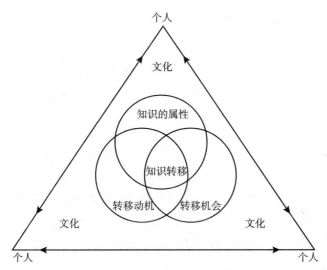

图2.3　组织内个人间的知识转移模型

资料来源：Ipe M. Knowledge sharing in organizations：a conceptual framework. Human Resource Development Review，2003，2（4）：352.

3. 高（Goh，2002）[②] 研究了组织内层面的知识转移问题，整合了影响有效知识转移的关键因素，构建了一个经常被引用的模型框架。作者把影响知识有效转移的因素分为四大类：组织文化、组织结构的支持、知识接收者、知识的类型。组织文化、组织支持结构可以提高组织内人员知识转移的意愿，从而提高知识转移的效果；知识接收者及知识的类型，则直接影响着知识转移效果。

4. 卡明斯和滕（Cummings & Teng，2003）[③] 从组织内转移研发知识的角度认为，有效的知识转移要跨越四个情境：知识情境、关系情境、接

---

① Ipe M. Knowledge sharing in organizations：a conceptual framework. Human Resource Development Review，2003，2（4）：337 - 359.

② Goh S. C.. Managing effective knowledge transfer：an integrative framework and some practice implications. Journal of Knowledge Management，2003，6（1）：23 - 30.

③ Cummings J. L.，Bing-Sheng Teng. Transferring R&D knowledge：the key factors affecting knowledge transfer success. Journal of Engineering and Technology Management，2003，7，Vol. 20，Issue1 - 2：39 - 68.

收方情境与行动情境，共有九个要素影响知识的转移。属于知识情境的要素是：知识源对转移知识的表述能力、知识的嵌入性；属于关系情境的要素是：双方的组织距离、物理距离、知识、规范；属接收方情境的要素是：组织的学习文化、知识的优先次序；属活动情境的要素是转移活动。

5. 莎伦和凯利（Sharon & Kelly，2006）[①] 从社会交换理论与期望理论角度出发，研究了组织内的知识转移问题，其逻辑思路是：组织内有效的知识转移取决于两个关键因素，一是个人向系统贡献知识的意愿，二是个人接收与再使用组织知识的频率。社会交换理论的运用，可提高个人向系统贡献知识的意愿；期望理论的运用，可促进个人接收与再使用组织知识的频率。

根据期望理论，他们认为影响知识转移的因素主要有：（1）个人再使用系统内已存在知识的频率；（2）再使用这些知识对组织绩效增加的程度；（3）个人在公司的任期；（4）个人在公司内晋升的比率。

根据社会交换理论，他们认为影响知识转移的主要因素有：（1）知识获得的容易性；（2）知识再使用的培训；（3）计算机的自我效能；（4）对知识来源的信任；（5）知识的价值。

如图 2.4 所示。

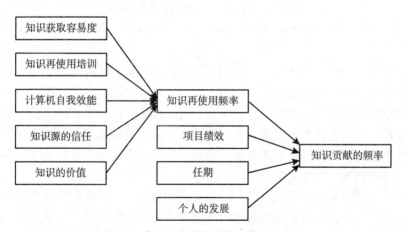

图 2.4　莎伦和凯利的影响因素分析框架

资料来源：Sharon Watson，Kelly Hewett. A multi-theoretical model of knowledge transfer in organizations：Determinants of knowledge contribution and knowledge reuse. Journal of Management Studies，2006，43（2）：148.

---

① Sharon Watson，Kelly Hewett. A multi-theoretical model of knowledge transfer in organizations：Determinants of knowledge contribution and knowledge reuse. Journal of Management Studies，2006，Mar. 43（2）：141－173.

（二）组织间层面

1. 莫尔和森古普塔（Mohr & Sengupta，2002）[①] 研究了战略联盟中企业间的知识转移问题，认为双方的关系、学习的需求及战略联盟的管理机制三类因素影响知识转移的效果。在关系情形中包括双方的学习意图、寻找的知识类型及对合作的预期跨度，学习意图分为获取知识与内化知识两类，寻找知识的类型主要是指寻找的是隐性还是显性的知识，合作关系的跨度主要是指长期合作关系还是短期合作关系。针对不同的情况，联盟企业的具体管理方式各不相同，而不同的管理机制也直接影响着知识转移的效果。这个研究的意义在于指出了组织管理体制对知识转移的影响。如图2.5 所示。

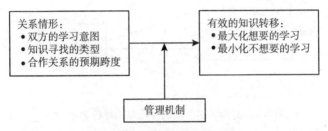

图 2.5　组织间学习的影响因素

资料来源：Mohr J. J. , Sengupta S. . Managing the paradox of inter-firm learning：the role of governance mechanisms. The Journal of Business & Industrial Marketing, 2002, 17（4）：289.

2. 卡明斯和滕（2006）[②] 在他们 2003 年研究的基础上分析了跨国经营企业的知识分享问题，进一步修正了他们的观点，增加了一个情境——环境情境对知识分享的影响，环境情境主要包括不同国别的文化、制度及其技术变化程度等；把关系情境中的要素界定为组织的距离、物理的距离、制度的距离、知识的距离及关系的距离，其中制度的距离即规范的距离，关系距离主要是指与当地企业联合的类型，如合资、独资等。其研究内容与前期基本一样，要素分析更加完善与全面。

---

① Mohr J. J. , Sengupta S. . Managing the paradox of inter-firm learning：the role of governance mechanisms. The Journal of Business & Industrial Marketing, 2002, 17.（4）：282 – 301.

② Cummings J. L. , Bing-Sheng Teng. The keys to successful knowledge-sharing. Journal of General Management, 2006, summer, Vol. 31, No. 4：1 – 18.

3. 古普塔和戈文达拉扬（2000）[①] 研究了子公司的知识流向，子公司的知识流入与流出，具体包括：子公司的知识流出到其他同级子公司、子公司的知识流出到母公司，子公司的知识由其他同级子公司流入、子公司的知识由母公司流入。他们把影响知识转移的因素概念化为五个方面：（1）源单位知识储量的价值；（2）源单位的转移动机；（3）转移渠道的存在与丰富度；（4）目标单位的转移动机；（5）目标单位的吸收能力。如图 2.6 所示。

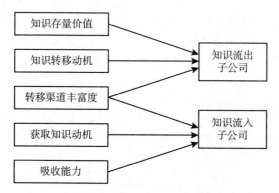

图 2.6 古普塔和戈文达拉扬知识转移影响因素

资料来源：Gupta A. K., Govindarajan V.. Knowledge Flows Within Multinational Corporations. Strategic Management Journal, 2000, 21: 477.

4. 比约克曼（Björkman et al., 2004）[②] 沿着古普塔和戈文达拉扬的思路，把子公司作为分析对象来研究跨国公司知识转移问题，他们的突出贡献是从母子公司管理控制的角度出发考察不同的控制机制对子公司知识流向的影响。通过对代理理论及社会理论的引用，认为母公司采用合理控制标准与广泛运用社会化机制，可有效地促进组织内的知识转移。具体影响因素如图 2.7 所示。

5. 福斯和佩德森（2002）[③] 根据知识来源不同，把子公司知识分为内

---

① Gupta A. K., Govindarajan V.. Knowledge Flows Within Multinational Corporations. Strategic Management Journal, 2000, 21: 473 –496.

② Ingmar Björkman, Wilhelm Barner-Rasmussen, Li Li. Managing Knowledge Transfer in MNCs: The Impact of Headquarters Control Mechanisms. Journal of International Business Studies, Sep., 2004, Vol. 35, No. 5: 443 –455.

③ Foss Nicolai J., Pedersen Torben.. Transferring knowledge in MNCs: The role of sources of subsidiary knowledge and organizational context. Journal of International Management, 2002, Vol. 8 Issue 1: 1 –19.

部产生的知识（内部知识）、基于运营网络的知识（网络知识）、基于集群的知识（集群知识），分别考察了这三类知识在跨国公司内部转移的影响因素。内部知识是指公司通过投资在内部的知识生产或通过学、用等方式来产生；网络知识主要是指子公司通过与企业合作者（如消费者，供应商等）的网络关系而创造出来的知识；集群知识主要是指子公司通过当地集群（如受到良好教育的劳动力，高质量的研究机构）转移来的知识。他们认为，组织内相互依赖程度是影响内部知识转移的主要因素，内部贸易的交易方式、子公司自治程度是影响网络知识的主要因素，子公司自治程度是影响集群知识的主要因素。如图 2.8 所示。

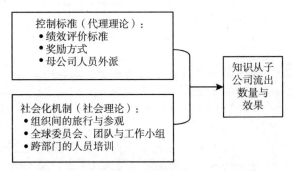

图 2.7　比约克曼等的知识转移机制概念图

资料来源：根据比约克曼等（2004）整理。

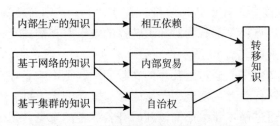

图 2.8　福斯和佩德森的知识转移研究框架

资料来源：根据福斯和佩德森（2002）整理。

6. 王等（Pien Wang et al.，2004）[①] 研究了跨国公司对中国子公司的知识转移，他们提出母公司的知识转移能力与转移意愿、子公司的学习能

---

① Pien Wang, Tony W. Tong, Chun Peng Koh. An integrated model of knowledge transfer from MNC parent to China subsidiary. Journal of World Business, 2004, 39: 168–182.

力与学习意图是影响知识转移的主要因素。其中，母公司的知识转移能力包括知识储量、外派人员的能力；母公司的转移意愿包括中国子公司的重要程度、所有权类型、母子公司的内部关系；子公司的学习能力包括雇员的素质、重视培训程度；子公司的学习意图包括雇员的学习意愿、学习与奖励的关系。如图 2.9 所示。

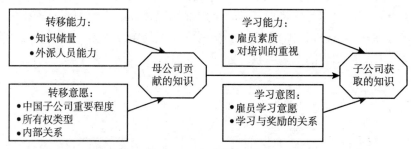

图 2.9　王等（2004）的影响因素分析框架

资料来源：Pien Wang, Tony W. Tong, Chun Peng Koh. An integrated model of knowledge transfer from MNC parent to China subsidiary. Journal of World Business, 2004, 39: 174.

7. 弗朗西斯科等（2010）[1] 从总部在知识转移中扮演的价值增加角色出发，关注知识转移的绩效——转移效率与转移效果。他们吸收了戈绍尔和巴特利特（1988）对跨国公司子公司的知识创造、吸收与传播创新的研究，认为总部在三个领域可以提升知识转移效果：（1）决策权分配；（2）资源配置；（3）直接介入知识转移项目。通过对 141 家创新转移项目的检验，验证了他们的观点：总部行为对知识转移的效果有正向或负向影响。其知识转移影响因素如图 2.10 所示。

8. 段等（2010）[2] 通过近几年的文献回顾，把影响企业跨国知识转移的因素总结为转移双方、情境、转移内容与媒介四大方面，并就这四个方面的具体内容通过德尔菲法征询该领域著名学者的意见，得出影响知识转移的最关键因素：（1）转移者的关键因素包括：文化认识、转移动机、知识距离、信任程度与开放程度；（2）转移情境的关键因素包括：双方的关系、选择合适的伙伴；（3）转移内容的关键因素是目标与焦点；（4）转

---

① Francesco Ciabuschi, Oscar Martín Martín, Benjamin Ståhl. Headquarters' Influence on Knowledge Transfer Performance. Management International Review, 2010, 50: 471–491.

② Yanqing Duan, Wanya Nie, Elayne Coakes. Identifying key factors affecting transnational knowledge transfer. Information & Management, 2010, 47: 356–363.

移媒介的关键因素是语言。她们的研究较为全面地识别与集合了知识转移的影响因素，具有较高价值。具体的各影响因素如图 2.11 所示。

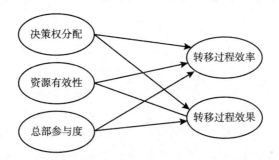

图 2.10　弗朗西斯科等的知识转移影响因素分析框架

资料来源：Francesco Ciabuschi，Oscar Martín Martín，Benjamin Ståhl. Headquarters' Influence on Knowledge Transfer Performance. Management International Review，2010，50：478.

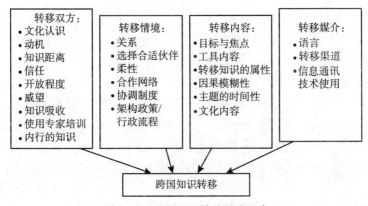

图 2.11　跨国知识转移影响因素

资料来源：Yanqing Duan，Wanya Nie，Elayne Coakes. Identifying key factors affecting transnational knowledge transfer. Information & Management，2010，47：360.

其他研究者，如阿戈特（Argote，1999）[①] 认为组织间的关系、组织特点、转移知识的特性、转移过程影响着知识转移效果。艾森哈特和桑托斯（Eisenhardt & Santos，2002）[②] 把知识转移的影响因素归纳为：知识属

---

①　Argote L.，Organizational Learning：Creating，Retaining，and Transferring Knowledge. Boston：Kluwer Academic，1999：23 – 46.

②　Eisenhardt K.，Santos F.. Knowledge-base View：A New Theory of Strategy? in：Pettigrew A.，Thomas H.，Whittington R.（eds.）. Handbook of Strategy and Management. SAGE Publications，2002：39 – 46.

性、发送者特性、接收者特性、发送者与接收者的关系。

三、国内对知识研究影响因素的研究

1. 刘翌和徐金发（2002）[①] 从子公司的角度研究了影响母子公司知识转移的因素，他们认为母子公司知识流动主要取决于五个方面因素：（1）源单元知识存量价值；（2）源单元的激励水平；（3）传输渠道及丰富程度；（4）目标单元的激励水平；（5）目标单元的吸收能力。源单元知识存量价值从子公司形成方式、子公司规模、子公司所处地区的相对经济水平三个方面来考察。源单元的激励水平从子公司经理报酬与母子公司网络整体业绩相关程度来考察。传输渠道及丰富程度从正式整合机制、社会化机制两个方面来考察，正式整合机制包括专门联络员制度、跨公司的特定任务小组、跨公司的委员会等，社会化机制可分为横向社会化机制与纵向社会化机制。目标单元的激励水平，主要考察子公司经理人员的报酬激励、子公司所处地区的相对经济水平、母子公司分权程度。目标单元的吸收能力，主要考察子公司的形成方式、子公司高管中来自母公司人数的比例。

2. 肖洪钧和刘绍昱（2006）[②] 研究了战略联盟内的知识转移影响因素，把影响因素分为知识源、知识受体、转移方式、相关情境和知识本身五个方面。联盟的经验和知识接收方学习的文化与知识转移正相关；知识的默会性会阻碍知识转移的效果，而知识的可表达性越高知识转移的效果就越好；相关情境主要是联盟方的知识距离与物理距离，距离与知识转移效果负相关；另外，联盟的方式也影响着知识转移方式与效果。

3. 马庆国等（2006）[③] 从复杂自适应系统（complex adaptive system, CAS）角度出发，研究了个体层面知识转移的影响因素。个体（Agent）具有反应性、合作性、自主性和通信性特征。（1）反应性是指个体具有感知环境并能根据一定的规则对环境的变化做出反应的能力。（2）自主性是指个体能够在没有外界干预的情况下自动操作，并能控制自身行为和内部状态，根据学到的经验改变自身的结构和行为方式。（3）合作性是指个体具有与别的个体协作发展、共同促进以达到共同目标的能力。（4）通信性

---

① 刘翌，徐金发. 母子公司知识流动：一个理论分析框架. 科研管理，2002，1：6 - 11.

② 肖洪钧，刘绍昱. 基于动态能力理论的知识转移影响因素研究. 现代管理科学，2006，3：9 - 10，19.

③ 马庆国，徐青，廖振鹏，张彩江. 基于复杂适应系统的个体知识转移影响因素分析. 科研管理，2006，3：50 - 54.

是指拥有其他个体的信息和知识，并具有与其通信的能力。根据这些特征，得出个体层面知识转移相对应的影响因素，如表 2.1 所示。

表 2.1　　　　　　　知识转移系统特征与对应的影响因素

知识转移系统的特征	知识转移系统的影响因素
反应性	所转移知识的性质、沟通渠道
合作性	传递动机、接收动机
自主性	已有知识基础、吸收能力
通信性	沟通解码能力、沟通编码能力、知识相容性

资料来源：马庆国，徐青，廖振鹏，张彩江. 基于复杂适应系统的个体知识转移影响因素分析. 科研管理，2006，3：53.

4. 许强等（2006）[①] 研究了知识的情境嵌入度对母子公司管理度的影响，认为情境相似程度高有利于知识的有效转移。知识的情境分为五个方面：文化、战略、组织结构和过程、环境、技术和运营。虽然他们研究的主题是母子公司关系的管理及子公司自立问题，但其对知识情境的分类，对于研究知识转移的情境影响因素提供了较好的视角。

5. 王清晓和杨忠（2006）[②] 研究了跨国公司内部网络节点之间的知识转移，他们认为知识特点、发送方节点的转移能力、接收方节点的吸收能力影响着知识的有效转移。在知识特点方面，知识的默会性、情境嵌入性、组织距离、文化距离和制度距离决定着知识的因果模糊性；在发送方方面，知识转移的意图、知识存量的价值、转移渠道的存在与丰富性决定着发送方的转移能力；在接收方方面，知识转移渠道的存在与丰富性、学习动机及相关的知识基础决定着接收方的知识吸收能力。

6. 和金生与王雪利（2006）[③] 考察了母子公司知识转移各个阶段的关键影响因素。选择阶段的影响因素：（1）转移知识的层次，认知（know-what）和技能（know-how）层次的知识最易转移，但无法为企业提供竞争优势，理解（know-why）层次的知识的转移难度居中，有助于构筑企业的

①　许强，刘翌，贺燕敏. 母子公司管理度剖析——基于情境的知识转移研究视角. 科学学研究，2006，2：274－278.

②　王清晓，杨忠. 跨国公司内部网络结点之间知识转移的影响因素分析——一个概念模型. 科研管理，2006，2：103－108.

③　和金生，王雪利. 母公司对子公司知识转移的影响因素研究. 西安电子科技大学学报（社会科学版），2006，2：87－91.

核心能力，创新（care-why）层次的知识是企业竞争优势的源泉，其转移难度最高；（2）母公司的知识存量，存量越高，转移效果越好。传送阶段的影响因素：（1）转移渠道的丰富程度，包括正式与非正式渠道；（2）母子公司的股权关系，作者分为控股和参股二种情况，认为母公司转移给控股子公司的知识流量相对较多。学习阶段的影响因素：（1）子公司的吸收能力。（2）子公司的分权程度，较高的分权管理模式下子公司有较好的知识吸收能力。（3）母子公司的知识距离，子公司与母公司的知识存量差距越小，越有助于子公司学习吸收来自母公司的知识；母子公司间有相似的价值观、信念、社会特质，有助于子公司吸收转移来的知识。反馈阶段的影响因素：子公司的有效反馈可以促使母公司进行更多地转移知识，并及时纠正知识转移中产生的偏差。

7. 曹洲涛（2008）[①] 研究的是跨国公司管理知识移植问题，成功的跨国公司管理移植表现在子公司对母公司管理知识的流入、共享、运用和创新。影响管理知识转移的因素包括母子公司关系、子公司吸收能力及管理知识特性三个方面。其中，母子公司关系中文化兼容、信任程度、控制程度及子公司角色是重要的影响因素；子公司吸收能力中子公司管理知识的存量、学习机制是重要的影响因素；管理知识特性中管理知识的成文程度、复杂程度及可教导程度是重要的影响因素。

第六节　研究评述

英国石油公司 CEO 约翰·布朗（John Browne）说："不论知识来自哪里，公司取得巨大收益的关键是在整个公司内复制这些知识，让每个子公司都不是孤立地学习……"在知识成为企业核心能力的今天，在公司内部转移知识的重要性日益凸显。可是，知识的转移并不会自发地实现，或不能按利于公司整体竞争力提高的方向转移。因此，对知识转移的管理就变得越来越重要了。

一、现有研究成果的意义

在知识转移的领域，学者们提供了广阔的研究视角和丰富的研究成

---

① 曹洲涛. 基于母子公司关系的跨国公司管理移植的实证研究框架. 科学学与科学技术管理，2008，5：164 – 168.

果，对后续研究具有巨大价值。表现在：

1. 对企业知识来源、分类具有较为深入的研究。企业知识嵌入性的视角，对知识的嵌入情境作了全面分析，系统研究了知识的来源与分类，对于识别可构建企业核心竞争优势的知识具有重要理论指导意义。

2. 对知识转移过程的洞察，可以指导知识转移的不同阶段企业管理行为，同时也为分析不同阶段下知识转移的特点、行为特征、效果测量、管理流程与机制设计等提供了方向。

3. 研究者从不同的角度概括了公司内知识转移的方式，厘清了不同的转移方式对公司知识转移的促进与保障作用，均有利于公司内知识的生成、积累与分享。狄克逊侧重于分析完成一项任务所需要的知识在另一种组织情境中作用的发挥程度；阿美达和格兰特等则重点研究知识转移的具体手段，促进显性知识和隐性知识的成功转移；曾等是从母子公司战略与控制的角度概括不同的知识转移模式；许强则是从知识的情境依赖视角研究知识组合的方式，从而总结出知识转移的模式。笔者认为，对知识转移方式的研究，在很大程度上表现的是知识转移模式的概念与内容，只是没有明确地提出知识转移模式这一概念。

4. 对知识转移影响因素的研究，分析视角极为宽广。第一，学者们普遍以知识显性与隐性特点为出发点，对组织知识进行分类考察，并寻找不同知识的转移方式与促进措施。第二，重视知识发送方与接收方的研究，发送方的转移意愿、转移能力以及转移动机，接收方的接收愿意、接收能力以及学习能力，都决定着知识转移的成功与否。第三，从知识转移双方关系角度出发，探讨两者关系状态对知识转移的影响。第四，从知识转移渠道角度，研究促进知识转移的机制。在这四个方面基础上，进一步探讨了知识转移机制中组织情境的重要作用，如组织文化、信任水平、组织奖励政策等。这些都为分析母子公司知识转移的机制建设提供了系统的理论视角，研究提出的假设与概念模型有助于后续研究者去验证不同经营环境下的实施有效性。尤其对于在国内经营的中国企业，众多的影响因素尚需去检验，以便析化出适合中国经济社会现实的具体影响因素。研究者们的分析成果，提供了较大的空间去研究中国化的问题。

5. 对于我国企业知识管理研究与实践意义重大。国外研究者大多关注的是跨国公司的全球知识转移，国内研究者大多研究的是跨国公司对中国子公司的知识转移。全球竞争的激化，知识已成为跨国公司最重要的战略资源（Kogut，2000；Kogut & Zander，1993），对于中国企业来说，要吸收外国企业先进知识，更重要的是要通过企业内知识转移来培育自己的核心竞争力。

二、现有研究的不足

(一) 对知识转移模式缺乏系统归纳

极少有研究者去系统分析母子公司知识转移的模式，而只是简单地认为知识转移就是知识从发送方过渡到接收方。少量关于知识转移模式的论述大多是对显性知识转移的归纳，尤其是对企业技术知识的转移模式的分析，而在企业文化、价值观念共享等方面显得说服力不足；同时，虽然从概念上做到了对转移模式的区分，但没有更细致地考察知识本身的特点，比如对不同价值贡献的知识、作为企业竞争力主要来源的隐性知识则没有细化分析；对于母子公司来说，公司战略、管理模式、子公司角色的不同，转移的知识未必是越多越好，对这方面的研究缺乏系统性；另外，子公司的能动作用体现得不够充分，事实上，随着子公司能力的增长，子公司在知识转移中扮演的角色越来越重要，子公司向母公司的知识转移以及子公司向其他子公司的知识转移已经成为母子公司构建竞争优势的重要内容。

笔者认为，知识转移模式应该从组织管理的角度来分析，重点阐述知识在组织内的流向问题。正如古普塔和戈文达拉扬（2000）[①] 的观点，知识转移及知识分配，与母子公司的战略紧密联系。汉密尔顿和卡什拉克（Hamilton & Kashlak，1999）[②] 也提到跨国公司在东道国的运营受到母公司控制意向的影响。从这个意义上讲，笔者较赞同曾（2006）对知识转移模式的概括，后文就是从这个角度出发，对母子公司的知识转移模式进行分类考察。

(二) 对知识转移机制的分析不够系统

文献中存在不同的关于知识转移机制表述，也侧面说明对母子公司知识转移机制的研究大家还处于一个讨论与分析的过程中，尚没有形成一个

[①] Gupta A. K. , Govindarajan V.. Knowledge Flows within Multinational Corporations. Strategic Management Journal, 2000, Vol. 21: 473 –496.

[②] Hamilton III Robert D. , Roger J. Kashlak. National influences on multinational corporation control system selection. Management International Review, 1999, 39 (2): 167 –189.

系统的、被广为认可的转移机制概念。这一方面是因为现实母子公司实践的多样性，以及母子公司管理内容的广泛性与权变性；另一方面则因为诸多的研究只是从一定角度出发，没有从母子公司管理的高度来探讨。因此，笔者认为以往的研究存在的不足主要体现在：

1. 如果只是研究如何促进知识转移这一简单的论题，会忽略母子公司的组织体制特点，而使得研究结论未必适合于母子公司。

2. 国外的研究大多是立足于对跨国公司的知识转移分析，更多地强调跨国文化、当地响应与全球响应、战略联盟或合资等因素对知识转移的影响。事实上，经营地域限于国内的母子公司，其知识转移机制同样不同于单一的企业，对这方面的研究相对较少。国内的研究大多借鉴国外的分析模式，只是从具体的某些功能上展开分析，也存在缺乏系统研究这一不足。

3. 由于知识转移的内涵很广阔，发表于学术期刊的研究论文无法全面分析母子公司内知识的转移，大多侧重于分析研发知识、营销技能等特定知识的转移，而特定知识的转移机制也是特定的，这也是现有文献无法反映母子公司知识转移全貌的原因之一。

4. 母子公司管理的内容的多样性也必然反映到对知识转移的管理上，目前看，这方面的研究同样缺少系统性，还没有这方面的专门论著。

（三）对知识转移影响因素的考察不够全面

1. 知识转移研究的关注焦点是知识转移的影响因素及对这些因素的克服，但是由于企业所处环境、规模、行业、员工素质等不同，文献中论及的影响因素有时显得说明力不足，而且有的研究设计获得实证认可的程度并不高。

2. 对知识转移影响因素的归纳，研究者们从不同的角度作出选择，并没有从整体上考虑综合因素。尽管已有的研究中，不少学者开发了知识转移的整合框架，也存在不完整或不全面的问题。

3. 过多地关注知识转移的影响因素，而忽视了对知识转移过程个性的研究，使得研究结论缺乏普适性。英克潘（Inkpen，2008）[1] 提到同样的问题，他认为，研究者都认为知识转移能力是企业竞争优势与企业成长

---

① Inkpen A. C.. Managing Knowledge Transfer in International Alliances. Thunderbird International Business Review, 2008, Vol. 50, No. 2: 77 – 90.

的最主要的资源，但对知识如何转移的研究却很少，尤其对跨组织边界的知识转移问题了解不多。

4. 母子公司的知识转移，更多地要体现母子公司这一企业规制的管理特点。关于母子公司类型、管理模式、控制手段、组织文化对知识转移的影响的研究数量不多，少数的研究也是主要从控制手段的角度来研究。福斯格伦等（Forsgren et al.，2002）[①] 也提到这个问题，他们认为太多的实证研究集中于知识的特点、发送方的特点与接收方的特点，而不是从组织手段方面来研究知识转移。

（四）对公司知识的来源与生成关注不够

蒂斯（2000）[②] 提到："知识转移困难，事实上，公司最大的困难是开发组织知识"。尽管研究者们从不同的角度分析了企业的知识类型和来源，但忽视了知识生成对知识转移的影响。有少量研究分析了组织内部开发的知识的转移问题，但没有考虑到知识生成的具体方式与机制。野中郁次郎对公司内知识创造作了经典的分析，详细论述了知识生成时的员工交互、组织行为的特点。这些都可以成为知识转移的影响因素，因为知识的转移最终要由员工来实现，而员工吸收知识的过程，在一定意义上讲就是企业知识生成的过程。崔等（Cui et al.，2005）[③] 也认为，理解母公司如何与子公司合作共同创造知识已成为重要的课题。

（五）研究内容缺乏理论界定

知识转移的研究内容极为广泛，需要对研究的亚领域进行合理的区分才能理清研究的重点，否则只能是泛泛而谈，无法细化与深入。目前的研究，尤其是国内的研究存在概念混淆的现象，把知识转移过程、知识转移方式、知识的生成以及知识转移效果的促进措施等都统称为知识转移机制。笔者认为，知识转移机制应该有其特定的内容，而不能把知识转移所

---

① Foss Nicolai J. , Pedersen, Torben. . Transferring knowledge in MNCs: The role of sources of subsidiary knowledge and organizational context. Journal of International Management, 2002, Vol. 8, Issue 1: 1 – 19.

② Teece D. J. . Strategies for managing knowledge assets: the role of firm structure and industrial context. Long Range Planning, 2000, 33 (1): 35 – 54.

③ Cui A. S. , Griffith D. A. , Cavusgil S. T. . The Influence of Competitive Intensity and Market Dynamism on Knowledge Management Capabilities of Multinational Corporation Subsidiaries. Journal of International Marketing, 2005, 13 (3): 32 – 53.

展现的各个侧面都理解为知识转移机制。

通过文献整理，笔者认为，知识生成机制、知识转移模式、知识转移机制是知识转移研究中最需要澄清与系统分析的领域。这也是本书的主要内容。

第三章

知识转移视角下的母子公司管理

国内外对母子公司管理的研究涵盖很多方面，归纳起来主要包括：（1）母子公司成因；（2）母子公司关系；（3）母子公司经营绩效；（4）母子公司管理控制；（5）子公司角色。随着资源观、知识观等企业理论的兴起，近年来国外的母子公司研究主要集中在子公司的角色和能力，以及母子公司内部的知识转移等领域。知识观企业理论把企业看成是知识的集合体，知识成为企业拥有的最重要的资源和企业获取竞争优势的关键要素。从知识转移的视角来考察母子公司管理，有助于理解知识及知识转移对于母子公司管理的重要性。

第一节　基于知识转移的母子公司成因分析

作为介于市场与科层结构之间的组织形式，母子公司的存在是因为其具有独特的竞争优势。古典经济理论、新制度经济理论与后来的资源观、知识观企业理论对此都给出了解释。随着社会经济的发展及科技信息水平的日新月异，企业的管理理论与竞争优势来源理论相应地发生了巨大的变化。尤其对于跨国公司来说，面对全球竞争使得管理者不断去寻求如何更有效地管理跨国公司的方法与组织框架，由此产生了许多新的理论来解释处于多样化外部环境下企业内部技术与竞争力的问题①。本节从知识的角度对母子公司的形成机理、特征与优势来源做出分析。

---

① Sharon Watson O'Donnell. Managing foreign subsidiaries: Agents of headquarters, or an interdependent network? Strategic Management Journal, 2000, Vol. 21, No. 5: 525.

一、早期经济理论对母子公司成因的解释

（一）规模经济与范围经济

新古典经济理论对母子公司竞争优势的探讨源自对公司海外扩展的动因研究，认为跨国公司的竞争优势可以解释为规模经济与范围经济（Kogut，1985），竞争优势来自在特定国家子公司的运作（Porter，1990）。

规模经济是指在一定科技水平下生产能力的扩大，长期平均成本呈现下降的趋势。企业为了追求长期利益最大化，会主动扩大生产规模，来分摊成本。当企业的扩张受到内部资源、资金与管理的限制后，企业开始寻找联合经营之路，出现了企业联合体、企业集团，母子公司的雏形开始出现。随着法律的完善及市场竞争态势的发展，企业更多地开始采取股权投资的方式来彼此结合，形成了真正意义上的母子公司体制。母子公司成员通过专业化分工与合作，提高了企业劳动生产率，降低了成本，实现了 $1+1>2$ 的规模经济效果。

但专业化大生产本身也存在一个经济与不经济的问题。企业通过扩大生产规模而使经济效益得到提高，但当生产扩张到一定规模以后，若继续扩大生产规模，会导致经济效益下降，出现规模不经济。

范围经济观点则认为企业的效益提升得益于经营范围而不是生产规模的无限扩张，只要把两种或更多的产品合并在一起生产比分开来生产的成本要低，就会存在范围经济。企业集团的发展会产生与积累许多公共资源，这类资源对一种产品的生产有益，对另一种产品的生产同样有益，比如管理技能、延伸技术、企业凝聚力等都具有公共资源的特点。为了充分利用这类资源，生产不同产品的企业联结成企业集团或原有企业集团为扩大产品种类而投资新建企业实现多角化经营，都是为了获取更多的范围经济利益。

（二）交易费用理论与内部化理论

交易费用理论从市场与科层结构的关系阐述组织的跨边界问题（Hennart，1982；Hymer，1960）。基于对市场不完善的分析，内部化理论以交易费用理论为基础，进一步解释了母子公司的成因与优势。

1. 交易费用理论。从交易费用的角度，科斯（Coase，1937）对企业的性质作了经典论述，认为企业的存在是对市场的替代，企业制度的安排

利于降低交易费用。存在这样一种情况：外部市场的不完善，无法购得需要的产品，而企业内部生产的成本又很高。按照交易费用的逻辑，在这种情况下企业就会通过组建企业集团来进行内部交易。企业集团是介于市场与单一结构企业之间的规制结构，其产生与存在也可以视为是对交易费用的节约。

海默（Hymer）吸取了交易费用理论的思想，坚持市场与企业的二分法，重点研究了市场结构不完善的情况下企业优势的转移问题，认为企业是将市场内部化或取而代之[1]。海默主要分析的是企业海外扩张时对许可转让或企业直接投资选择问题，并把这二者视为可以替代的方式。在跨国企业的解释上，海默也将企业视为协调生产活动的组织，并认为"只有当市场不完善且企业规模大到足以意识到这种不完善时，跨国企业结构才会替代市场联系"[2]。

亨纳特（Hennart）是用交易费用方法讨论跨国公司存在问题的主要倡导者之一。[3] 他从交易费用的角度分析了跨国企业的扩张形式，并对隐性知识给予了重视，认为，隐性知识尤其是诀窍（know-how）由于不可编码性，只能通过跨国企业在其内部转移。虽然专利权有利于保护知识的所有权而提高了知识转移的可能性，但是专利制度的局限性以及隐性知识不可编码的特点，使得隐性知识难以转化为专利形式，再加上专利权的转让涉及的高额交易成本，使得知识在企业内部转移成为比许可转让更好的转移方式。[4]

亨纳特只是对跨国企业存在的模式作了解释，而没有具体指明多国企业的成因机制（一体化）。但他的优势论（用来解释前向一体化）和垄断

---

① 海默的理论具有内部化思想，也是内部化理论的萌芽。由于海默沿用的是交易费用的方法来分析企业的对外投资理论，而且海默并不支持市场不完善的二分法，没有将对外直接投资动机归结为由于市场不完善而对应的效率和垄断动机，这是海默同其他内部化论者的一个重要区别（Casson，1990）。因此，本书把海默的观点放在交易费用理论中来阐述。

② Hymer S. H. 'The Large Multinational Corporation' in Casson M. C. Multinational Corporations. Cheltenham：Edwar Elgar，1990：8 – 20.

③ Hennart 在早期的时候使用"内部化"一词（1982，1986），后期则改作"交易成本理论/方法"的提法（1988，1991，2000，2001）。他以交易为分析单位，对给定的交易进行分析，对内部化原因的解释是强调基于自然的市场不完善所导致的交易成本。对于交易成本的解释同 Williamson 一样基于"有限理性"和"机会主义"概念，但 Hennart 强调其理论并不依赖"资产专用性"。

④ Hennart J. F. A Theory of Multinational Enterprises. Ann Arbor：University of Michigan Press，1982：104 – 111.

动机（用来解释横向一体化和后向一体化）所暗示就是就一体化的方向（王炜瀚，2005）[①]。

2. 内部化理论。巴克利和卡森（Buckley & Casson，1976）[②] 认为，外部市场是不完善的，这个不完善市场的存在，导致企业会在内部寻求优势。他们认为至少存在五种类型的市场不完善会使内部化利益变得显著：（1）缺乏协调生产活动所需的期货市场；（2）市场价格刚性，提高了企业的生产成本；（3）双边垄断市场存在讨价还价的不确定性；（4）市场信息的不对称；（5）外部市场交易企业无法避税。内部化的利益在知识市场上表现尤为突出，因为知识市场具有以下特点：知识产品的生产与应用跨时长；其价值最好通过歧视性定价加以利用；知识市场通常是双边垄断的，知识产品的买方通常低估产品价值；知识难以定价的特点为转移定价提供了绝好的基础。

鲁格曼（Rugman，1981）把内部化定义为：通过在企业内部建立市场，利用企业管理协调职能使得内部市场同潜在的外部市场一样有效运行。[③] 他对外部市场的失效归结为"自然的"外部性，这种外部性区分为两种情况：一是知识产品作为一种特殊的公共产品的外部性，知识产品易于转移却难于保护，外部市场机制无法消除"搭便车"现象，因此通过建立跨国企业将知识产权赋予多国企业组织而解决了占有问题[④]；二是由于知识的传播导致基于知识的市场优势消散，知识的生产者无法占有消散的租金，这也属于市场失灵，因此通过建立跨国企业将知识或其他类型的垄断优势内部化，让海外子公司利用知识垄断优势，可阻止知识优势的消散。

总之，由于市场的不完善导致企业以内部交易替代外部市场的自由交易，是导致内部化的主要原因。内部化理论从三个方面论述了跨国公司的形成与扩展：产品市场上企业间的横向一体化，基于知识和优势的向加工

---

① 王炜瀚. 知识观的多国企业理论：跨国公司与利用外资. 北京：社会科学文献出版社，2005：59.

② Buckley P. J. , M. C. Casson. The Future of the Multinational Enterprises. London：Macmillan，1976：37－40.

③ Rugman A. M. 'Multinationals and the New Theory of Internalization'. in Rugman A. M. Inside the Multinationals：The Economics of Internal Markets. New York：Columbia University Press，1981：28.

④ Rugman A. M. 'Internailzation as a General Theory of Foreign Direct Investment'. in Rugman A. M. Inside the Multinationals：The Economics of Internal Markets. New York：Columbia University Press，1981：41.

工业进行的前向一体化与向分销和营销领域进行的前向一体化，向要素市场进行的后向一体化。

内部化理论的一个重要贡献是指出知识的公共物品性质。这一性质使得知识容易转移、难以保护而导致市场失灵，市场机制不能解决作为中间产品的企业拥有的特定知识，这就要求企业以行政机制取代市场机制，通过知识的内部化交易来规避市场不完善，获得应有的收益。

二、资源观企业理论对母子公司成因的解释

20 世纪 80 年代，对于企业竞争优势的探讨开始转向对企业能力的研究，形成了资源观的企业理论。资源观企业理论认为企业拥有的异质资源才是竞争力的根源，强调企业内部资源的差异是企业获取持续竞争优势、获取组织租金的关键。由于企业拥有不同的经验、不同的资产与技术、不同的文化，没有两个公司是完全相同的。正是拥有这些资源的不同，才使有的企业卓尔不群。企业的竞争优势最终归结于企业拥有的有价值的资源，使得企业比竞争对手做得更好、成本更低[①]。

资源产生与积累具有路径依赖性、不可模仿性，企业基于资源的优势无法或只能低效率地通过市场交易来完成，这进一步促使企业进行优势的内部化，通过建立多分部的企业集团，来充分利用自身资源优势，进一步地培育自己的核心能力。同时，资源又具有可扩散性，这为资源（尤其是技术与诀窍）在企业内部进行转移提供了可能，企业多分部甚至多国企业的成立，既是资源的扩张要求，也是降低资源交易成本的内在要求。基于此，凯（Kay，2000）指出，将资源观企业理论应用于跨国企业，侧重于分析在企业内部而非市场方式利用已有的资源。[②]

在基于资源的母子公司体制的研究中，把母子公司（尤其是跨国公司）看成是一个资源网络，资源分布在母公司与各子公司不同的层面。要从这些分散的子公司获取整体的竞争优势，就要求在公司总部与各分部之间进行有效的资源流动，这些必要的资源流（resources flows）是形成与保持国际竞争优势的关键元素（Kobrin，1991；Prahalad & Doz，1987）。研究者一般认为，国外子公司是跨国公司国际竞争力重要的战略资源（Bir-

---

① Collis David J. , Montgomery, Cynthia A. . Competing on Resources: Strategy in the 1990s. Harvard Business Review, Jul/Aug, 1995, Vol. 73 Issue 4: 118 – 128.

② Kay N. M. ' The Resource-based Approach to Multinational Enterprise ' . in C. Pitelis and R. Sugden. (eds) The Nature of the Multinational Firm. London: Roulede, 2000: 146 – 155.

kinshaw，1996；Gupta & Govindarajan，1991；Hedlund，1986；Roth & Morrison，1992）。

郭培民（2001）① 依据资源观企业理论考察了母子公司的形成与发展过程，认为母子公司的实质是物化资源与知识资源在组织间的扩散与吸收关系，如图 3.1 所示。

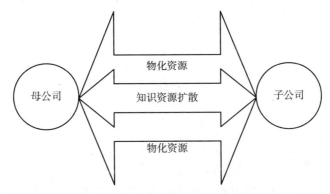

图 3.1　母子公司资源关系示意图

资料来源：郭培民. 基于企业资源论的母子公司性质与管理策略研究［博士论文］. 杭州：浙江大学，2001：74.

1. 从母子公司的形成过程来看，母子公司是由于母公司将自身的资源向子公司输出的结果。一方面，母公司内部资源的对外延伸，不仅形成了子公司，而且创造了母子公司这一新资源；另一方面，子公司接收与消化外来资源，为公司发展拓宽了资源类型。

2. 从母子公司的发展来看，母子公司一旦建立，母子公司双方就利用这一关系通道，持续有序地推动企业资源互动扩散。从这角度上讲，母子公司体制是一种关系平台，企业资源在这平台上可以高效地扩散、融合与再造。

三、知识观企业理论对母子公司成因的解释

（一）知识观企业理论对企业存在的解释

在知识观企业理论看来，资源区别于能力，资源通常可以通过交易来获得，而能力则不能从组织中剥离出来，具有特殊的性质，它往往不能在

---

① 郭培民. 基于企业资源论的母子公司性质与管理策略研究［博士论文］. 杭州：浙江大学，2001：71－74.

市场上进行交易。卡普兰等（Kaplan et al.，2001）[①] 将能力定义为行动的能力，知识同资源相结合会产生六种行动能力：创造与毁灭能力、整合与吸收能力、复制与保护能力。考格特和赞德（1993）[②] 认为，企业是专门从事知识的创造和内部转移的社会团体，其存在的原因是企业转移隐性知识的能力与差异，企业内部创造和转移知识及其向其他企业转移知识方面的相对效率，决定了企业的边界。另外，知识的默会性、复杂性与模糊性及组织知识的嵌入性等特质，决定了知识转移的难度，也决定了组织的边界。

有研究者（如 Alvarez & Busenitz，1997；Dew et al.，2004）从知识本身的分散性特征来回答企业的存在问题，认为由于知识的分散性，不同的人知道不同的事情，为新企业的出现提供了机会。根据哈耶克（Hayek，1945）的理论，由于时间、空间与知识所有者（包括个人和机构）上的差异，构成了知识的分散性。知识的分散性导致了信息不对称或所谓的"柠檬（Lemon）市场"的出现（Akerlof，1990），进而使得知识买卖产生真正不确定性（风险与机会）（Arrow，1974）；分散的知识和不确定性同时出现还导致了经济代理人期望上的差异。经济代理人利用市场机会是通过契约的形式完成的，分散性知识、真正不确定性以及差异性的期望三个条件一起出现，通过契约，就出现了新的企业（Dew et al.，2004）。图3.2 描绘了基于知识观的组织产生的理论逻辑。

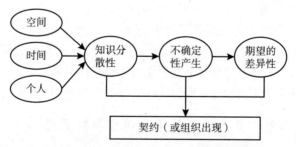

图 3.2　基于知识观的组织产生的理论逻辑

资料来源：刘帮成. 中国创业过程中的知识转移与知识整合机制研究. 北京：知识产权出版社，2007：16.

① Kaplan S.，Schenkel A.，von Krogh G.，Weber C. Knowledge-based Theories of the Firm in Strategic Management：A Review and Extension. MIT Sloan Working Paper4216 – 01，2001：7 – 17.

② Kogut B.，Zander U.. Knowledge of the Firm and the Evolutionary Theory of the Multinational Corporation. Journal of International Business Studies，1993，Vol. 24，No. 4：627.

（二）知识观企业理论对母子公司形成的解释

从企业竞争优势的角度，知识观企业理论把知识看作是企业实现持久相对竞争优势的稀有来源之一（Drucker，1995；Inpken，2001；Mark E. Nissen，2002；Petersen，2003）。为了获取与积累可保持竞争优势的知识，企业需要对组织内的知识进行整合与共享；同时还要积极吸收组织外的知识，通知整合机制，使之成为企业可以分享的知识。但是知识在不同的企业之间，以及在不同时间和空间的企业内部，分布是极不均匀的，要达到对这些知识的获取，就需要进行知识的流动与转移。因此，知识观企业理论认为知识流动对于组织竞争优势的获取是至关重要的（Cole，1998；Grant，1996；Spender，1996）。在对跨国公司的研究中，学者们（Gupta & Govindarajan，2000；Subramaniam & Venkatraman，2001；Amir Shoham，2004）认为，在跨国公司的网络内，知识流动是最重要的资源流动，跨国公司优势的主要来源之一是跨国公司的网络内部能比外部市场机制更有效地进行知识的转移和开发（Gupta & Govindarajan，2000；Pedersen et al.，2002）。

从知识的特性与保护角度，以考格特和赞德为代表的学者解释了母子公司关系的成因。他们认为母子公司制之所以存在，是因为它可以有效地转移知识，特别是隐性知识的转移。隐性知识的转移是通过编码化来转换成显性知识，进而实现在个体、组织之间的转移。尽管知识的编码化有利于知识的转移，但同时它也增大了企业特定知识向外传播的风险，导致企业知识，尤其是核心知识外泄，使得企业竞争者纷纷效仿，企业的竞争能力降低甚至丧失。因此，企业就需要对知识的编码化进行必要的权衡。而内部化可能会改变这种两难境地，有效降低知识外泄的风险。

从企业资源的扩散角度，国内学者郭培民认为母子公司关系实质上是建立在两公司间物化资源基础之上的知识资源的扩散关系。母子公司关系形成和发展的动力来自于母子公司之间知识资源相互扩散与共享利用。根据知识观企业理论，知识是决定企业竞争优势的决定性因素，因此母公司与子公司的相互关系，其实质是母子公司间的知识交换关系，通过知识转移来提高母子公司的竞争优势。图3.1反映了母子公司的这种互动关系。

四、基于知识转移的母子公司性质

(一) 知识转移成本

1. 由知识特性产生的转移成本。自海默开始，对外直接投资理论 (FDI) 被看作企业特定优势的跨边界转移。其最初的思路是企业能够把他们拥有的优势知识带到国外市场，也就是说 FDI 传递的中间产品 (隐匿于技术、产品、营销或其他行动之下的知识) 体现了企业的优势。而这样的传递是不需要付出成本代价的，"成功的企业生产的特定产品具有一定的控制所服务市场的知识，这知识可以低或无成本地转移到其他市场" (Caves，1971)[①]。当时的学者们普遍认为知识作为一个公共产品，它可以零边际成本地转移。事实上，在市场中任何事物的交换都是有成本的，知识转移也不例外。

知识转移的成本主要包括两个方面：(1) 知识保护的成本。巴克利和卡森 (1976) 认为知识的公共产品性质，会导致知识易于转移和难于保护。鲁格曼 (1980) 认为跨国企业产生是因为信息市场的失效，由于信息市场失效，跨国企业被迫制造一个内部市场来克服外部市场失效而暴露他们的信息。在亨纳特 (1982) 看来，信息交易会面临机会主义的风险，尽管企业可以把独特的信息在市场上销售而不用考虑机会主义的风险，但毕竟不是所有的知识都是可以规避这个风险的。由此可以看出，无论是知识的公共产品性质，还是由于市场不完善与机会主义的存在，企业要想保护其特有的知识，都会因之而产生知识保护成本。(2) 因知识特性而产生的成本。蒂斯 (1977) 认为技术并不是公共产品，在他研究的 27 个项目中，知识转移的成本占总成本的 2.24% ~ 59%，随着知识继续转移及接收者的经验增长，转移成本才会下降，而这些成本没有一个是因为防止机会主义而产生的 (如律师费或其他防止知识扩散所带来的成本)，而是由于知识本身的特性所带来的，即知识的可编码性及向知识接收方传授复杂知识而带来的成本增加。

2. 由知识转移能力产生的转移成本。知识转移能力包括知识发送方与接收方的转移意愿、知识转移渠道的多寡、发送方的传授能力及接收方

---

① Caves R. E. . Industrial Corporations: the Industrial Economics of Foreign Investment. Economica, 1971 (Feb.), Vol. 38, Issue 149: 1 - 27.

的学习能力等。知识转移双方的转移意愿，在一定情况下可以自发产生，比如在企业的网络中，社会内聚性（Social Cohesion）会通过声望模型与合作准则增强知识转移的意愿①，但在通常情况下，知识转移双方的转移意愿是需要激发的，比如知识发送方由于担心知识的分散影响其权威性、知识接收方受"非本地发明症"的影响而弱化对知识转移的兴趣。为提高双方的知识转移意愿而采取的激励措施，自然会增加知识转移的成本，这种成本可以称为激励成本。知识转移的渠道越丰富，知识转移的能力就越强，知识转移的效果也就越好。为保证知识转移效果而增加或优化渠道，自然会增加成本。提高知识发送方知识传授的能力，要求传送方对知识进行编码、制作文件资料或通过亲自指导、"传帮带"等形式来进行知识转移，还要对传递者进行一定程度的转移技巧乃至沟通、协调等能力培训，这也属于管理成本的一部分。对于知识接收方来说，要提高其接收能力，不仅要提高员工的学习能力，还要培训其沟通与人际交往能力，在必要时还要对组织结构做出调整，以使转移来的知识嵌入到员工与组织系统中，这也会增加接收方的管理成本。总之，为了提高双方的知识转移能力，必然涉及激励成本与管理成本的攀升。

　　3. 由知识转移情境产生的成本。企业的知识是嵌在组织情境中的，组织的情境影响着组织间知识转移的行动与效果。在一个企业内发挥作用的知识到了另一个企业未必会有良好的作用。知识转移的情境包括两个部分，一是个体方面对知识转移的支持体系，比如员工个体的心智模式与企业个体的组织架构都会对知识转移产生影响；二是知识转移双方的关系，这是因为传递知识，尤其是对隐性知识的传递，需要员工之间的交流与互动（Nonaka，1994），这就要求组织间创造一个利于沟通的环境及亲密的关系。这两方面的知识转移情境，前者主要包括组织的正式结构与系统、企业的专门知识资源、员工的行业结构框架等，后者主要包括员工间与组

---

　　① Reagans 和 McEvily（2003）在相关研究中用社会内聚性来表示网络密度，所谓社会内聚性描述的是网络内联结主体被强的第三方联系围绕的状况。网络密度高（内聚性强）会增强知识转移双方的转移意愿。Coleman（1988，1990）、Uzzi（1997）、Uzzi 和 Lancaster（2003）、Granovetter（1985，1992）等在相关研究中提出的组织间关系的声望模型和合作准则。声望模型是指当一对联结被强的第三方联系所包围时，知识源将采取更加积极的合作态度，因为知识源知道如果采取不合作的行为，这种不合作的信息就会在网络中快速传播，使自己丧失在未来与网络中其他成员合作的机会。合作准则，是指强的第三方联系的存在容易促成合作准则的形成，而网络中个体的行为也更容易受到合作准则的制约。声望模型与合作准则也提高了知识接收方的知识转移意愿，能够主动地进行知识接纳与吸收。

织间两个层面的关系紧密程度等①。对于知识转移的情境，学者们从不同的角度作了研究，如组织文化（Alder，1995；Kostova，1999；O'Dell & Grayson，1998；Simonin，1999）、组织结构与组织技能（Hansen，1999；Gupta & Govindarajan，2000；Buckley & Carter，1999）、外部环境（Zander，1991；Barkema & Vermeulen，1998；Hofsede，1984）。许强（2008）② 从五个维度考察企业知识的情境，分别是：文化、战略、组织结构和过程、环境、技术和运营，并认为，这五个维度影响企业有效使用和发展知识的能力，最终决定企业拥有的知识范围。知识转移情境是先于知识转移而客观存在的，虽然对其管理而产生的成本不仅仅是为了进行知识转移，更多的是为了组织管理的需要，但是要成功进行知识转移，知识转移双方都会对其组织环境进行调整，比如对企业信息系统的改造、为了对接而进行企业文化的改进与关系管理等。因此，不管对知识转移的情境如何进行区分与细化，因知识转移而对情境进行的管理都会带来附加的企业成本。

总之，组织间的知识转移会增加组织的成本负担，不管这些成本是为了知识的保护与监督成本，还是为了促进知识转移的激励与管理成本。成本的大小决定了企业选择到底是采取知识外购还是在企业内进行转移。母子公司体制的产生就是这种权衡的结果。表 3.1 归纳了企业知识转移过程中产生的成本。

表3.1 　　　　　　　　企业在知识转移过程中产生的成本

影响要素	知识的特性	转移能力	转移情境
相应成本	保护成本	激励成本	文化建设成本
	激励成本	构建渠道成本	沟通成本
	监督成本	培训成本	培训成本
	编码成本	文案成本	关系维护成本
	传授成本	整合成本	

资料来源：笔者整理。

---

① Szulanski G. . Exploring Internal Stickness：Impediments to the Transfer of Best Practice within the Firm. Strategic Management Journal，1996，Vol. 17（Winter Special Issue）：32.

② 许强. 母子公司关系管理：基于知识转移的新视角. 北京：经济科学出版社，2008：124.

(二) 知识的粘滞性

上面论述了企业在进行知识转移时带来的成本增加，关键问题在于，面对这样的成本，企业到底应该采取什么样的方式来获取知识。从理性角度分析，企业会比较哪种方式既能获取所需要的知识，又能最大程度地节省成本开支。而成本的大小，由知识的特性、转移能力的强弱与转移情境的相似性程度来决定，这些因素就构成了知识的粘滞性。

知识的粘滞性描述了知识被转移的难易程度。知识的粘滞性概念最早由阿罗（Arrow，1969）[①] 在研究技术知识的扩散中提出，他认为知识转移的社会通道是固化限制的，因此社会通道的使用是有成本的。蒂斯（1977）[②] 在研究转移技术知识的难易程度时也发现了转移的成本问题。希佩尔（von Hippel，1994）[③] 用粘滞信息这一概念来描述信息被转移的难度，用粘滞性反映信息转移的巨大成本。事实上，用成本的大小来衡量知识的粘滞性是不准确的，首先很难去测量由于知识转移而增加的成本；其次很难解释付出同样的成本而知识转移的效果并不相同的现象；最后知识转移的过程是由人完成的，结果会有突发性。苏兰斯基用转移知识的特性、知识源的特性、知识接收方的特性及情境的特点四个维度来表述知识的粘滞性[④]。在上面探讨知识转移的成本时，已经把这四个方面全部包括在内。

显而易见，知识的粘滞性越高，转移成本就越大。企业在对成本权衡后会选择理性的方式，采用低成本的方案，进而会对规制结构[⑤]做出选择。

[①] Arrow K. J. Classification notes on the production and transmission of technical knowledge. American Economic Review, 1969, 52: 29 – 35.

[②] Teece D. . Technology transfer by multinational corporations: The resource cost of transferring technological know-how. Economic Journal, 1977, 6: 242 – 261.

[③] von Hippel E. . 'Sticky Information' and the locus of problem solving: Implications for innovation. Management Science, 1994, 40（4）: 429 – 439.

[④] Szulanski G. . Exploring Internal Stickness: Impediments to the Transfer of Best Practice within the Firm. Strategic Management Journal, 1996, Vol. 17（Winter Special Issue）: 29 – 32.

[⑤] 新制度经济学中认为规制结构包括企业、企业间结构、市场等三种制度形式。威廉姆森认为从企业外部的市场交易行为到企业内部的等级控制体系是一个连续渐变的组织结构演化谱线，谱线的一端是完全自由竞争的市场，另一端是完全受威权控制的企业内部管理等级结构，企业制度化的交易行为必定处于这个从市场到等级的渐变谱线上的某一点，在该点上该企业的市场交易成本与内部管理控制成本之间达到平衡，这样，在市场与等级制之间分布着多种不同形式的或偏向于市场（如长期供应商关系）或偏向于科层制（如合资企业）的混合治理结构。

通常所说的规制结构，可以分为三种基本类型：市场、单体企业和介于两者之间的组织形态，中间组织形态包括松散的合作网络、许可经营、战略联盟和母子公司等。同样，不同的规制结构，知识转移的方式与效率也不相同，进而影响着知识转移的成本。这种相互作用，使得企业的发展与演进呈现出理性的扩张模式，如图3.3所示。下文重点探讨知识的粘滞性与知识转移成本是如何促进母子公司制产生的。

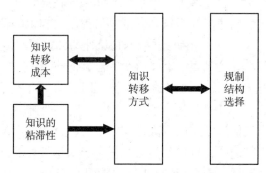

图3.3　知识粘滞性、转移成本与规制结构选择
资料来源：笔者整理。

（三）知识转移成本、知识粘滞性与母子公司管理体制

上文提到规制结构简单地说包括单体企业、中间组织与市场三种制度形式。中间组织形式也是多样的，比如：企业只是为了利用优势知识简单受益，可以采取许可经营的方式；再深入一点的情况是，企业与其他企业以联盟的形式共同开发市场，联盟参与的方式可以是资产、商誉、相互持股或简单的联盟约定，从而形成一个相对松散的企业联合体；再进一步，可能通过股权的方式衍生出母子公司管理体制，包括新建与并购等方式来组建。对于发展壮大到一定程度的甲企业，它的发展与扩张方向应该继续单体经营，还是采取许可经营，还是成立战略联盟，或是建立母子公司管理体制呢？从知识转移成本与知识粘滞性角度，可以用一个简化的模型给出解释。

用 C 表示甲企业独自经营情况下生产产品的总成本；C^* 表示甲企业建立子公司情况下生产产品的总成本；M^* 表示甲企业的营销活动的总成本（如果面对海外市场，还包括出口所产生的成本）；A^* 表示甲企业的子公司在其当地运营时所产生的特殊成本（如果在海外设立子公司，还包括子公司所处的海外环境下所产生的成本），比如环境、文化与政策信息成本；D^* 表示甲企业的知识耗损成本，即向当地合作者的妥协导致的成本，包括知识一旦转移需要的持续监控、潜在的再谈判与诉讼成本，以及由于接收者的盗用而进行知识替代导致的成本等[①]；T^* 表示甲企业知识转移成本，具体的成本已经在表3.1中列出。

那么，甲企业独自经营的方式下，总成本是：$C + M^*$　　　　　（1）

甲企业许可经营方式下，总成本是：$C^* + D^* + T^*$　　　　　（2）

甲企业建立子公司经营方式下，总成本是：$C^* + A^* + T^*$　　　　（3）

甲企业采取联盟的经营方式下，总成本是：$C^* + \alpha A^* + \beta D^* + T^*$（4）

α 与 β 是系数，其中：$0 < \alpha < 1$，$0 < \beta < 1$，且 $0 < \alpha + \beta < 1$。这是因为企业既然选择了联盟经营的方式，那么是 $\alpha A^* + \beta D^*$ 应该是小于 A^* 和 D^* 的；同时可以看出，当 $\alpha = 1$ 且 $\beta = 0$ 时，这就成了甲企业直接建立子公司的经营方式，当 $\beta = 1$ 且 $\alpha = 0$ 时，这就成了许可经营的经营方式。

从理性的角度看，企业采取何种经营方式，取决于成本最小化的决策方案。即满足表3.2所列的条件。

表3.2　　　　　　　　　企业经营方式选择的条件（一）

经营方式	条件
单一体制 （独自经营）	成本小于建立子公司情况下的成本，即 $C + M^* < C^* + A^* + T^*$ 且成本小于许可经营的成本，即 $C + M^* < C^* + D^* + T^*$ 且成本小于联盟的成本，即 $C + M^* < C^* + \alpha A^* + \beta D^* + T^*$
建立子公司	同理有，$C^* + A^* + T^* < C + M^*$ 且，$A^* < D^*$， 且，$A^* < \alpha A^* + \beta D^*$
许可经营	同理有，$C^* + D^* + T^* < C + M^*$ 且，$D^* < A^*$ 且，$D^* < \alpha A^* + \beta D^*$
联盟	同理有，$C^* + \alpha A^* + \beta D^* + T^* < C + M^*$ 且，$\alpha A^* + \beta D^* < A^*$ 且，$\alpha A^* + \beta D^* < D^*$

资料来源：笔者整理。

---

① Martin X. , Salomon R. . Knowledge Transfer Capacity and Its Implications for the Theory of the Multinational Corporation. Journal of International Business Studies, 2003, Vol. 34, No. 4: 358.

为了简化，可以忽略其他因素对甲企业自己生产与在其子公司生产的影响，即 $C = C^*$。表 3.2 列出的不同企业规则下的条件简化为表 3.3。

表 3.3　　　　　　　　　企业经营方式选择的条件（二）

经营方式	条件
单一体制 （独自经营）	$M^* < A^* + T^*$，$M^* < D^* + T^*$，$M^* < \alpha A^* + \beta D^* + T^*$
建立子公司	$A^* + T^* < M^*$，$A^* < D^*$，$A^* < \alpha A^* + \beta D^*$
许可经营	$D^* + T^* < M^*$，$D^* < A^*$，$D^* < \alpha A^* + \beta D^*$
联盟	$\alpha A^* + \beta D^* + T^* < M^*$，$\alpha A^* + \beta D^* < A^*$，$\alpha A^* + \beta D^* < D^*$

资料来源：笔者整理。

上一部分已经分析了知识的粘滞性对知识转移成本的影响，简单地说，知识的粘滞性越高，知识转移的成本就越大。在此，我们考察的是知识转移成本对企业规制的影响，知识的粘滞性用 τ 表示，有：

$$\partial C/\partial \tau = \partial C^*/\partial \tau \tag{5}$$

$$\partial M^*/\partial \tau = 0 \tag{6}$$

$$\partial A^*/\partial \tau = 0 \tag{7}$$

$$\partial D^*/\partial \tau > 0 \tag{8}$$

$$\partial T^*/\partial \tau > 0 \tag{9}$$

$$\partial^2 T^*/\partial^2 \tau > 0 \tag{10}$$

根据以上的分析，可以作图，如图 3.4 所示。

图 3.4 只是用简化的方式来考察知识转移成本与知识粘滞性的相互作用下企业规制结构的理性选择问题。

对于许可经营来说，一般是知识转移方在合作初期派出相关人员对知识接收方进行知识的传授，双方的知识转移关系一般在接收方掌握后停止，转移的周期比较短，合作程度较为松散。粘滞性不高的知识适用于特许经营的方式。

对于联盟来说，合作双方的联接程度也属松散型的，只是比许可经营稍紧密些。他们之间的知识转移，受双方组织特征、关系密切程度、企业文化相似程度及知识转移途径等因素影响。联盟企业间的知识转移也适合于知识粘滞程度不高的情形，由于双方的交互与紧密程度要比许可经营高，也可以转移一些粘滞程度稍高的知识。

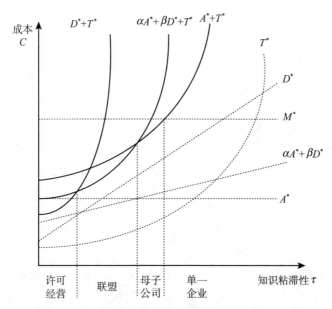

图 3.4　知识转移对企业规制结构的影响

资料来源：Martin X. , Salomon R. . Knowledge transfer capacity and its implications for the theory of the multinational corporation. Journal of International Business Studies, 2003, Vol. 34, No. 4：362.

　　当知识的粘滞程度极高，使得知识甚至无法进行转移时，企业最佳的选择是采取单一体制，以"闭关锁国"的方式来组织生产经营活动。这样的方式在现实中几乎是不存在的，当企业发展壮大到一定程度，企业的扩张是必然的选择。另外，知识无法转移的情形也是不存在的，知识具有可转移性，这已经成为共识。母子公司体制因其特有的规制结构与管理体制，在集团内部形成了强大的信任与合作机制，更利于粘滞性程度高的知识转移。随着信息技术与管理技术的变革，母子公司也进行着组织变革，通过网络化组织的形式来加速组织内部的知识转移。可以说，知识的粘滞性与知识转移所带来的成本，决定了母子公司体制的产生与发展。正是由于这点，巴克利和卡森（1985）[①] 在对跨国公司的研究中指出：把知识市场内部化，保证知识转移在母公司与子公司之间有效进行，是跨国公司存在的一个重要理由。
　　上面从知识转移中企业成本的增长结合知识的粘滞性对企业规制的选

———————————————
　　① Buckley P. J. , M. Casson. The Economic Theory of the Multinational Enterprise. London：MacMillan，1985：20 – 63.

择作了分析。深入地分析知识转移过程的三个方面：知识特性（Characters of Knowledge）、转移能力（Capabilities of Transfer）、转移情境（Context of Transfer），许强（2008）称之为 3C 因素①，3C 在知识转移过程中的活力或能动性是不一样的。知识特性是知识固有的特质而客观存在；转移情境是企业存在的"气场"，尽管企业为了进行知识转移而对情境进行改进，也只是从组织系统的角度来优化环境，其目的是提高知识转移的能力；企业的知识转移能力是最活跃的因素，转移双方的转移意愿与转移渠道的选择与丰富，都是人为可以改进与提高的。在进行知识转移时，企业做的最多的工作就是提高其转移能力。企业转移能力的异质性是企业优势异质变化的主要原因。纳尔逊和温特（Nelson & Winter, 1982）② 认为，企业发展出的技术服务知识以及把这样的知识清晰地转移给使用者的异质方式与能力，是企业不同于其他企业的原因之一。加尔布雷斯（Galbraith, 1990）③ 也认为企业的技术转移技巧代表了企业竞争资源的异质性。

知识转移的能力在上文中分为知识双方的意愿、转移方的发送能力与接收方的吸收能力、转移渠道的多寡等，尽管这个理解有可探讨的空间，但这几个方面的确能反映并加强转移能力。知识转移能力包括知识发送方的转移能力（Source Transfer Capacity, STC）与知识接收方的知识转移能力（Recipient Transfer Capacity, RTC）。本部分探讨的是知识转移与企业规制结构的选择，由于企业的知识积聚到一定程度，自然会有优势扩张的需求，而企业的知识转移能力成为影响规制结构的主要力量，因此我们主要从 STC 的角度来分析这一问题。

可以理解，STC 越强，知识转移的成本就越低。STC 尽管不会改变知识的编码性、可传授性与复杂性，但优秀的 STC 可让发送方更主动地转移知识并尽可能优化知识数量、提高转移速度，高的 STC 可以降低知识的粘滞性（von Hippel, 1994；Szulanski, 1996）。用数学符号来表示，则有：

$$\partial T^* / \partial \sigma < 0 \qquad (11)$$
$$\partial^2 T^* / \partial \sigma \partial \tau < 0 \qquad (12)$$

其中，σ 代表 STC。

---

① 许强. 母子公司关系管理：基于知识转移的新视角. 北京：经济科学出版社，2008：95.

② Nelson P. R. , Winter S. G. An Evolutionary Theory of Economic Change. Cambirdge MA. ：Harvard University Press，1982：4 - 12.

③ Galbraith C. S. Transferring core manufacturing technologies in high-technology firms. California Management Review，1990，32（4）：56 - 70.

　　这两个数学公式直观地说明了 STC 对知识转移成本的影响，强的 STC 使得各项成本降低，结合图3.4，亦即使得图中斜线的斜率降低，各曲线弯曲程度变得平缓，而弱的 STC 的影响方向则相反。但这些并不影响企业规制结构的顺序变化，最多使得知识粘滞性的影响变得弱化了而已，从另一个方面说明，在强的 STC 下，即使知识的粘滞程度很高，我们一样可以用母子公司的体制来生产经营，并创造企业的竞争优势。在此提出 STC 对转移成本的影响变化，是为了强调 STC 对知识转移的重要性，为以后章节探讨知识转移中加强 STC 的努力提供逻辑前提。图3.5 绘制了强的 STC 对转移成本及企业规制结构的影响，弱的 STC 的影响不再在图中标出。

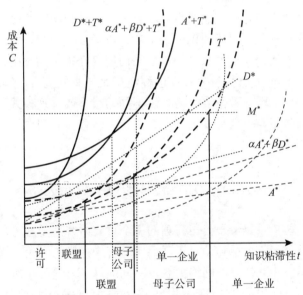

图3.5　STC 对企业规制结构的影响

注：- - - -表示强 STC 对成本的影响。
资料来源：根据 Martin X.，Salomon R.（2003）整理。

　　图3.5 进一步说明了，随着 STC 的提高，降低了知识粘滞性对知识转移成本的影响，同时，STC 越强，企业转移的隐性知识就越多，这两点都扩大了母子公司这一企业形式的适用范围。
　　知识转移情境对知识转移的影响后文会有重点论述，此处只是简单地说明知识转移情境也促进了企业采取母子公司这一企业规制。一般来说，组织部门都处在相应的情境中，不同的情境导致组织部门在识别、开发和使用知识的能力方面存在差异。如果组织情境相似性程度较高，则利于知识转移，或转移过程的多变性程度降低。一个企业新建自己的子公司，母子公司的情境相似程度是很高的，因为新建的方式，母公司会复制自己的模式到子公司中去，这也保证了知识转移的顺畅转移。存在一个情况，即子公司在当地化经营中发展出自己独特的能力，使得母子公司的情境差异程度越来越高，阻碍了母子公司间的知识的转移，母公司相应的对策不外两点：一是极度分权化，只是把子公司作为利润中心；二是公司剥离。这也从侧面反映了两个问题：一是母子公司这一规制结构是有边界的，当母子公司的情境严重不同，知识转移严重不畅时，这一规制结构就会失效，企业转而采取更有效的规制结构。除非母公司从战略的角度来保留子公司的存在，这也就是第二点要说明的；二是母子公司的管理体制，在极度分权的情况下，子公司的情境会与母公司情境存在很大的不同，子公司只是母公司战略上的一个利润中心，这种情况也不能说母子公司没有知识转移，只是知识的转移数量要小得多。不同的战略或管理模式下，母子公司知识转移的数量与方向呈现独特性，属知识转移模式问题，这是本书重点研究的内容之一。

第二节　知识转移与母子公司关系

母子公司关系是母子公司管理的一个重要内容。随着母子公司的发展与演化，母公司不再单纯地对子公司实施管理控制与激励，而是更多地建设彼此合作、相互依赖的网络关系。不同的母子公司关系对知识转移具有较大的影响，同时，为实现知识转移也要求母子公司关系进行调整与变革。

一、母子公司关系研究回顾

研究者们从不同的视角研究了母子公司关系定位及管理问题，主要存在以下几种观点。

（一）监控与激励

代理理论（Agency Theory）出发点是经济人假设，认为人的天性是自私和规避风险的，代理人的决策依据首先是减少自身风险、提高自身利益，而不会顾及委托人的风险，甚至以增加委托人的风险为代价；另外，由于信息不对称，代理人拥有更多的关于组织的信息，容易产生"内部人控制"问题。为了规避或降低代理成本，委托人和代理人应该形成委托代理的契约关系。由于信息不对称、契约关系的存在及风险的不确定性，公司内部是层层的委托代理关系，形成了从股东到董事会、经理层、部门经理、员工的多层委托代理链。莱温特（Levinthal，1988）[①] 认为，母子公司存在代理关系的前提假设在于：（1）母公司对子公司信息的不完善掌握；（2）母子公司目标的偏差；（3）母子公司对风险的不同偏好。母子公司的委托代理关系，母公司可以看作是委托人，子公司是代理人。依据代理理论，子公司管理者总是从自身和子公司利益最大化角度出发进行决策，可能会损害母子公司长期利益。

代理理论认为，在代理关系下母子公司管理的重点是监控（monitoring）和激励（incentive）。监控一方面保证子公司的行为符合母公司的要求，另一方面是建立一种机制，有助于母公司全部获取子公司的信息。激励的目的是调整母子公司经理层的目标，通过有效地激励子公司经理来保证母公司从子公司得到一定的产出和收益（O'Donnell，2000）[②]。另外，代理关系的存在，要求企业在信息不对称或契约不完备的情况下，通过设计一整套必要的控制程序、组织结构及激励机制，对不同层次的委托人进行权利、责任和利益的配置，使得剩余所有权和剩余控制权效用最大化（王璞，2003）[③]。

（二）差异化适应和价值共享

差异化适应与价值共享（Differented Fit and Shared Value）的理论观点是母子公司关系应视具体的情况而有所变化，同时强调母子公司要共享企业价值。诺瑞亚和戈绍尔（1994）认为每一个子公司的情况是不同的，比如应视子公司所在当地环境的复杂程度、子公司资源的拥有程度，母子公司关系应有所不同。"差异化适应立足于为每一种公司关系作一个'量身定做'，价值共享是为了保证企业集团的整体性，避免'裂成碎片'"

---

① Daniel Levinthal. A Survey of Agency Models of Organization. Journal of Economic Behavior & Organization，1988，3，Vol. 9，Issue 2：153 – 185.

② Sharon Watson O'Donnell. Managing foreign subsidiaries：Agents of headquarter, or an interdependent network？ Strategic Management Journal，2000，21：527 –529.

③ 王璞. 母子公司管理. 北京：中信出版社，2003：19.

（Christian Berces，2003）[①]。

（三）信任与合作

信任与合作（Trust and Cooperative Behavior）是在对代理理论批判的基础上形成的理论观点。贝塞拉和古普塔（1999）认为，代理理论尽管非常有效，但从根本上讲，由于非人性化，代理理论是反生产的，而在母子公司的管理中对经理层的信任是一个关键因素。信任是一种健康的人格，在减少组织冲突、提高个人绩效、增进内部合作方面扮演着重要角色（Kim & Maugorgne，1996；Beccerra & Gupta，1999；Morgan & Hunt，1994）。研究发现，信任可导致合作行为，并能降低不确定性。公司内的合作存在于母子公司之间（HQ – S），也存在于子公司之间（S – S）。在处理母子公司关系时，不应仅看到节点管理，而是把母子公司作为一个网状结构来全面管理（Christian Berces，2003）。

（四）协作与竞争

对于混合型母子公司而言，母子公司在生产经营上存在着协作关系，同时母子公司在原材料、产品、市场等方面还存在着竞争关系（郭银华，1994）。另一方面，母子公司由许多企业组成，这些企业为了提高他们各自的收益而相互之间竞争公司的资源（Engwall & Pahlberg，2001）。

（五）相互依赖

随着母子公司业务触角的拓展及规模的扩大，越来越多的研究者认为，母子公司关系是一种相互依赖模式（the Interdependence Model）。由于子公司的具体情况不同，尤其是海外子公司，面临不同的文化、政治、经济、技术、社会和法律环境，不同的子公司拥有不同的知识和技术诀窍，这就要求母子公司的关系是相互依赖的。该理论从母子公司之间、子公司之间的相互依赖关系出发，将母子公司看成是一个由相互依赖的各个单元实体组成的企业内组织间网络。相互依赖关系下，母子公司管理机制的选择取决于两个能力，一是对众多子公司里知识流（knowledge flows）的协调管理能力，二是处理文化特例能力（Bartlett & Ghoshal，1990；

---

① Christian Berces. MANAGING FOREIGN SUBSIDIARIES_Aligning Headquarters' and Subsidiaries' Goals. TU – 91. 167 Seminar in Business Strategy and International Business，2003：18.

O'Donnell，2000）。

（六）公平和程序公正

公平和程序公正（Fairness and Procedural Justice）是借用司法术语来描述母子公司关系的处理方式。在母子公司相互依赖过程中，为了避免信息的误解，母公司保证其行为的公正性是必要的，公平不是只看结果，而要在其管理程序或流程上保证公正性，即程序公正（Christian Berces，2003）。子公司视公正的过程是其得到收益份额的保证，同时，公正与过程公正是子公司声誉、尊严的标志和象征（Manzoni & Barsoux，2002）。

二、组织结构模式演变视角的母子公司关系

自钱德勒（Chandler，1962）对大型公司战略与结构的研究开始，母子公司（尤其是跨国经营的公司）组织结构的变迁成为人们关注的热点。根据钱德勒的思想，组织结构的变化是组织战略转移的结果，母子公司的结构演化是母公司对战略资源优势寻求的自然反映，从传统的追求规模经济，到多元化的范围经济，再到对资源与能力的追寻，到现在把知识创造、知识转移与分享作为大型公司的竞争优势来源，跨国公司已经做到从全球的视角来制定公司战略。以前对跨国公司母子公司关系的研究，只是从母公司所有权与子公司当地环境不确定性等角度来研究母子公司关系，如集权化（Schollhammer，1971）与整合化（Brandt & Hulbert，1977；Cray，1984）。后来研究者认识到，结构不仅受环境的影响，还受公司战略与子公司力量的影响（Bartlett & Ghoshal，1989）。全球经营的思想下，尽管会有紧密整合的子公司，但为了保持知识的整合与传递，会导致更多的子公司的自治（Ghoshal，1986）。这些都反映在组织结构模式的变化上。

母子公司组织结构的演变经历了层级结构模式、分层结构模式，发展到现在普遍采取了网络组织结构模式。

1. 层级结构模式（Hierarchy Model）。由直线职能制发展而来的企业层级制组织结构强调的是权力与控制，通过正式的直线职能管理把企业的信息、资金、计划与任务联接起来。随着企业战略的变化，其组织结构模式出现了 H 型、U 型、M 型及矩阵型的变化形式。从组织内资源整合、组织柔性与敏捷性的角度看，这些结构模式都属于层级式。U 型结构注重集权控制，H 型则是分权管理，M 型强调集权与分权相协调，矩阵式则强化

了组织内部的协作与交流。随着规模的壮大与经营的多元化，母公司无力对每项行动都做出准确的决策，决策的分散化成为必然，M 型结构就成了母子公司主要采用的组织结构模式。钱德勒论述了 M 型组织的特点，其关键特征是决策权分散，总部负责战略决策并对各分部进行绩效监督管理。威廉姆森（Williamson，1981）运用交易成本理论认为，M 型组织具有降低交易成本的目的与效果①。半自治的分部是基于减少合作成本而建立的，但母公司需要监督分部的管理来确保机会主义最小化。总体来说，在层级结构模式下，尤其是分部式的模式，如事业部制与矩阵制的模式，可以理解为：（1）集体任务可以降低合作成本；（2）关键资源保留在总部，来保证稀缺资源的最大效率；（3）开发一个合适的系统来监督控制分部经理，来使得机会主义行为对其他部门的影响最小化（Williamson，1975）②。

2. 分层结构模式（Heterarchy Model）。20 世纪 80 年代，众多的研究者认为层级结构不能充分反映跨国公司的复杂性，层级结构模式对跨国公司并不适合。在这一时期，子公司的重要性被越来越重视，尤其跨国公司的海外扩张，子公司远在异国他乡，面对着不同的经营环境与国别文化，子公司运营的复杂性变得很高，如何提高子公司当地响应能力、获取当地资源与知识、积累当地管理经验，成为母公司要着重考虑的问题。普拉哈拉德（Prahalad，1976）、普拉哈拉德和道兹（Prahalad & Doz，1981）研究认为，高层管理者应充分理解众多子公司在当运营的复杂性，母公司在保留战略决策权的同时，高层管理者应该以正式与非正式的方式向子公司管理者授权，并且认为这样的授权是子公司在经营中积累资源与专长后，对母公司依赖程度弱化的结果。巴特利特（1979，1983）认为母子公司的矩型结构对于跨国公司的管理来说是很粗糙的，而多种形式的非正式系统与机制，比如横向的决策与规范整合，会更为有效。巴特利特和戈绍尔（1989）认为这样的非正式系统与子公司独立角色是跨国化的关键特征。

海德伦德（Hedlund，1986）把跨国公司的结构表述为分层结构（Heterarchy），这种结构模式把跨国公司看作是在全球范围内积极寻找与传递优势。分层结构组织模式的特征是：（1）发挥子公司当地化作用，全

---

① Williamson Oliver E. Markets and hierarchies：Analysis and antitrust implications. New York：Free Press，1981：273.

② Williamson，Oliver E. 1975. Markets and hierarchies：Analysis and antitrust implications. New York：Free Press：137.

球获取资源；（2）子公司的管理者不仅对自己所在的子公司扮演战略角色，对整个跨国公司也承担战略角色；（3）具有不同地域分布的多个中心，比如 R&D 中心在荷兰，产品中心在德国，营销中心在新加坡及全球采购中心在伦敦；（4）关注组织部门间的耦合；（5）通过规范控制来进行公司整合，官僚式控制成为次要手段；（6）公司的信息储存在每个分部中；（7）子公司像诸多的神经元一样构成整个系统；（8）子公司间的合作变得频繁；（9）这样的组织结构模式可以应对全球经营中的问题①。

　　总体来说，分层结构与层级结构的区别表现在：（1）资源、管理能力与决策是分散的，而不是集中在上层；（2）控制通过规范整合而不是"精明算计"（calculative）的机制；（3）子公司间存在横向的关系，包括产品、人员与知识流，而层级结构下，横向的关系只是用来降低合作成本；（4）多维度协调行动，比如协调地域、产品与功能（White & Poynter，1990）。

　　3. 网络结构模式（Network）。随着企业理论由资源观向知识观转化，知识被视为母子公司构建竞争优势的关键要素。对于跨国公司来说，其子公司日益凸显的首创性（subsidiary initiatives），被认为体现在外部首创性（external initiative）和内部首创性（internal initiative）两个方面，即跨国公司子公司可以通过嵌入当地网络来获取创新资源和结构优势，也可以凭借其在跨国公司组织内部的结构优势获取创新资源。通过全球学习以及组织知识跨界协同来扩展创造知识优势，已经成为国际战略研究和组织行为研究的重点（Bartlett & Ghoshal，1989，1991；Gupta & Govindarajan，1991）。要实现网络组织内知识的流动和促进各个节点自觉学习，跨国公司需要一种有别于传统层级组织控制形式的新的运行机制，即从传统的层级控制转向网络式管理（Bartlett & Ghoshal，1989）。从这个意义上，戈绍尔和巴特利特（1990）将跨国公司定义为嵌入在外部组织网络中的内部差别化网络组织。

　　在网络组织结构模式下，母子公司关系表现为：

　　（1）信任。研究者（Powell，1990；Baughn，Denekamp，Stevens & Osborne，1997）认为，在不确定性的环境中，与事先预测、依靠权威或进行谈判等手段相比，相互信任能够更快、更经济地减少复杂性与不确定

---

① Hedlund G.. The Hypermodern MNC-A Heterarchy? Human Resource Management，1986，Spring，Vol. 25，No. 1：22 – 27.

性，并能够因此改善网络组织绩效。由于知识资源的特殊属性，使得它难以通过传统的方式（市场交易和组织命令）实现有效的流动。因此，为了使知识（尤其是隐性知识）能够得到有效的流动和共享，也为了使知识创新过程能够实现，网络组织成员间需要有强烈的关爱和信任，这些品质是组织中知识创新的基础（von Krogh，1998；von Krogh et al. ，1997）。跨国公司网络组织得以建立和有效运营的最基本关系就是一种有保证的信任关系（Casson & Cox，1997）。信任是实现跨国公司网络组织有效运营的重要的社会资本（Tsai，2000；Tsai & Ghoshal，1998）。

（2）文化控制。由于知识资源本身的特殊属性以及组织学习的特殊性，使得组织控制的传统基础在网络组织中不存在了，或者至少是大大削弱了（Hedberg & Holmqvist，2001），传统的控制方式（如产出控制、官僚控制、决策控制）已经越来越难适用于网络组织结构。通过公司文化、共同愿景与价值观，以及管理风格，而不是纵向的层级控制来实现协调与合作就显得非常重要（Daft，1998）。文化控制可提高子公司向其他单位贡献当地知识的积极性，也可有效解决组织单元间知识转移中存在"非本地发明"综合症。

（3）知识协同。所谓知识协同，是指跨国公司通过全球学习效应，将某一节点上获取或创造的新知识应用于组织中的其他节点，实现知识在整个跨国公司组织中共享、整合甚至再创造，从而获取协同效应[①]。坎特（Kanter，1989）认为，多元化公司存在和发展的唯一理由就是取得协同，即通过独特的业务组合使公司的整体实力和赢利能力高于企业各自为政时的状况。普拉哈拉德和道兹（2001）认为，在R&D领域拥有比较高的全球性整合是跨国公司实现战略协同的一个重要方面。

总之，母子公司组织结构模式的演化，从控制的角度看，母子公司关系从传统的强调集权与监督，向多中心权力分散与规范约束，又向注重整体协同与合作的文化控制转变，控制方式由正式向非正式机制变化；从权力的来源看，从直线职权向对资源与知识的占有转变；从部门关系看，由竞争向合作又向关系整合转变；从战略地位看，从强调母公司的绝对控制权，向权力分散，再向提高子公司地位转变；从竞争优势的来源看，从传统的效率与成本向核心资源与技术，再向创造性的知识转变。如表3.4所示。

---

① 阎海峰. 跨国公司网络组织. 上海：复旦大学出版社，2007：147.

表 3.4 　　　　　　　　　　不同组织结构模式比较

	层级式			分层式	网络式
	职能式	事业部式	矩阵式		
控制机制	基于职权的正式机制	基于职权的正式机制	基于职权与合作的双重机制	基于社会规范的非正式机制	基于文化、价值与愿景的非正式机制
协调机制	层次管理、计划和程序	事业部经理和公司的职员	双重领导关系	协作团队	交叉职能团队
决策权	高度集中	战略和执行的分离	分担	分散	高度分散
母公司角色	驯兽员型	领导者型	教练员型	协调者型	良师益友型
非正式机构重要性	低	中等	较高	高	很高
资源集中程度	集中	较集中	较分散	分散	高度分散
战略优势来源	成本、产出效率	成本、分部绩效	成本、合作绩效	资源能力	知识创造、传递与共享
权威的基础	职务和专业知识	总经理的职能和资源	谈判技巧和资源	资源	知识和资源

资料来源：笔者整理。

三、角色演变视角的母子公司关系

母子公司关系的实质是对母子公司的角色定位问题。母公司肩负着整体责任，通过母子公司关系管理，保证竞争优势的获取、稳固与提升，实现利益最大化；子公司面对着股东利益与市场当地响应的要求，其利益目标会偏离母公司的要求，同时子公司还担负着对整个集团的责任，要在整体利益与个体利益上作出理性权衡。这都需要母公司寻找最佳管理实践来优化母子公司关系，从而实现整体战略目标。国外学者对跨国公司的研究在 20 世纪 80 年代有两个方向，一是从子公司的角度来分析，以便更好地理解子公司的角色（Bartlett & Ghoshal，1986；Jarillo & Martinez，1990；Roth & Morrison，1992），二是从母公司的角度来分析，运用新的跨国公司理论去挑战传统理论对组织的分析（Hedlund，1986；Ghoshal，1986），寻找母子公司关系的最佳结合点。①

---

① Birkinshaw Julian M. , Morrison Allen J. . Configurations of strategy and structure in subsidiaries of multinational corporations. Journal of International Business Studies，1995，Vol. 26，Issue 4：729.

（一）母公司角色

母公司在整个集团中的角色功能到底是什么样的？这没有唯一的答案，不同的企业战略、控制模式偏好会有不同的角色定位，甚至不同的国家文化与传统也会体现在母公司的不同管理风格上。比如，有研究表明，美国跨国公司的一个显著特点是实行两级中心模式，并通过正规化的授权来明晰母子公司的权利和责任，跨国公司的母公司拥有一个庞大的总部，对子公司的经营活动负有协调与控制的职责；而大多数日本跨国公司采取的是一种总部集权的模式，由于深受集体主义文化的影响，加之对制造过程和规模经济的追逐，日本跨国公司高度集权、子公司对母公司高度依赖，母公司通过直接指挥和分部管理层干预的方式进行国际协调，国外子公司只拥有极为有限的决策权；相对照，欧洲跨国公司的一个显著特点是强调母子公司之间的分权，母公司尽量避免对国外子公司进行一体化管理，子公司的自主权通常很大。

有学者根据母公司的管理重心与世界观的不同归纳出四种总部的理想模型，并对每种类型的母公司功能做了分析，如图3.6所示。

良师益友型： · 知识传播和组织能力 · 相互学习 · 创新网络 · 双环式学习	领导者型： · 有效的资源管理 · 直接的或策略性的网络体系 · 自我意识的加强 · 符合规则的创新 · 协作能力
教练员型： · 分散的个人素质 · 任务培训 · 集体创新 · 单环式学习	驯兽员型： · 有效的资源管理 · 线性沟通 · 一致性原则 · 循规蹈矩

图3.6　四种总部的理想模型

资料来源：转引自阎海峰. 跨国公司网络组织. 上海：复旦大学出版社，2007：10.

在母子公司发展之初，普遍把子公司作为母公司的一个部门，实行的是集权的控制，鲍尔（Bower，1970）、普拉哈拉德（1976）认为是母公司高层为子公司建立了子公司的结构与战略。这样的母子公司关系下，母公司以产品为重心，较少关注子公司能力的发展，母公司大多扮演驯兽员与领导者的角色。随着企业资源能力被广泛关注，企业的竞争由单纯的产品竞争转向综合能力的竞争，母公司重新审视整个企业集团的优势来源，母公司开始扮演教练员与良师益友的角色。随着知识观企业理论的出现，母公司认识到企业的优势来源于整个组织内各节点的知识，需要用一个高效的网络结构来联接各节点，通过沟通与整合机制，把分散的优势知识在整个组织内散播与分享，越来越多的母公司扮演起良师益友的角色。许强、陈劲（2001）① 认为，良师益友型的母公司，其工作重点在于知识的传播和组织能力的提高，通过大量的资源利用和共享，促进各子公司间的协作，以形成相互学习和创新的网络。同时，由于外部环境的迅速变化，母公司通过发挥子公司的主观能动性和创造性，来提高组织整体的应变能力。

上面的总部四种模型只是从母公司管理风格特点角度作了形象的描述。从整个集团管理与运营上看，作为母公司需要扮演的角色还有很多，大体归纳如下：

（1）基础管理者。这是母公司的基本职能。鲍尔（1971）② 把母公司的工作总结为：一是履行法律职责，如准备各种报表资料、提交税收申报表、确保公司遵守健康安全及环境法规；二是担负基础的治理职能，如建立公司的结构，任命高管，筹集资本金，处理投资者关系，实施基础控制流程，审批主要决策，防止冒险或欺骗的决策，检查岗位职责完成情况，编制预算等。这些都是作为一个法人企业必须面对的工作任务，母公司需要从自身公司层面及整个集团层面完成这些工作。

（2）整合者。子公司关注的首先是自己业务与专业化运营，不会站在母公司的角度来考虑问题，这就需要母公司以整合者的身份综合考察所有的业务。作为整合者，母公司从两方面开展工作：一是投资与经验的复制，认识到在一个市场上的投资可能会在另一个市场上同样成功，母公司可能会在整个企业内来增加这样的努力（Porter，1987）③。二是组织内环境建设，通过设计与建设整个集团的组织结构、业务流程与激励政策，促进子公司资产的利用与分享，从而为整个集团增加价值。巴特利特和戈绍

---

① 许强，陈劲. 基于网络结构的母子公司组织关系. 外国经济与管理，2001，3：38.

② Bower，J. I. . Managing the resource allocation process：A study of corporate planning and invest-ment. Homewood：Irwin-Dorsey，1971：19–23.

③ Porter M. E. From competitive advantage to corporate strategy. Harvard Business Review，1987，65（3）：43–59.

尔认为，母公司通过营造组织内部的相互依赖关系，让每个群体为了实现自己的利益而合作，整合与协作就可以自我实施。①

（3）创业者。创业功能要求母公司在世界范围内搜索与开发新业务机会，在全球发起新的投资，激励与协助当地子公司理解业务环境变化的特征，帮助他们把变化糅合到他们的业务战略中。道兹等（Doz et al.，2001）② 认为，现在的跨国公司需要越来越多地在世界范围追求与整合创业行动。曼克等（Mahnke et al.，2007）③ 认为，母公司面对的挑战是在把一地的创业行动与另一地进行匹配。

（4）协调者。协调是管理的基本职能之一，母子公司管理体制使得协调目标与协调手段变得更加复杂。巴特利特与戈绍尔在《跨边界管理——跨国公司经营决策》一书中把跨国公司的协调机制分为集权制、正规化与社会化三种形式。他们认为，全球型公司的大多数海外分支机构在资金、产品、信息和专门技术上高度依赖于总部，使得协调工作简化，总部为海外公司提供战略指导和运营支持；跨国公司的资产和资源分布广泛，又相互支持，子公司或分公司的作用和职责各不相同，它们之间却相互依存，需要通过全球范围的学习才能使公司的知识和创意共享协调机制，保证创新的有效开发和传播。④ 托尔曼和科赞（Tallman & Koza，2010）从演化的角度来探讨环境、战略、结构与角色是如何变化的，他们建议把现代的跨国公司称为全球多业务企业（Global Multi-business Firm，GMBF），并认为，这种类型企业的成长需要母公司通过战略安排、激励领导、管理与强化危机流程、沟通控制来促进，母公司的角色是"非控制的命令"（command without control）。⑤

（5）分配者与资助者。作为分配者，母公司要在整个集团内部作出资

---

① ［美］巴利特等（马野青等译）. 跨边界管理：跨国公司经营决策（第二版）. 北京：人民邮电出版社，2008：78.

② Doz, Y., Santos J. F. P., Williamson, P. J. From global to metanational. Boston：Harvard Business school Press，2001：1.

③ Mahnke V., Venzin, M., Zahra, S. Governing entrepreneurial opportunity recognition in the MNe：aligning interests and cognition under uncertainty. Journal of Management Studies，2007，November，44：1278 – 1298.

④ ［美］巴利特等著，马野青等译. 跨边界管理：跨国公司经营决策（第二版）. 北京：人民邮电出版社，2008：133 – 139.

⑤ Stephen Tallman，Mitchell P. Koza. Keeping the Global in Mind The Evolution of the Headquarters' Role in Global Multi-business Firms. Management International Review，2010，50：433 – 448.

源分配与决策权分配，随着母子公司组织形式的变化，子公司需要更多的决策权与自治权；另外，子公司在当地的发展中，会积聚相应的资源，要使优势的资源可以在整个组织内部共享，就要求母公司根据公司战略在组织内部进行资源配置与整合。作为资助者，母公司应根据战略发展需要，重点扶持处于战略地位的节点企业，提供必要的资金及智力资助。弗朗西斯科等（2010）通过 141 个样本研究了母公司对知识转移效果的影响，发现母公司的介入既有积极的也有消极的影响，其中母公司对决策权的分配、向子公司提供必要的资助这两方面对知识转移效果有最大的正向影响，而母公司直接参与转移过程却会降低知识转移的效率。① 这表明，母公司应从传统的集权操作转向规则制定，成为整个组织的分配者与资助者。

　　以上对母公司角色的归纳未必全面，但也反映了随着母子公司的发展及经营环境的变化母公司从整个系统内部开发组织优势的权变行动。这一方面是因为企业越来越依赖通过资源与知识整合来构筑整个集团的优势；另一方面是因为子公司的能力与角色也在发生变化，子公司的独立性越来越强，子公司的角色变化是母公司角色调整的一个重要原因。

（二）子公司角色

　　加里洛和马丁内斯（Jarillo & Martinez，1990）根据巴特利特（1986）及普拉哈拉德和道兹（1987）的研究，从当地化程度与一体化程度两维度区分了三种子公司战略角色：接受型子公司、自治型子公司、进取型子公司。如图 3.7 所示。

　　自治型子公司独立于母公司与其他子公司而承担了价值链上多数的功能；接受型子公司较少在东道国开展价值链上的功能（典型的情况，只是在东道国进行营销和销售，也可能只是制造或攫利运作），与其他子公司联接非常紧密；进取型子公司的许多活动在当地实施，与其他的子公司密切协调，是跨国公司组织网络的一个活跃节点。对照巴特利特（1986）的划分，实行自治型子公司战略的多属多国公司，在多个国家内进行产业竞争；实施接受型子公司战略的多属全球公司，在全球范围上进行产业竞争；实施进取型子公司战略的多属跨国公司，子公司从母公司接受更多的授权（Bartllett & Ghoshal，1987）。加里洛和马丁内斯强调，并不是跨国

---

　　① Francesco Ciabuschi, Oscar Martín Martín, Benjamin Ståhl. Headquarters' influence on knowledge transfer performance. Management International Review, 2010, 50 (4)：471 – 191.

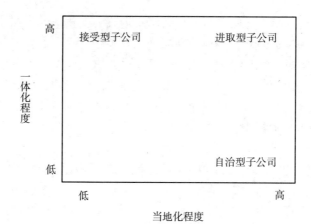

图 3.7　不同类型的子公司角色

资料来源：Jarillo J. C. , Martínez J. I . Different roles for subsidiaries：The case of multinational corporations in Spain. Strategic Management Journal, 1990, Vol. 11, No. 7：503.

公司所有的子公司都采取进取型的角色，只有那些在跨国公司网络中占据重要地位的子公司才如此；而且这三种类型跨国集团（多国公司、全球公司、跨国公司）的子公司都是与他们的集团整合在一起的。[1]

　　还有很多的学者从不同的视角研究了子公司的角色及相应的跨国公司战略问题，如罗斯和莫里森（Roth & Morrison, 1992）[2] 从一体化与当地化的视角作了延伸分析，识别出三种子公司的战略类型：一体化业务子公司、当地化业务子公司与多焦点业务子公司；塔格特（Taggart, 1997）[3] 从子公司的自主性与程序公正性的角度，把子公司分类为：斗士型、封臣型、伙伴型与合作型。

　　最被人们认可并引用的是巴特利特和戈绍尔（1986）对子公司角色的分类，他们根据当地环境的战略重要性、子公司在当地的能力和资源水平两个维度把子公司角色分为战略领导者（Strategic Leader）、贡献者（Contributor）、执行者（Implementer）、黑洞（Black Hole）四种类型，这个分类在母子公司研究中被广泛接受。如图 3.8 所示。

---

① Jarillo J. C. , Martínez J. I . Different roles for subsidiaries：The case of multinational corporations in Spain. Strategic Management Journal, 1990 (Nov. – Dec.), Vol. 11, No. 7：503.

② Roth Kendall, Allen J. Morrison. An empirical analysis of the integration-responsiveness framework in global industries. Journal of International Business Studies, 1990, 22 (4)：541 –561.

③ Taggart, J. H. , Autonomy and Procedural Justice：A Framework for Evaluating Subsidiary Strategy, Journal of International Business Studies, 1997, 28, 1：51 –76.

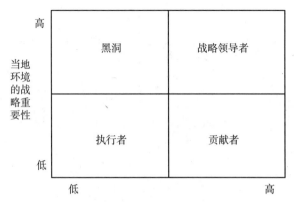

图 3.8　子公司的一般角色

资料来源：Bartllet C. A., Ghoshal S.. Tap Your Subsidiaries for Global Reach. Harvard Business Review, 1986, Nov. – Dec.: 90.

　　战略领导者，可以理解为处在一个战略重要的市场中的子公司具有很强的能力，子公司在开发与实施战略时像是母公司的伙伴。战略领导者必须不仅是一个探知变化信号的传感器，也能自行分析威胁与机会并能采取适当的反应。

　　贡献者，子公司在一个小或战略不重要的市场上运营，但子公司拥有明显的能力，与处在其他相似规模与重要性市场里的子公司相比，拥有大得多的技术与 R&D 优势。对于贡献者子公司，总部面对两难困境，一是担心这样的子公司聚集了对公司的全球战略不重要甚至有害的任务与优势，二是又担心如果阻止子公司的发展又有丢失这些特殊技巧的风险。总部一般的选择是把该子公司的专长人员转到公司重要的项目中去。

　　执行者，子公司处在一个战略不太重要的市场，但拥有足够的能力维持在当地运营。面对的市场潜力有限，如果不能得到关键的信息，就无法控制稀缺的资源，因此执行者缺乏向贡献者转变的潜力，只是向母公司提供价值增值，承担向母公司的发展与扩张持续提供资金的重要任务。绝大多数的跨国企业的子公司都属于执行者角色，为跨国企业带来可资获取规模经济与范围经济的机会。一般认为，执行者的效率与战略领导者或贡献者的创造力一样重要，因为它为跨国公司的竞争优势获取提供了战略杠杆。

　　黑洞，在每一个重要的市场，子公司的存在对跨国企业保持其全球位置更具有意义，但子公司很难有所作为。如菲力普在日本、爱立信在美国以及马自达在德国就属于黑洞。黑洞并不是一个不能接受的战略位置，黑洞的目标不是去管理它，而是去管理离开它的方法。黑洞角色的存在，更多的是战略意义。在黑洞的环境里应建立一个前沿传感器以便发掘学习潜在的事情，即使当地潜在的事情很难获取。[①]

国内学者赵景华（2001）[②]通过对跨国公司在华子公司承担的战略角色及演变趋势研究，把子公司的战略角色归纳为四种，分别是资源获取型、生产基地型、销售利润型与市场开拓型，如图3.9所示。

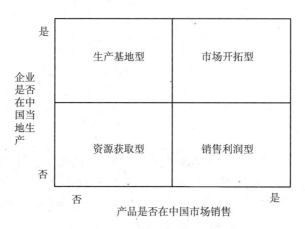

图3.9 跨国公司在华子公司的战略角色类型

资料来源：赵景华. 跨国公司在华子公司成长与发展的战略角色及演变趋势. 中国工业经济, 2001, 12：62.

生产基地型的在华子公司，仅仅在中国当地组织生产，但产品不在中国当地市场销售，其首要任务是在中国建设战略基础设施，并使得这些设施的全球系统成本最低。

市场开拓型在华子公司，不仅在中国当地组织生产，而且在中国当地市场销售。市场开拓型子公司的目标降低营销和制造的整合成本，而且试图把整个产出的价格提到最高。

资源获取型在华子公司，不在中国当地组织生产，又不在中国当地市场销售。这种角色的子公司其目的是降低企业的交易成本和原材料成本。

① Bartllet C. A., Ghoshal S.. Tap Your Subsidiaries for Global Reach. Harvard Business Review, 1986, Nov. – Dec.：90 – 91.

② 赵景华. 跨国公司在华子公司成长与发展的战略角色及演变趋势. 中国工业经济, 2001, 12：63 – 66.

　　销售利润型在华子公司，不在中国当地组织生产，但产品在中国当地市场销售。这类子公司主要扮演单一的营销角色。

　　古普塔和戈文达拉扬（1991）[1]重点考察知识流的重要性和流向，从两个维度来衡量海外企业的角色：知识从公司的其他部分流入海外企业的程度，知识从海外企业中流出到公司其他部分的程度。以此将海外企业在跨国公司知识网络体系中的地位分为四个策略性角色：全球创新者（global innovator）、当地创新者（local innovator）、执行者（implementer）和整合者（integrated player）四种形态。如图3.10所示。

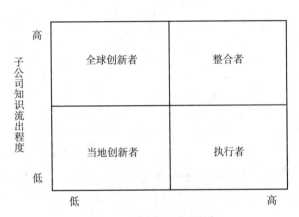

图3.10　知识转移视角下子公司的角色

资料来源：Gupta A. K., Govindarajan V. Knowledge Flows and Structure of Control in Multinational Corporations. Academy of Management Review，1991，16（4）：774.

　　全球创新者，子公司的知识像其他部门的水源一样，为组织网络体系内的单位创造知识。

　　整合者，肩负着为其他子公司创造知识的责任，但其自身知识也不能自给自足，部分知识资源需依赖其他单位的输入。

　　执行者，子公司自身创造的知识很少，严重依赖母公司与其他子公司向自己转入知识。早期的跨国公司海外子公司都是执行者的角色。

　　当地创新者，子公司可以在当地创造几乎所有的知识，但这些知识由于其过于异质性而不能被其他地方的子公司使用。

---

① Gupta A. K., Govindarajan V. Knowledge Flows and Structure of Control in Multinational Corporations. Academy of Management Review，1991，16（4）：773-775.

　　子公司角色的不同，其担负的任务是不一样的，由于现在的母子公司内母公司与子公司之间、子公司与子公司之间越来越是相互依赖的关系，子公司的角色也会随之而演变。子公司角色的变化，受子公司管理者对责任与权利的感知以及管理者所期望的自治主动权等因素的影响。

　　总之，随着经济社会的发展，无论母子公司组织结构模式的调整，还是母子公司角色定位的演变，母子公司关系已经超越了单一的模式，行政官僚式的体制越来越不适应整个企业集团对竞争优势追寻的要求。在知识成为企业核心竞争力的今天，如何有效制造知识、分享知识，成为母子公司发展与竞争的胜负手。将母公司或其他子公司积累的知识进行跨边界转移，是跨国企业获得知识资源和实现竞争优势的一种重要方式（Kogut & Zander，1993；Kuemmerle，2002）[1][2]，提高知识转移能力成为母子公司管理的首要目标。组织结构与母子公司角色的变化，都是为了更好地满足企业内知识转移的要求、提高知识转移能力的自然结果；同时这样的变化，必然导致母子公司控制方式的转变，而控制方式与手段的更新，同样也要更加有利于组织内知识转移能力与知识转移效果的提高。可以说，母子公司管理的内容——母子公司组织结构、母子公司关系、母子公司管理控制——主要是为了发挥知识的核心能力作用，通过知识转移，培育、保持并提高企业的竞争优势。这几者的关系可以用图 3.11 表示。母子公司管理控制是下一节要探讨的内容。

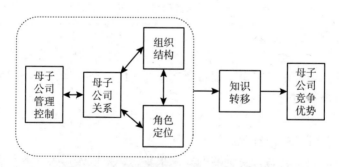

图 3.11　知识转移视角下的母子公司管理

资料来源：笔者整理。

① Kogut B. , Zander U. Knowledge of the firm and the evolutionary theory of the multinational corporation. Journal of International Business Studies, 1993, 24 (4): 625 – 645.

② Kuemmerle W. . Home base and knowledge management in international ventures. Journal of Business Venturing, 2002, 17 (1): 99 – 122.

第三节　知识转移与母子公司管理控制

企业的管理体制，从根本上讲是企业对集权和分权的安排问题，母子公司管理体制的核心就是母公司与子公司的权力划分。一般来说，母子公司管理体制也可以分为相对集权、相对分权、集权与分权相结合三类。正如陈志军（2006）[①] 所言："管理控制模式与管理体制是形式与内容的关系，母子公司管理控制模式是母子公司管理体制的表现形式。"本节探讨的是不同的母子公司管理控制与知识转移的关系问题。

一、母子公司管理模式

正如个体管理者具有不同的管理风格一样，企业传统与文化的积淀也让企业形成了特有的组织管理惯例，比如对集权或分权的偏好等。就其实质而言，管理模式就是对企业集权或分权管理风格的概念化描述，不同的管理模式下企业的运行机制、资源配置、权力分配及控制方式都各有不同。

（一）组织结构角度的母子公司管理模式

西方学者威廉姆森根据钱德勒的研究将企业组织形态分为 U 型（一元结构）、H 型（控股结构）和 M 型结构（多元结构）三种基本类型，分别对应着集权、分权、集权分权相结合的管理体制设计，因此也可以视为不同的管理模式。需要指出的是，随着组织结构的变革，网络化组织越来越被人们重视，形成了基于网络的 N 型组织形态，本书也把其视为一个管理模式类型，列在此处。

1. U 型（Unitary Form）管理模式。U 型管理模式下，公司内部划分生产、销售、开发、财会等职能部门，公司总部从事业务的策划和运筹，直接领导和指挥各部门的业务活动和经营管理。组织结构采取直线职能式组织结构，分为三个层次：决策层、职能参谋层和生产执行层。这是一种高度集权的管理模式，适合于规模较小、产品品种少、生产连续性和专业性强的控股公司。

2. M 型（Multidivisional Form）管理模式。M 型管理模式通常采用事

---

① 陈志军. 母子公司管理控制机制研究. 北京：经济科学出版社，2006：22 - 23.

业部制式组织结构。事业部通常按产品、服务、客户或地区划分。实行事业部制的企业严格上讲并不是母子公司管理体制，但我国大多数企业集团母子公司在组织设计时，都是先划分事业部，再在事业部下划分子公司，因此在此也作为一种管理模式。这是一种集权与分权相结合的管理模式，适合于业务类型繁多、多元化经营的大型企业集团。

3. H 型（Holding Company Form）管理模式。H 型管理模式下，母公司持有子公司部分或全部股份，下属各子公司的业务所属产业关联度一般不大，形成相对独立的利润中心和投资中心。这是一种分权型的管理模式，适用于纯粹资本经营型公司或混合经营型公司。

4. N 型（Network Form）管理模式。N 型管理模式下，母公司与所有子公司构成一个组织网络，资源分布在网络中的每个节点中，强调子公司的自治权，权力分散，但各部分又相互依赖。子公司的地位也会因自己拥有独特的并对整个集团有价值的资源，成为卓越中心（Center of Excellence，CoE），担负着更多的责任，也相应具有较高的自主权。N 型管理模式注重的是资源的整合与分享，控制方式更多地采取社会化机制与协调机制。N 型管理模式越来越被大型企业，尤其是大型跨国公司所采用。

（二）从战略控制类型角度的管理模式

古尔德等（1987）[①] 在《公司层面战略》一书中从母公司战略控制风格角度，区分出几种一般的管理模式，称为母合风格（parenting styles），分别是战略规划型、战略控制型和财务控制型。如图 3.12 所示。

1. 战略规划型。母公司在计划制定和战略开发方面深度介入其业务单位，并且强调长期目标的作用及控制过程中的内在竞争动态，它们通常会提供明确的总体指导，而业务单位则根据这一框架开发自己的战略，并追随母公司发起的战略动议；通常在总部中设有庞大而强有力的职能部门，包括整个公司共有的资源，以及营销、工程、研发和人事等服务部门；战略规划型公司会积极鼓励业务单位之间的合作和协调。这种风格西方公司比较少用，在日本的一些主要公司颇为流行。

2. 财务控制型。母公司将计划和战略开发的职责授予给各业务单位，并对其施予严格的、注重短期利润目标的控制；母公司的首要作用是确保

---

① ［美］迈克尔·古尔德，安德鲁·坎贝尔，马库斯·亚历山大著（黄一义译）. 公司层面战略：多业务公司的管理与价值创造. 北京：人民邮电出版社，2004；394－397.

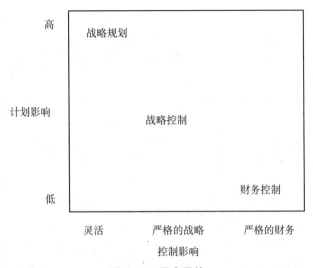

图 3.12　母合风格

资料来源：［美］迈克尔·古尔德，安德鲁·坎贝尔，马库斯·亚历山大著. 黄一义译. 公司层面战略：多业务公司的管理与价值创造. 北京：人民邮电出版社，2004：394.

所有的决策均由业务单位"所有"，而且其建议必须符合规定的财务目标；总部参谋班子保持在最小规模，其职责是支持总部的管理和财务控制；公司鼓励各业务单位进行交易，就像它们是独立的实体一样，各单位只有在看得见明确的利益时才会协同工作。在财务控制型公司中，其控制内容完全集中于财务目标和成果方面，母公司对实际的成果进行严密和经常的监督，并对完成进度落后于预算的业务单位施加压力，业务经理的职业生涯和奖金严重依赖于其完成预算的能力。纯粹的财务控制型公司在欧洲大陆不太流行，在日本这种公司尚不存在，在美国财务控制风格所依据的原理推动了 LBO（杠杆收购）在 20 世纪 80 年代的巨大发展。

3. 战略控制型。母公司则在以上两种类型之间寻找某种中庸的做法，将计划权下放给业务单位，但仍保留对业务单位的建议进行核准和评价的权力；业务单位负有"自下而上"地推进战略、计划和建议的责任；总部的参谋部门的主要作用是支持母公司的工作，但也包含一些面向业务单位的职能中心和服务部门，业务单位是否采用其服务则根据自愿原则。战略控制型的母公司相信分权化的好处，同时认为自己的作用是确保业务计划的合理性，并通过适当的公司发展动议来补正这些计划的不足；母公司在控制过程中特别强调财务目标的重要性，但也关注战略进程和战略目标的发展情况。这是一直被广泛采用的类型。

（三）母子公司控制方式角度的管理模式

葛晨、徐金发（1999）[①] 认为母子公司管理模式类型有四种：资本控制型、行政控制型、参与控制型与平台控制型。[②]

1. 资本控制型。这是较为分权的管理模式，母子公司之间关系主要体现在股权的联结上，母公司一般不参与子公司的经营管理。

2. 行政控制型。这是较为集权的管理模式，母公司对子公司拥有绝对控制权，子公司的管理层由母公司任命，子公司生产经营等各项活动自治权较低，主要听从母公司的指令安排。

3. 参与控制型。这是分权与集权相统一的管理模式，子公司的管理层人员一般以自然人身份投资参股本公司，子公司的管理层既属工作人员，又属股东，工作积极性较高，也能避免机会主义或内部人控制等代理问题。

4. 平台控制型。这是最为集权的管理模式，子公司只是母公司的作业平台，法人地位不能得到体现，扮演的是执行者角度。

（四）公司治理角度的管理模式

陈志军（2006）[③] 从公司治理的角度，结合中国母子公司的实际运行情况，提出了行政管理型、治理型与自主管理型三种母子公司管理模式。

1. 行政管理型。这是一种极为集权的管理模式，子公司法人治理结构不完善，董事会作用受到极大限制，子公司没有独立的决策权，子公司更像是母公司的分公司、分厂。母公司拥有子公司的剩余控制权和剩余索取权。

2. 自主管理型。这是最为分权的管理模式，子公司拥有完善的法人治理结构，母公司的意愿要通过子公司董事会讨论通过才可以实施，子公司拥有独立的经营自主权。母子公司合作关系特点鲜明。

3. 治理型。这是一种集权分权相统一的管理模式，子公司法人治理结构完善，母公司对子公司保留适当的控制权，子公司又拥有一定程度的决策自主权，母公司的职能体现在纠错与服务等方面。

---

① 葛晨，徐金发. 母子公司的管理与控制模式——北大方正集团、中国华诚集团等管理与控制模式案例评析. 管理世界，1999，6：190－196.

② 尽管对控制方式的分类存在标准不统一问题，而且资本控制不应该称为是一种控制模式，行政管理控制的界定不够准确，平台控制只是一种手段而不是模式（参见：陈志军. 母子公司管理控制机制研究. 北京：经济科学出版社，2006：82）。笔者认为，这四种类型划分与其说是对母子公司控制分类，不如说是对母子公司管理模式的概括，因此在此作为管理模式列出。

③ 陈志军. 母子公司管理控制机制研究. 北京：经济科学出版社，2006：87－90.

二、母子公司控制

组织控制被定义为组织或经理直接关注、激发与鼓励雇员与团体的行动来实现组织需要的目标的过程（Eisenhardt，1985；Flamholtz et al.，1985；Ouchi，1977）。在母子公司管理体制下，大内（1977）[1] 从管理海外子公司的角度提出了母公司对子公司控制的概念，他认为控制就是为通过校正子公司的行为偏差，使子公司遵从母公司政策、符合母公司要求，并通过控制使母公司得以掌握子公司的绩效。

（一）母子公司控制模式

1. 母子公司关系形态角度的控制模式。波恩波格（Birnbirg，1998）[2] 认为组织间的关系控制有三种模式：（1）市场控制模式，组织间的关系体现在交易与契约上，贸易伙伴是这种模式的写照；（2）阶层控制模式，通过建立层级结构与运行规范来分配权力，控制力来自正式职权；（3）混合控制模式，组织间既是贸易伙伴关系，又有基于结构职权的控制关系。

大内（1979，1980）[3] 把母子公司管理控制分为：官僚式控制、市场式控制和团队式控制。这与波恩彼格的控制模式没有太多的实质区别，团队控制模式强调母子公司即使是贸易合作关系，也要运用团队控制方式，使得组织成员有着共享的价值观并相互信任。

2. 控制方式角度的控制模式。马丁内斯和加里洛（1989）[4] 根据控制方式不同，将控制模式分为两类：正式化机制和非正式化机制，具体内容如表3.5所示。需要说明的是，这两种控制模式不是相互排斥的，而是可以共存（Gomez & Sanchez，2005）。[5]

① Ouchi W. G. The relation between organization structure and organizational control. Administration Science Quarterly, 1977, 22 (1): 95 –113.

② Jacob G. Bunbirg. Control in interfirm co-operative relationships. Journal of Management Studies. 1998, Jul, Vol. 35, Issue 4: 421 –428.

③ 理查德·达夫特著，李维安等译. 组织理论与设计精要. 北京：机械工业出版社，1999：172 –175.

④ Martinez, J. I. , Jarillo J. C. The evolution of research on coordination mechanisms in multinational corporations. Journal of International Business Studies, 1989, Fall, Vol. 20, Issue 3: 489 –514.

⑤ Gomez C. , Sanchez J. I. . Human resource control in MNCs: a study of the factors influencing the use of formal and informal control mechanisms. International Journal of Human Resource Management, 2005 (Oct.), Vol. 16, Issue 10: 1847 –1861.

表 3.5 正式化与非正式化控制模式

正式化机制	非正式化机制
部门化与分工，形成正式结构 决策权在层级的正式结构中分布 规范化与标准化：通过手册、图表等来记录政策、规则、职位描述、标准流程 计划：战略计划、预算、职能计划、进度安排等 产出与行为控制：账务绩效，技术报告，销售与营销数据等，直接监督	横向或跨部门关系：直接管理接触，暂时或长期团队，任务小组，委员会，整合者，整合的部门 非正式沟通：通过在管理者个人间、管理旅程、碰面、会议、管理者换岗等方面接触 社会化：通过培训、管理者换岗、管理职业规划、测评与奖励等建立理解与分享战略目标与价值的组织文化

资料来源：Martinez, J. I., Jarillo J. C. The evolution of research on coordination mechanisms in multinational corporations. Journal of International Business Studies, 1989, Vol. 20, Issue3: 491.

3. 国内学者对母子公司控制模式的研究。张文魁（2003）[①] 以国内大型企业集团为研究对象，认为管理控制在母公司这个单一企业内部和在母子公司中有所不同。在母公司内部，科层制是管理控制的基础，官僚式控制和市场式控制都存在；而对子公司的管理控制要复杂一些，一般需要通过公司治理机制来实现。

李武、席酉民（2002）[②] 提出了和谐控制的概念，他们认为运用委托代理理论研究管理控制存在很大的局限性，无法反映人文因素的软约束功能。和谐控制主要通过伦理教育、文化建设、组织培训和其他管理手段使企业目标和员工目标趋于和谐一致。

李维安（2002）[③] 从公司治理的角度，把母子公司控制分为间接控制、直接控制与混合控制三种类型。间接控制是指母公司通过公司董事会对子公司的经营活动进行控制；直接控制是指母公司直接任命子公司的管理层，母公司的职能部门对子公司的相关职能部门实施控制和管理；混合控制则类似葛晨、徐金发（1999）提出的参与控制模式，母公司投资控股子公司，并让子公司的管理层人员参股子公司成为子公司的股东并进入股东会与董事会。

类似地，陈志军（2006）[④] 根据对母子公司管理模式类型的划分，相

[①] 张文魁. 大型企业集团管理体制研究：组织结构、管理控制与公司治理. 改革，2003，1：23 – 32.

[②] 李武，席酉民. 管理控制与和谐控制. 管理工程学报，2002，2：84 – 85.

[③] 李维安. 公司治理教程. 上海：上海人民出版社，2002：340 – 342.

[④] 陈志军. 母子公司管理控制机制研究. 北京：经济科学出版社，2006：87 – 90.

对应提出了三种类型母子公司控制模式：基于子公司治理不作为的行政管理型控制模式、基于子公司治理的治理型控制模式和基于子公司治理的管理型模式。这部分内容在前面介绍母子管理模式中已经提到，不再赘述。

（二）母子公司控制手段

控制手段不一而足，比如财务控制、战略控制、行为控制、文化控制、信息控制及人力资源控制等。

由于母公司与子公司都是独立的法人单位，因此母公司对子公司的控制只能通过子公司治理结构来进行；而且控制的手段要与母子公司管理模式相匹配，才能产生理想的控制效果。大量的研究结果说明，大型企业集团组织越来越是网络化的结构，控制手段也随之更新，文化控制、社会化控制越来越被企业所重视。

对于母子公司来说，尤其是有海外子公司的跨国经营企业，还要涉及集团利益整体化与子公司经营本土化的关系，即加里洛和马丁内斯（1990）提出的一体化与当地化的关系。只有处理好这二者关系，才能保证整个集团的利益最大化与确立长期的竞争优势。同时，随着子公司外部环境嵌入度越来越高，子公司积聚的资源越来越多、培育的能力越来越强，子公司成为企业优势的主要来源之一。这就要求母公司要根据子公司个体的发展情境，重点支持与开发子公司的能力，这点巴特利特与戈绍尔在1986年就已经探讨过，仍是时下母子公司特别关注的问题之一。从这个意义上讲，母子公司的管理控制也是一个权变的过程，其关键点是对控制手段与控制强度的把握。

三、基于知识转移的母子公司管理控制

当人们认识到知识已成为企业优势的主要来源，对知识的管理与开发越来越被企业重视，知识转移也成为母子公司管理的重点内容。换一个角度，母子公司为了进行有效的知识转移，必然对其管理模式、控制模式与手段提出更高的要求，甚至主动进行组织变革以适应这种要求。

（一）知识转移与母子公司管理重点

为发挥知识核心作用，母子公司管理的重点包括以下几点：

1. 发挥母合优势，创造价值。

母合优势（parenting advantage），概括地说，就是母公司的管理要与

战略发展相匹配、与子公司的成长相匹配。古尔德等在他们的著作《公司层面战略：多业务公司的管理与价值创造》中认为母合优势建立在以下三个基础之上：（1）关于母公司价值创造的特定机会的洞见；（2）可以使母公司以一种独一无二的特殊方式实现价值的独特特征；（3）对核心区业务的识别①。如图 3.13 所示。

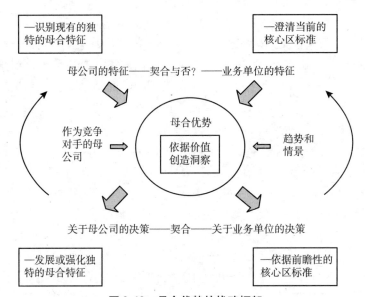

图 3.13　母合优势的战略框架

资料来源：［美］迈克尔·古尔德，安德鲁·坎贝尔，马库斯·亚历山大著，黄一义译. 公司层面战略：多业务公司的管理与价值创造. 北京：人民邮电出版社，2004：23.

母公司通过四个方面来创造价值：

（1）业务影响。是指母公司对其拥有的每一个业务单位的战略和绩效的影响。母公司可以通过多种有力的方式对其属下的那些作为独立实体的业务单位施加影响：任命业务单位的总经理，影响业务单位管理层的发展和人事规划；批准或否决业务单位的预算、战略规划和资本支出计划；影响计划和建议的形式及执行情况；为其业务单位提供咨询和政策指导；母公司还通过正式和非正式的直线管理会议和联系，或较为间接地通过企业文化，向各业务单位施加影响。

---

① 核心区是指与母合特征相契合的业务，并以此来构建其业务组合，这些母公司可以为之创造高额价值的业务称为核心业务区（heartland business）。

（2）联接影响。是指母公司可以鼓励或要求业务单位之间更密切地合作，通过公司决策的制定过程和结构，政策和指导，转移价格的机制和个人压力，鼓励或管理各业务单位之间的关系。

（3）职能和服务影响。母公司首席执行官和高级直线经理对其下属业务单位具有直接施加影响的职权；母公司的参谋职能和服务部门可以通过为业务单位提供职能方面的领导和具有成本有效性的服务，以及协助直线经理实施其业务影响或联接影响来创造价值。

（4）公司发展活动。母公司在对现有业务组合中的业务单位施加影响的同时，还可以直接决定此种组合的构成。母公司可以收购或出售其业务，可以创建新的业务，也可以通过业务单位的合并或分立重新定义其业务。

2. 资源共享，强化核心竞争力。

公司战略建立在核心竞争力的共享基础之上，这一观点最著名的倡导者当属普拉哈拉德和海默。他们指出公司组合不应被简单地视为业务的组合，而应当是竞争力的集合。在管理公司业务组合时，管理者应确保各组成部分来源于其核心竞争力，并对公司建立和利用这种竞争力有所贡献。如果公司不能将其核心竞争力从一项业务转到另一项业务，那么它们就是在浪费资源。在普拉哈拉德和海默看来，许多西方公司当前所采用的管理方式，包括设立战略业务单位（SBUs）、分权化和资源分配程序是有损于公司核心竞争力形成的，因为独立的业务单位在建立世界级的竞争力方面缺乏足够的资源和长远的眼光[1]。

迈克尔·波特也强调了资源共享的作用，他认为，只有在公司战略从组合规划管理转向业务活动共享时，才能为股东创造越来越多的价值。因为这些公司并不能依赖所谓超人一等的洞见或假定的公司特殊能力，业务活动的共享和技能的转移才是价值创造的最佳方案[2]。

3. 知识转移过程管理。

根据资源共享的逻辑，母公司的职能一是要开发与发展自己的知识，把优势知识转移给子公司；二是把子公司的特定优势知识整合进整个企业网络，即母公司既要转移吸收子公司的知识，还要把这部分知识转移给其

---

[1]　Prahalad C. K., Hamel G.. The Core Competence of the Corporation. Harvard Business Review, 1990, May-June: 79 - 91.

Hamel G., Prahalad C. K.. Strategic Intent. Harvard Business Review, 1989, May-June: 63 - 76.

[2]　Michael E. Porter. From Competitive Advantage to Corporate Strategy. Harvard Business Review, May-June, 1987: 43 - 59.

他子公司，以让优势知识在组织内共享。

企业需要对知识转移过程进行管理，这是因为：（1）子公司的知识既有在企业集团情境下产生的，也有与当地外部网络联接而产生与积聚的，这加大了对子公司知识转移的难度；（2）知识源的转移意愿与转移能力、接受方的接收愿意与接收能力，较大程度地影响着知识转移的效果；（3）知识的类型不同，其转移的粘滞性也不同，而对核心能力有贡献价值的知识其粘滞性往往比较高，粘滞性也增加了知识转移的难度。

（二）知识转移与母子公司管理模式

古普塔和戈文达拉扬（1991）把跨国公司海外子公司分为全球创新者、当地创新者、执行者和整合者四种角色（上文已作介绍，可参见图3.10）。这其实也是对母子公司管理模式的论述，不同角色的子公司承担着不同的知识创造与使用的任务，它们角色作用的发挥受其管理者对责任与权利的感知以及管理者所期望的自治权等因素的影响（Gupata & Govindarajan，1991）①，这就需要母公司采取一种与之相适应的管理模式，发挥母合优势，以促进和提高子公司在知识吸收、转移与共享上的能力。

母合优势的中心思想是母公司的管理与业务类型相匹配，与子公司活动相匹配，从而创造公司价值。匹配过程，也是母公司正视组织内差异化的存在与主动去适应差异的过程。

从知识转移的角度看，子公司知识可以用其拥有的资源程度来描述。由于子公司当地经营的特殊性，其所面对的当地环境的复杂程度也决定了子公司知识存量与价值的多寡。这二维变量影响与决定了子公司与对整个集团的贡献能力。如何确保优势知识在组织内有效转移，是母公司重点考虑的内容，也是发挥母合优势的关键点。

诺瑞亚和戈绍尔（1991）②认为，子公司所处环境复杂性越高，当地知识的重要性就越大，子公司在决策自治权方面的地位也就越高；另一方面，子公司拥有的资源水平增加，对子公司管理的代理成本就会提高，而且子公司关注自身利益而损伤整体利益的风险也随之加大。在这样的情况下，要求母公司采取权变的思想，采取一个合适的正式结构，让母公司差

---

① Gupta A. K. , Govindarajan V. . Knowledge flows and structure of control in Multinational Corporations. Academy of Management Review, 1191, 16 (4)：768 – 792.

② Nohria N. , Ghoshal S. Differentiated Fit and Shared Values：Alternatives for Managing Headquarters-Subsidiary Relations. Strategic Management Journal, 1994, Jul. , Vol. 15, No. 6：491 – 502.

别化地去适应每个子公司不同的环境与资源条件。

前面已经说明，母子公司管理模式其实质是对集权与分权关系的处理问题。权力的分配可以用集中化与正式化这两种结构方式来描述。集中化，是指子公司的决策权受母公司层级权力控制的程度（Pugh et al.，1968；Williamson，1985）；正式化，是指子公司的决策权受企业客观的规则、路线与流程控制的程度（Pugh et al.，1968；Nelson & Winter，1982）。

当子公司环境的复杂程度增加时，子公司在经营当地产生的知识其价值就提高。为了促进子公司获取更多的知识，并通过知识转移为其他子公司所分享，就要允许子公司具有更高的自治权与决策权，集中化与正式化管理模式的效率双双下降。当子公司拥有资源增多时，子公司会倾向于厌烦母公司公然的层级控制，更能接受客观的规则与流程，因此，集中化管理模式的效果下降，正式化管理模式效果提高。

综合起来：（1）当子公司拥有资源与所处环境复杂程度都低的时候，母公司倾向于采取高的集中化与低的正式化管理模式；（2）当子公司拥有资源多且所处的环境复杂程度低时，母公司倾向于采取低的集中化与高的正式化管理模式；（3）当子公司资源少且所处的环境复杂程度高时，母公司倾向于采取中度的集中化与低的正式化管理模式；（4）当子公司资源多且所处的环境复杂程度也高时，母公司倾向于采取低的集中化与中度的正式化管理模式。如图 3.14 所示。

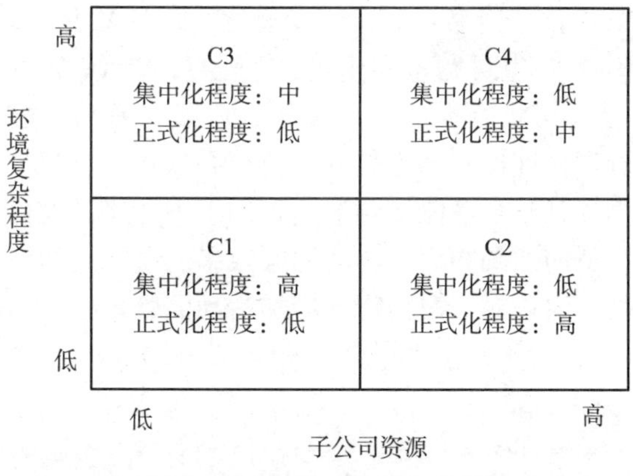

图 3.14　对子公司情境与结构的差异化适应框架

资料来源：Nohria N.，Ghoshal S. Differentated Fit and Shared Values: Alternatives for Managing Headquarters-Subsidiary Relations. Strategic Management Journal，1994，Jul.，Vol. 15，No. 6：493.

（三） 知识转移与母子公司控制

控制是母子公司管理永恒的主题。对在地理上分散与目标上不同的子公司实施有效控制是非常重要的（Ghoshal & Bartlett，1990）[1]。知识作为企业竞争优势的主要来源，基于知识转移的母子公司管理控制更显得重要与复杂，管理控制方式更加多元化。

1. 知识转移视角下母子公司控制的难度。母子公司控制的目标是通过具体的控制模式与控制手段来加强知识在整个组织内的转移，通过创造与分享，培育、维护并发挥企业的核心能力。其控制难度表现在：

（1）母子公司这一体制本身就加大了控制的难度。母公司与子公司都是独立的法人企业，二者的联接纽带主要是股权，母公司不能像管理自己的一个部门或分公司那样直接插手子公司的管理，只能通过子公司的董事会来影响子公司的决策与管理倾向。母公司既要从企业集团的角度来提高整体的竞争力，又只能在法律规定的范围内行使职能。随着企业规模的扩大、业务的拓展，子公司面对的经营环境也是越来越差异化，使得大多母子公司采用网络式组织结构，这也进一步加大了母子公司控制的难度。安博斯和施勒格尔米尔希（Ambos & Schlegelmilch，2010）[2] 对调查样本的研究显示，大多数子公司管理人员对他们母公司的评分是相对低的。这尽管可能存在认识上与出发点的偏差，但也说明了母子公司管理控制的难度。母子公司的控制一直是管理理论与实践的难点与热点问题。

（2）子公司专注自身利益。由于专业化经营与关注自身业务，子公司一般不会从整体上看问题，对其他单元的需要缺乏认识（Egelhoff，2010）[3]。如果母公司没有提供一个结构、流程与激励，子公司不会主动去分享他们的资产，即使它知道哪些子公司会从这个分享中获得好处。这就要求母公司发挥其整合功能，营造适当的组织环境，设计合适的跨部门的联接与激励，从而达到知识资源的协同效果。母公司的整合功能就是协调母子公司活动，通过对资源与价值增加活动的管理，在组织内部获得协

---

① Ghoshal, S., Bartlett, C. A.. the multinational corporation as an interorganizational network. Academy of Management Review, 1990, 15 (4), 603 –635.

② 转引自：Ambos B., Volker Mahnke. How Do MNC Headquarters Add Value Management International Review, 2010, 50：407. 原文出处：Ambos, B., Schlegelmilch, B. B.. The new role of regional management. Hampshire：Palgrave McMillan, 2010.

③ William G. Egelhoff. How the Parent Headquarters Adds Value to an MNC. Management International Review, 2010, 50：413 –431.

同效应。

（3）优势知识往往具有高的粘滞性。现在的研究普遍认为，核心知识存在于粘滞性最高的资源里。知识的粘滞性越高则越难以进行转移，这也就需要母公司采取适合的控制机制与方式，既促进这部分知识的转移，又保证知识转移的效果。

（4）需要正确把握控制度。陈等（Tran et al.，2010）[①] 直接观察一家时装公司由母公司发起的知识转移活动，发现母公司知识的质量、数量与时效对子公司销售业绩有直接的影响。这个结果表明，知识共享并不是总是有益的，尤其是在转移的知识的数量上，过多的知识实际上会伤害绩效。诺瑞亚和戈绍尔（1994）[②] 也在研究中发现，母公司对子公司的差异化适应尽管提高了绩效，但也可能导致形成复杂而且难于管理的组织结构，产生结构刚性，很难适应动态变化。较多的公司通过价值共享活动来达到控制目的，可是在特定情境下，这个方法可能导致多余的沟通渠道与过度地把精力放在达成一致意见上，这会产生非效率性；而且当子公司数量增加、公司多元化进入不相关的产品市场或处在一个非常不同的文化情境里，价值共享管理手段也会很低效。因此，对于母子公司的控制来说，过犹不及，控制度的把握也增加了母子公司管理控制的难度。

2. 基于知识转移的母子公司管理控制方式多样化。没有一个普遍适用的母子公司管理控制方式，在知识经济的今天，更要用多样化的控制方式来满足母子公司发展的需要。

（1）传统层级式控制依然有效。艾格豪夫（Egelhoff，2010）[③] 比较了层级制结构与网络结构的跨国公司，发现层级式控制在三个方面上比网络结构做得更好：①在组织内部把开发与实施进行紧密的耦合；②识别与定义规模经济与范围经济；③识别与把重大的创新吸引进跨国公司战略。特定的任务仍然要求层级制结构企业的存在，也需要一个积极的母公司。

前文已经对母子公司的控制手段作了较多的描述，传统层级式下，控

① Tran Y. , Mahnke V. , Ambos B. . The effect of quantity, quality, and timing of headquarters-initiated knowledge flows on subsidiary performance. Management International Review, 2010, 50 （4）: 493–511.

② Nohria N. , Ghoshal S. Differentiated Fit and Shared Values: Alternatives for Managing Headquarters-Subsidiary Relations. Strategic Management Journal, 1994, Jul. , Vol. 15, No. 6: 499.

③ William G. Egelhoff. How the Parent Headquarters Adds Value to an MNC. Management International Review, 2010, 50: 428.

制的具体手段包括文化控制、战略控制、人力资源控制、财务控制、信息控制、绩效控制、行为控制、投入控制、产出控制等。

（2）知识转移促进了控制方式的多样化。对控制方式的研究文献数量繁多，在此仅从知识转移的角度有重点地作介绍。

从子公司自主权的角度看。有研究表明，母公司加强对子公司的关注，注重提高子公司的能力，在公司内会对知识的转移起到杠杆作用，从而为公司增加价值（Ciabuschi et al.，2010）[①]。安博斯和波金绍（Ambos & Birkinshaw，2010）[②] 通过283家子公司样本，调查了母公司的关注力是如何影响子公司绩效的。他们发现子公司绩效受母公司关注度与子公司战略选择交互影响的驱动，而且当母公司越多地关注子公司、子公司自治度越高时，子公司的绩效就越高。

从母公司的角度看。托尔曼和科赞（2010）[③] 从演化的角度来探讨环境、战略、结构与角色是如何变化的，建议用一个新的名称来思考现代的跨国公司，称为GMBF（Global Multi-business Firm）。他们认为，这样的组织类型需要通过战略安排、激励与领导、管理与强化危机流程、沟通与控制来促进组织成长，GMBF中母公司的角色是"非控制的命令"（command without control）。这个判断在他们的实证检验中是非显著接受。有些学者（Doz et al.，2001）[④] 把跨国公司称为大国际公司（metanational），来表示现在的跨国企业处在信息时代，新的智力财富在许多当地的子公司出现，并在企业内扩散，经常绕过总部。有研究者认为知识经济把母公司变成知识"网络管理员"（knowledge webmaster）的角色，母公司的职责在于强化网络成员之间的交换规则。

从控制效果上看。随着母子公司间相互依赖程度的提高，具有因果关系的知识逐渐减少（Snell，1992）[⑤]，从而很难预先规定行为和惯例，也

---

① Ciabuschi F.，Martin Martin O.，Stahl B.. Headquarters'influence on knowledge transfer performance. Management International Review，2010，50（4）：471 –491.

② Ambos T.，Birkinshaw J.. Headquarters'attention and its effects on subsidiary performance. Management International Review，2010，50（4）：449 –469.

③ Stephen Tallman，Mitchell P. Koza. Keeping the Global in Mind The Evolution of the Headquarters'Role in Global Multi-business Firms. Management International Review，2010，50：433 –448.

④ Doz Y.，Santos J. F. P.，Williamson P. J.. From global to metanational. Boston：Harvard Business school Press，2001.

⑤ Snell S. Control theory in strategic human resource management：the mediating effect of administrative information，Academy of Management Journal，1992，35（2）：292 –327.

难以制定业绩衡量标准。在这种情况下，对业绩控制机制的依赖性会逐步降低，而会更加注重对行政控制机制和文化控制机制的运用（许强，2007）[①]。企业的实践表明，产出控制、行为控制与社会化机制在促进知识转移方面更为有效，具体的控制方式包括：制定适当的绩效评价标准、出台合理的子公司管理者补偿方案、向子公司派遣管理者（Ingmar et al.，2004）[②]，以及建立紧密的个人间关系网络（Tsai，2001）[③]。

[①]　许强. 母子公司控制机制选择：知识转移的视角. 科学学研究. 2007，12：390.

[②]　Ingmar Björkman，Wilhelm Barner-Rasmussen，Li Li. Managing Knowledge Transfer in MNCs：The Impact of Headquarters Control Mechanisms. Journal of International Business Studies，2004，9，Vol. 35，No. 5：443 –455.

[③]　Tsai W. Knowledge transfer in intraorganizational networks：effects of network position and absorptive capacity on business unit innovation and performance. Academy of Management Journal. 2001，44（5）：996 –1004.

第四章

母子公司知识生成机制

知识观企业理论把企业看作是一个吸收、创新、储存和利用知识的实体。对知识的认识是一个哲学命题，对知识产生机制的理解，有着不同的哲学视角。西方的知识论是一种构成主义的知识论，它研究的是知识基础和知识本身的构成。而构成主义知识论对知识本质认识具有片面性，因为知识不但具有"结构（structure）"，更重要的是它是一种"过程（process）"①。因此，从知识生成的视角来考察知识，更利于理解知识的产生与转化，也有助于透视母子公司的知识的来源、形成及存储等问题。

第一节　母子公司知识结构

一、知识的内涵与分类

在一般意义上，知识是指辨别万物实体与性质，确定是与不是的观察与思考过程，是人类认识自然和社会的成果或结晶。"知识是一种流动性质的综合体，其中包括结构化的经验、价值，以及经过文字化的信息，此外，也包括专家独特的见解，为新经验的评估、整合与信息提供架构。知识起源于智者的思想。"②

对于知识的概念，不同的视角或学科，对知识的理解各不相同。大家普遍通过对知识进行分类来深入理解知识的内涵。

---

① 金吾伦．知识生成论．中国社会科学院研究生院学报，2003，2：48.
② 同上．原文：达文波特（Thomas H. Devenport）等．胡玮珊译．作业知识．台湾：中国生产力促进中心出版，1999：34.

波兰尼（1958）在《人的知识》一书中把知识分为隐性知识（tacit knowledge）和显性知识（explicit knowledge）。经合组织（OECD）在 1996 年《以知识为基础的经济》一书中，将知识归纳为四种类型：知道是什么的知识（Know-what）、知道为什么的知识（Know-why）、知道怎么做的知识（Know-how）、知道是谁的知识（Know-who）。这些在第一章中已作介绍，不再赘述。

按知识的拥有者不同，知识可以分为个人知识、集体知识与组织知识。个人知识是个人的脑内知识与体化知识，是显性知识与隐性知识的集合；集体知识是群体在相互交往中通过价值判断对分散的个人知识的过滤与整合而形成的知识集合，集体知识不是个人知识简单的汇总，而是表现为集体共同遵守的理念与解决方案，也有显性与隐性之分；组织知识既有来自于内部的集体知识，也有对外部知识的吸收，是组织内成员共同拥有的知识，"在组织中，知识不仅存在于文件和储存系统中，也蕴含在日常例行工作、过程、执行和规范当中"①，组织知识同样也有显性与隐性之分。此外，考格特和赞德（1992）② 在研究组织间的知识转移时，提出除了个人、团体以及组织知识外，还有跨组织的知识。跨组织的知识其实质是组织间的协调与规范等方面的知识。

二、公司知识结构

作为创造财富的公司，是人、物与结构的组合。人，是指公司的所有员工；物，是指公司的固定资产方面，如设备、原材料，还包括无形的资产；结构则是指公司的组织架构、行动路线与操作规范。这三个方面都会产生与积累大量的知识，通过组织的系统集成，成为公司的知识。公司的知识是由公司内部的个人知识以及在此基础上形成的不同层次的知识有机结合而组成的"知识集合体"③。

（一）不同视角下的公司知识

既有文献一般是从两个角度对公司知识作出界定：一是从整体上进行概念描述；二是对公司知识的构成进行分类。

---

① 转引自：金吾伦. 知识生成论. 中国社会科学院研究生院学报，2003，2：48.

② Kogut Bruce, Udo Zander. Knowledge of the firm, combinative capability and the replication of technology. Organization Science, Aug, 1992, Vol. 3, Issue3：383 – 397.

③ 秦世亮，万威武. 个人知识和企业知识创造. 研究与发展管理，2004，16（1）：55 – 57.

1. 公司知识的概念描述。纳尔逊和温特（1982）[①]把公司知识定义为知识所有可能的组合和公司内各层次活动的投入—产出组合体。

尼克森和曾格（Nickerson & Zenger，2004）[②]把公司的知识理解为：吸引内化现有知识，或通过识别新问题而开发新知识，然后发现一个新的有价值的解决方案。

海德伦德和野中郁次郎（Hedlund & Nonaka，1993）[③]认为，公司知识是嵌于产品与服务的技巧与专门技术。

英克潘（2008）[④]认为，公司知识是组织成员重复使用可以创造能力的东西。可重复使用的是一个重要标志，孤立且不可重复使用的知识对组织来说是没有价值的，知识的价值来自使用，使用越多，价值越大。

2. 公司知识的构成。奎因（Quinn，1996）[⑤]将组织的专业知识分为四个层次：（1）认知知识（know-what），指知识内容本身，对竞争来说它是基本的，但并不能充分地构建竞争优势；（2）技能知识（know-how），指在各种实际工作中对知识和能力的运用；（3）原理知识（know-why），指关于事物运行原理与规律的知识，这种知识具有可预测性与可借鉴性，可借鉴处理突发事件；（4）创新知识（care-why），此层面的知识存在于组织文化中，是指组织能力创新的支持性因素，创新知识可通过前三类知识层次，产生扩大效应。

伦纳德-巴顿（Leonard-Barton，1994）[⑥]认为公司的知识结构包括三部分：一是嵌入在设备与方法中的知识；二是嵌入在员工头脑中的知识；三是嵌入在组织路径与组织惯例中的知识。

野中郁次郎将公司的知识资产划为四类：经验性知识资产、概念性知

---

①　Nelson, R. R., Winter S. G.. An Evolutionary Theory of Economic Change. Cambridge：Belknap Press, 1982：63 – 64.

②　Jack A. Nickerson, Todd R. Zenger. A Knowledge-Based Theory of the Firm-The Problem-Solving Perspective. Organization Science, 2004, Vol. 15, No. 6：618.

③　Hedlund G.., Nonaka I.. Models of knowledge management in the West and Japan. In P. Lorange B. Chakravarthy, J. Roos, A. Van de Ven（Eds.）. Implementing strategic process：Change, learning and cooperation. Oxford, UK：Basil Blackwell, 1999：117 – 144.

④　Andrew C. Inkpen. Managing Knowledge Transfer in International Alliances. Thunderbird of International Business Revie. 2008, March/April, Vol. 50, No. 2：77 – 90.

⑤　Quinn J. B., Anderson P., Finkelstein S.. Managing professional intellect：making the most of the best. Harvard Business Review, 1996, 74：71 – 80.

⑥　Leonard-Barton Dorothy. Learning on the Factory Floor. Industrial & Commercial Training. 1994, Vol. 26, Issue2：6 – 7.

识资产、系统性知识资产和常规性知识资产①，如图4.1所示。

经验性知识资产： 共同经验分享隐性知识 个人技术技能 关怀、爱心、信任、安全感 精力充沛、热情、紧张	概念性知识资产： 明晰知识通过形象、象征和语言表达 清楚 产品概念 设计
常规性知识资产： 常规化的、融化在组织行为与实践中的隐性知识 日常运作技能 组织常规	系统性知识资产： 系统化与程序化的明晰知识 文件、说明书、手册 数据库 专科与许可证

图4.1　野中郁次郎对公司知识的分类

资料来源：［德］迈诺尔夫·迪尔克斯等著，上海社会科学院知识与信息课题组译．组织学习与知识创新．上海：上海人民出版社，2001：382－402.

詹森和麦克林（Jensen & Meckling，1996）② 依据知识转移的难易程度把知识分为通用知识和专用知识。在知识转移时，专用知识要付出高昂代价，而通用知识则无需高昂代价即可转移。专用知识和通用知识的获取途径是截然不同的，一般来说，通用知识是通过学校教育、正规培训以及书本上获得的知识，而专用知识则是专业化分工过程中积累起来的独特知识，包括技能、经验等。

国内学者也从不同的角度对公司的知识进行了分类研究，其分类方法与上述大同小异。不再赘述。

（二）基于价值贡献的公司知识

关于公司活动对公司价值贡献的分析莫过于波特的价值链理论，从价值链的角度我们可以对公司的知识进行明晰的分类。另外，从知识本身的

---

① 转引自：［德］迈诺尔夫·迪尔克斯，阿里安娜·贝图安·安托尔，［英］约翰·蔡尔德等（上海社会科学院知识与信息课题组译）．组织学习与知识创新．上海：上海人民出版社，2001：382－402.

② Jensen M. C., Meckling W. H. Specific and General Knowledge, and Organizational Structure. In：Paul S. Myers. Knowledge Management and Organizational Design. Butterworth-Heinemann，1996：17－38.

价值方面，公司的知识可分为公共知识、基础知识与核心知识。把这二者结合起来，可以透视公司的知识。

1. 基于价值链的公司知识。波特价值链理论[①]认为，每一个企业都是设计、生产、营销、交货以及对产品起辅助作用的各种活动集合，企业创造价值的活动可以分为两大类：基本活动和辅助活动。基本活动包括后勤、生产、市场和销售和服务等活动；辅助活动包括采购、技术开发、人力资源管理及企业基础设施等内容。这两类企业活动既创造了价值，也运用并创造了知识。

肖久灵（2007）[②] 将公司知识界定为程序性知识，以此来区别以营运信息形式存在的陈述性知识（如财务报表数据等），进而把公司的知识分为：管理知识与技术知识。管理知识包括管理技能，市场/销售技能，人力资源管理技能，企业文化和价值观，商业策略思想和技巧等；技术知识包括生产相关知识、产品相关知识、服务相关知识等。许强和郑胜华（2004）[③] 把公司的知识分为：功能性知识与组织性知识。功能性知识包括生产、市场营销、研发、人力资源与财务等方面的知识；组织性知识包括公司的行动方略、运行程序等。这些分类方式，都是从公司的经营活动的角度来分析公司的知识，其分析的基础就是企业的价值链。

为了与价值链对应起来，笔者直接把公司的知识结构分成两个基本组成部分：一是企业实施基本活动的知识，可称为功能性知识；二是企业进行辅助活动的知识，可称为辅助性知识。企业为了提供产品或服务，需要完成不同的价值活动，企业知识随着这些价值活动不断发展和整合。通常，功能性知识总是与组织的基本活动相连的，而这部分知识的整合和应用，需要相应的辅助性知识来协调与支撑。辅助性知识相当于一种粘合剂，把各种不同的功能性知识衔接起来。功能性知识与辅助性知识可用图4.2 表示。

2. 基于价值链的公司知识层次分析。曹兴等（2006）[④] 认为企业知识结构由三个层次构成：公共知识、基础知识和核心知识。公共知识主要包括环境信息与基础专业知识，大多以显性知识而存在，不能构成企业的核

① 迈克尔·波特著，陈小悦译. 竞争优势. 北京：华夏出版社，1997：36-52.
② 肖久灵. 我国海外企业知识转移与绩效评价. 北京：经济科学出版社，2007，12：44.
③ 许强，郑胜华. 母子公司的知识结构剖析. 技术经济与管理研究，2004，1：77.
④ 曹兴，李瑞，程小平，彭耿. 企业知识结构及其优化机制. 科学管理研究，2006，12：69-73.

图4.2 基于价值链的公司知识

注：矩形代表公司的知识，其中矩形的上半部分指功能性知识，下半部分指辅助性知识，矩形面积与知识存量无相关性。

资料来源：笔者整理。

心竞争优势，对企业的创新行为影响不大，可以从市场上购得；基础知识主要指企业组织与协调方面的知识，对企业核心能力的形成、竞争优势的获得起到组织保障作用，既有显性知识，也有嵌入在组织与文化中的隐性知识，但还不能是企业独有的知识；核心知识是企业异质化的根源所在，是企业完全个性化的、独有的知识，核心知识绝大多数是隐性知识，是企业核心能力的主要构成部分。核心知识又分为竞争的核心知识与超竞争的核心知识，竞争的核心知识是企业当前竞争优势的来源，是企业当前竞争所需的共享式解决问题的方法，超竞争的核心知识属于想象力层次的知识，代表着企业未来的核心能力，具有高度的隐性特征。

公司的功能性知识与辅助性知识也具有上述三个层次，不同层次的功能性知识与辅助性知识对公司价值的贡献各不相同。正如波特所言，价值链上的每个活动都可能成为企业竞争优势的来源。可以推断，功能性的核心知识及辅助性的核心知识是企业竞争优势的重要知识资源。功能性的公共知识与辅助的公共知识是公司存在的基础，功能性的基础知识与辅助性的基础知识是公司发展的必要条件。

不同层次功能性知识与辅助性知识的具体形式，用表4.1来说明。

表4.1 公司知识的不同层次

	功能性知识	辅助性知识
公共知识	操作手册 营销基本原理与手段 常规且被动的后勤保障与服务	生产与技术原理 简单的员工管理（如考核、薪酬） 采购内容与地点 设备、厂房与文档

	功能性知识	辅助性知识
基础知识	工艺与业务流程，操作诀窍 营销模式与技巧 优化且主动的后勤保障与服务	技术应用与革新 人才管理（如激励、控制） 物流技术 企业文化、组织结构与权力配置
核心知识	经营哲学与战略定位，核心技术 营销理念与价值取向 整合的基于价值增加的后勤保障与服务	核心技术的研发、使用与保护 人力资源管理（如职业生涯规划） 全球采购系统及配送中心 共同的价值观、愿景

资料来源：笔者整理。

3. 基于价值贡献的公司知识结构。表4.1对功能性知识与辅助性知识从三个层次作了归类分析，为了便于明确不同层次公司知识对公司价值的贡献，本书把公共的功能性知识与公共的辅助性知识称为生存性知识，把基础的功能性知识与基础的辅助性知识称为发展性知识，把核心的功能性知识与核心的辅助性知识称为竞争性知识。

（1）生存性知识是公司存在的基础，足以保证公司开展生产经营活动。生存性知识由于大多具有显性特点，无法形成自己的优势，仅拥有此部分知识的公司难以保证永续发展。有研究表明，公司的平均寿命是二十年，多少也有生存性知识居多的原因。需要说明，生存性知识也有隐性的部分，只是比例较少而已。

（2）发展性知识是公司成长与巩固自己地位的前提条件，此部分知识的作用发挥，可以让公司向管理正规化、决策科学化方向发展。公司的成长积聚更多的发展性知识，而发展性知识又反作用于公司的成长，良性互动，是这部分知识下公司的主要特征。发展性知识既有隐性的，也有显性的。

（3）竞争性知识是公司核心能力的来源，也是一个公司业绩显著区别于其他公司的主要原因所在。竞争性知识的积累具有路径依赖性，嵌入在企业的组织惯例与创新文化中。这部分知识多以隐性知识来表现，显性的成分较少，难以被其他公司模仿与复制。公司寿命的长短与竞争性知识的多寡有直接的联系，从这个角度也就可以理解现在有的公司朝不保夕的现象，就是由于他们没有积累起或拥有极少竞争性知识。

上面对公司的知识结构作了分析与界定，用图示的方式描述公司的知识结构，如图4.3所示。

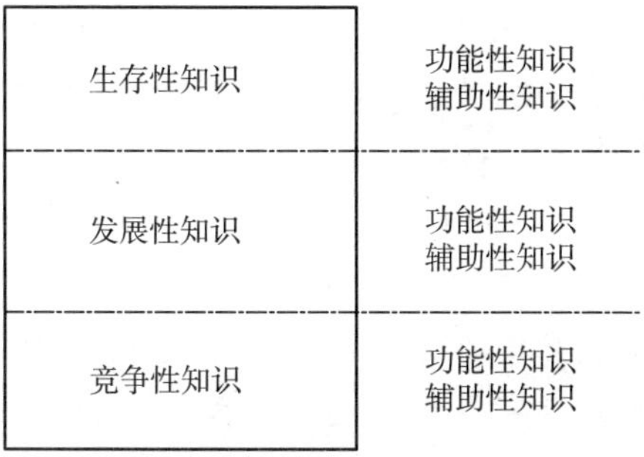

生存性知识	功能性知识 辅助性知识
发展性知识	功能性知识 辅助性知识
竞争性知识	功能性知识 辅助性知识

图 4.3　基于价值贡献的公司知识结构

注：矩形代表企业的知识结构，矩形面积与知识存量无相关性。
资料来源：笔者整理。

三、母子公司知识结构

如果把母子公司看成一个整体，其知识结构同样包括生存性知识、发展性知识与竞争性知识。但是，母子公司的知识又不是母公司知识及所有子公司知识的简单叠加，这是由母子公司这一独特的组织管理体制决定的。可以从以下几个方面来理解：

1. 子公司的存在是因为它们可以为整个集团创造价值，换言之，母公司对子公司有着战略控制职责。从母公司角度讲，子公司的知识在集团内部大多属于生存性知识与发展性知识，而集团的核心的竞争性知识由母公司所拥有。不过，随着母子公司业务规模与范围的扩展，子公司越来越成为整个集团竞争优势的主要来源，卓越中心（CoE）对集团的价值贡献越来越大；而且，知识在母子公司内的分散程度越来越高，优势的知识资产也会集中于某个或某些子公司内。正是这个变化，才需要母公司通过管理手段来进行知识转移，把子公司的优势知识在集团内分享，从而变为集团的竞争性知识。子公司的生存性知识，对整个集团贡献不大，同样属于母子公司的生存性知识。子公司的发展性知识是为了保证子公司的业务发展，这部分知识稳定，整个集团才稳定，因此，也属于母子公司的发展性知识；另外，子公司的一部分发展性知识，只是为子公司服务，对集团的作用较小，从整体上看，这部分知识属母子公司的生存性知识。

2. 母公司的竞争性知识是集团优势知识的主要构成部分；母公司的发展性知识也是集团发展性知识的主要构成部分；母公司的一小部分生存

性知识，比如协调与控制方面的知识，承担起更多的对子公司的管控职能，从而保证整个集团活动顺畅运行。母公司的这部分生存性知识转变为集团的发展性知识，只是比例较少。

3. 母子公司的知识大于母公司与子公司单体知识的叠加总和。一方面是因为知识在母子公司内部不是简单的转移，而是一个系统整合的过程，在这个过程中会因知识的交融与共享而创造出新知识；另一方面母公司管理协调与控制的复杂程度要远大于对单一企业的管理，因而也会产生相应的扩大化的母子公司知识；再一方面子公司在母子公司组织情境下，其知识也是扩大化的，既有单一企业的知识，也有适应这一管理体制的知识；最后，母子公司分别都是独立的法人公司，某种程度上带有公司间的特征，彼此的交往也会带来附加的知识，如社会资本的增加、特有的公司治理结构的安排等。总之，母子公司的知识既包含了母公司知识与子公司知识，也包含了这一公司体制所带来的新知识。

综上分析，母子公司的知识结构如图4.4所示。

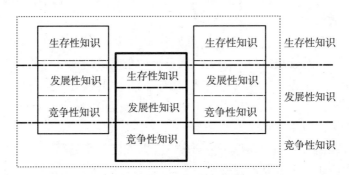

图4.4　母子公司知识结构

注：圆点虚线矩形表示母子公司知识，细实线矩形表示子公司知识，粗实线矩形表示母公司知识。矩形大小与公司的规模无关。

资料来源：笔者整理。

第二节　母子公司知识来源与载体

上一节对公司的知识作了较为全面的介绍，并就母子公司知识的构成作了分类归纳，其中很大部分就是从知识来源的角度来归纳整理的。但是这样的罗列与分类是在静态情况下给出的，而且显得凌乱。正如克罗桑和英克潘（Crossan & Inkpen，1994）① 所言，众多的文献大多用静态的企业理论与对结构性问题的调研来研究跨国公司，极少有研究进入知识转移的过程与组织内成功学习这领域。从动态的角度来分析母子公司知识的来源，加深对母子公司知识了解，对于母子公司的知识转移管理实践大有裨益。本节从知识产生的动态视角来考察母子公司知识的来源。

一、母子公司知识的来源

母子公司知识的来源不外乎两个方面：一是在公司内部开发知识，二是从公司外部转移知识。

（一）内部开发知识

关于公司内部知识的创造与更新问题，在组织学习理论文献中有着大量的论述与分析。对于单个公司来说，其公司内部开发知识就是通过生产劳动而积累知识的过程，即公司投入于知识的生产，通过内部人员学习知识、使用知识而使公司的知识慢慢积聚起来，主要的途径就是公司的研发（R&D）与"干中学"。母子公司管理体制下，整个公司包含着母公司与众多的子公司成员，其内部开发知识过程，除了研发与"干中学"外，还要通过知识在母子公司间、子公司与子公司间进行转移这一方式。因此，母子公司的知识开发包括三个方面：

1. 单体公司的知识创造。一方面包括公司生产经营活动创造的知识，如在上节中我们分析的，公司价值链中功能性活动与辅助性活动会创造与积累大量的公司知识，如工艺及操作知识、营销知识、人力资源管理知识、运输与配送知识、议价与谈判知识、公司文化知识等。另一方面包括公司的研发活动与主动学习而产生的更新知识及全新知识，如通过实验室或研发中心创造的知识、通过公司的知识共享平台与组织学习更新并积累的知识等，这属于知识的封闭式创新。相对应的是知识的开放式创新，包括与外部科研单位的合作、对外部环境的适应与学习而获得的知识。

2. 母子公司内部知识的交换与转移。这也包括两个方面：一是母公司与子公司间的知识交换与转移，如行动方略、先进经验与文化构建等方面的知识流动，这是双向的流动，既有母公司向子公司的知识传递，也有

---

① Crossan M. M. , Inkpen A. C. . Promise and reality of learning through alliances. The International Executive，Man/June 1994，Vol. 36，Issue3：271.

子公司向母公司的知识逆向流动，而且这种逆向知识流动越来越成为母子公司构建整体优势的关键方式；二是子公司之间的知识交换与转移，如特定行业或市场的分析报告、特定技术与操作的传授或其他成功经验介绍等。

3. 母子公司层面的管理协调知识。母公司既要激发子公司开发自身知识的热情，还要提高子公司向其他单位转移知识的兴趣，这就需要母公司设计相应的管理控制手段与构建组织情境。如有研究证明，子公司自治权扩大，会激发他们创造内部知识的动力；子公司在集团内部地位提升，会提高他们向其他单位转移知识的主动性。母公司的管理控制和行为，自然会产生与积累相应的母子公司管理知识。与单体企业不同，这部分知识具有典型的母子公司组织特征。从母子公司管理角度来考察集团内知识转移，是本书研究的主要内容。

（二）外部转移知识

没有知识是完全在内部累积的（Kogut，2000）[1]。例如，一个子公司部分的基础性知识可能是前期从其他子公司转移来的知识。可以说，母子公司知识中有一部分知识主要在内部产生，其他的知识则是由外部输入。这里所讲的外部，是指母子公司外部，即组织外的情境因素。福斯和佩德森（2002）[2] 认为，跨国公司从外部转移的知识包括基于网络的知识与基于群束的知识两个方面。即使母子公司的所有业务范围局限于国内，这样的分类也同样适用。

1. 基于网络的知识（network-based knowledge）。这个网络是指母子公司经营活动的外部合作伙伴，如消费者、供应商等，也可以理解为面对的外部商业网络。基于网络的知识就是公司与外部相关的业务与合作对象长期且持续的交往而获取的知识。这类知识是母公司或子公司与特定外部对象的交互作用而产生，解决的是自己特定问题，因此基于网络的知识在属性上大多是隐性的。

公司积累的知识最终是为了解决生产经营方案问题，当今早已不是当

① Kogut B.. The Network as Knowledge：Generative Rules and the Emergence of Structure. Strategic Management Journal，2000，21：405－425.

② Foss Nicolai J.，Pedersen，Torben.. Transferring knowledge in MNCs：The role of sources of subsidiary knowledge and organizational context. Journal of International Management，2002，Vol. 8 Issue 1：1－19.

年福特固守黑色 T 型轿车的年代，市场环境变化迅速，公司的外部网络提供的知识越来越重要，成为母子公司知识的重要来源。代尔和延冈（Dyer & Nobeoka，2000）[①] 研究了丰田公司的生产网络，发现丰田创造、管理与利用基于网络的知识流的能力是他们生产效率优势的重要原因。从这点也可以领略到基于网络的知识对于母子公司竞争力提升的重要作用。

2. 基于群束的知识（cluster-based knowledge）。就指通过当地群束而转移来的知识，如受到良好教育的劳动力、高质量的研究机构等。公司通过这些个人与机构的卷入而接收到新知识，既有当地群束主动地向母子公司转移的知识，也有不经意的知识外溢而流入母子公司的知识。

基于群束的知识较之于基于网络的知识具有相对高的显性特点，如从当地研究机构（比如大学）转移来的知识是高度显性知识内容，从当地高素质劳动力获得的知识也具有明显的显性成分。但也有研究认为，现在的母子公司，尤其是跨国公司，大多通过在中心区域设立研发部门向子公司输入知识，而不是从子公司当地输入（Gassman & von Zedtwidtz，1999）[②]。一般说来，从当地大学输入的知识只是构成了群束知识很小一部分，更多的群束知识反映的是当地技术水平、偏好与权威规制等当地环境状况，是特定情境（Context-specific）里流向子公司的知识，具有明显的当地特点。这部分知识对于集团的其他单位没有用处或用处极小，对于母子公司知识的积聚与发展贡献不大，但也是母子公司知识的一个来源。

通过上面的分析可以看出，母子公司知识的来源既有单个公司创造的知识，又有相互转移形成的知识；既有内部积累的知识，也有从外部转移的知识。用图 4.5 描述如下。

二、母子公司知识来源的变化特征

随着世界经济一体化的发展及外部市场竞争的加剧，母子公司的知识来源从最初依靠母公司，转向依靠子公司来获取。总结起来，母子公司知识来源的变化，有以下几个特征：

1. 子公司的知识成为母子公司知识的主要来源。起初人们认为母公司的知识是母子公司知识的主要来源，而且母子公司的知识主要集中在母

① Dyer Jeffrey H. , Kentaro Nobeoka. . Creating and Managing a High-Performance Knowledge-Sharing Network：The Toyota Case. Strategic Management Journal，2000，21：345 – 367.

② Gassman Oliver, Maximilian von Zedtwitz. . New Concepts and Trends in International R&D Organization. Research Policy，1999，28：231 – 250.

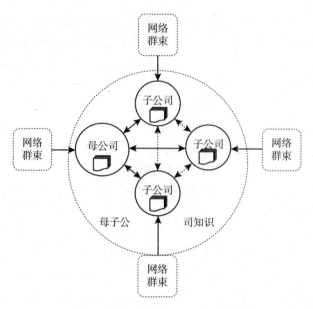

图 4.5 母子公司知识来源示意图

注：母或子公司圈内的图案表示由内部积累的知识，箭头线表示知识转移与方向。子公司之间的箭头线为虚线"表示如果需要知识转移"这一前提条件，因为有些子公司由于在业务特征等方面没有任何关联，他们之间不存在知识的转移。母或子公司也可能面对同一个网络或集束，图中的网络与群束框只是用来描述外部知识来源，并不说明是迥异的外部环境。

资料来源：笔者整理。

公司内。现在，人们对子公司的认识已经更新，把子公司看作是母子公司主要或潜在资源（Birkinshaw，1996；Forsgren et al.，1999）[1]，而且母子公司的知识分布范围越来越广，甚至优势的知识资源存在于卓越中心（CoE）中（Moore & Birkinshaw 1998；Holm & Pedersen，2000a）[2]。

2. 母子公司知识的来源多元化。现在子公司被看作是嵌在组织环境与嵌在当地环境的组织，知识的来源要依赖与当地环境的交互过程。子公

---

[1] Birkinshaw, Julian. . How Multinational Subsidiary Mandates are Gained and Lost. Journal of International Business Studies, 1996, 27: 467 – 495.

Forsgren Mats, Torben Pedersen, Nicolai J. Foss. . Accounting for the Strengths of MNC Subsidiaries: the Case of Foreign-Owned Firms in Denmark. International Business Review, 1999, 8: 181 – 196.

[2] Moore K. , Julian Birkinshaw. Managing Knowledge in Global Service Firms: Centers of Excellence. Academy of Management Executive, 1998, 12: 81 – 92

Holm Ulf, Torben Pedersen. The Emergence and Impact of MNC Centres of Excellence. Basingstoke: MacMillan Press, 2000.

司在当地经营模式也日趋多样，战略联盟、业务外包等方式也吸收了不少合作方的知识。从集团角度讲，除了建立自己的研发中心外，越来越多的母子公司注重与外部研究机构、大学合作共同开发或从它们那里转移知识。例如，施乐公司与帕罗阿尔托实验室（PARC）的合作、卓讯科技（Telcordia）公司技术部门与贝尔实验室的合作、IBM 与各高校之间的技术合作等，这种形式在跨国公司知识来源中已变得越来越重要，合作双方在组织机构上的相互独立和在创意构思上的协同使得知识的获取和使用更有效率。①

3. 知识的整合与协同效应越来越重要。子公司，尤其是海外的子公司，面对的是各自所在东道国不同的文化、政治、技术、社会与法律环境，遇到的是不同的市场、竞争者和管理实践。对跨国公司来说非常重要的拥有专用知识和专家知识的员工通常是来自所在东道国的子公司，而不是来自母公司总部，即跨国公司层面应对市场竞争的特定知识是来自对当地市场和资源条件的反应（Kogut & Zander，1993）。② 即使在国内经营的子公司，其知识也是特定的知识（specific knowledge）。要吸收这些分布在子公司的优势知识并为其他单元所用，就需要对这些特定的知识进行整合管理，发挥出知识的协同效应。在母子公司内部，知识的整合要依靠所有部门相互依赖与合作，从总体上形成协同效应，才能发挥知识的作用，培育与提升企业的核心能力。

4. 母子公司组织内部知识转移及对知识转移管理的重要性日益凸显。只有进行知识转移，母子公司才能共享优势知识，发挥知识的作用，提高集团的效率与竞争力。为了促进知识在母子公司内顺畅转移，需要相应的组织管理手段，包括激励与控制方式、结构、企业文化、管理体制等多面的变化与改进，没有这样的手段，没人会主动转移知识；同时，母公司还要设计适合的知识转移模式、建立配套的知识转移机制。这些都对母子公司管理提出了挑战，对母子公司知识转移的研究，是新的又是非常重要的母子公司管理研究视角。

三、母子公司知识的载体

通过对知识不同载体的梳理，进一步厘清母子公司知识存在之处，便

---

① 袁润兵，李元旭. 跨国公司知识来源与开放式创新. 商业时代·学术评论，2006，5：6.

② Kogut B.，Zander U.. Knowledge of the Firm and the Evolutionary Theory of the Multinational Corporation. Journal of International Business Studies，1993，24：625－646.

于考察母子公司知识的生成机制，并为后续的母子公司知识转移模式的选择与机制的建立做出铺垫。

对于知识的载体，研究者们从不同的角度进行了区分，笔者认为阿戈特和英格拉姆（2000）[①] 对公司知识载体的分类较为合理，同样适用于母子公司知识的嵌入载体。在此，结合阿戈特和英格拉姆（2000）的论述，把母子公司知识的嵌入载体分为四个方面：

（一）存在于员工中的知识

企业知识最终要通过员工来体现。员工的显性知识比较好识别，比如操作程序与规范、可言传的经验、技巧等，以及大量的公共知识部分。员工的隐性知识相对就很难去了解，野中郁次郎和今野（Nonaka & Konno, 1998）[②] 将员工的隐性知识从两个维度进一步去区分——认知性隐性知识和技巧性隐性知识：（1）认知性隐性知识主要是指难以外化表达的抽象概念、判断以及直觉，这和人类的认知性因素有关；（2）技巧性隐性知识主要是指员工个人长期工作摸索而积累的非结构化的个人技能和经验，这类知识必须要通过实际操作与不断演练才能获得。笔者认为，从组织的角度还有一类知识需要单独列出来，即：根植在企业文化中的知识（encultured knowledge），这词由柯林斯（Collins, 1993）[③] 提出，主要是指沉淀在组织文化中的成为员工行动纲领与标准规范的信念、价值观等。

（二）存在于组织工具与技术中的知识

工具体现着知识的含量，使用优化的工具可以提高生产效率并能让员工获取到更多的关于流程与技巧的知识。技术本身就是知识，企业拥有技术的数量与质量，是企业知识多与寡的体现，这部分知识也表现为公司的产品、资料或专利中的技术和产品知识。存在于组织工具与技术中的

---

① Argote L., Ingram P.. Knowledge Transfer: A Basis for Competitive Advantage in Firms. Organizational Behavior and Human Decision Processes. 2000, 82（1）: 150 – 169.

② Nonaka I., Konno N.. The Concept of Ba: Building a Foundation for Knowledge Creation. California Management Review, 1998, （Spring）, 40（3）: 42.

③ Collins H. M.. The Structure of Knowledge. Social Research, Spring1993, Vol. 60, Issue 1: 95 – 116.

知识具有较高的显性特点。在企业工具与技术上，玛尔亚塔（Marjatta，2000）① 从人工智能的角度将显性知识进一步划分为两大类：高结构化知识（Highly-structured Knowledge）与低结构化知识（Less-structured Knowledge），前者指显性的、数字化的（信息系统、多媒体、印制的文档等）、正式与分类的知识；后者指显性的、数字化的（多媒体、印制的文档）、非正式化与未分类的知识，可以表示为包含在非结构个人元素的知识，需要通过电子邮件或在内部网上讨论等沟通方式。

（三）存在于任务与任务网络中的知识

任务网络是指系列任务或组织使用的路径与标准操作流程。特定的任务暗含着完成这项任务需要的行动规范、操作标准与操作流程，因此，存在于任务与任务网络中的知识也就是任务导向的行动方案等相关的知识。张志勇和刘益（2007）② 把这方面的知识概括为存在于企业的流程和作业规范之中，体现为管理知识、企业程序等。笔者认为，存在于任务与任务网络中的知识主要是关于程序与操作的知识，管理知识则属于组织协调与控制的内容，在第四点中会具体涉及。

（四）存在于人员、工具与任务联接而成的网络中的知识

人员—任务（Member–task）联接的网络，是指了解在组织中哪位员工的知识比较擅长完成哪项任务，人员—工具（Member–tool）联接的网络，是指了解哪位员工适合使用何种工具，工具—任务（Tool–task）联接的网络，是指了解哪项任务需要何种工具。这三项联合起来的人员—工具—任务（Member–tool–task）的整合网络，就是指组织获得这样的知识：了解哪个员工使用何种工具能最好地完成哪项任务。其实，这些就是组织管理的知识。韦格纳（Wegner，1986）③ 提出了交互记忆（Transactive Memory）的概念，也是描述通过组织的管理达到让合适的人使用合适的工具来完成合适的工作的效果。

母子公司知识的载体与表现形式总结在表4.2中。

---

① Maula Marjatta. Three parallel knowledge processes. Knowledge & Process Management，Jan-Mar，2000，Vol. 7，Issue 1：57.

② 张志勇，刘益. 企业间知识转移的双网络模型. 科学学与科学技术管理，2007，9：95.

③ Wegner D. M. . Transactive memory：A contemporary analysis of the group mind. In B. Mullen，G. R. Goethals（Eds.）. Theories of group behavior. New York：SpringerVerlag，1986：185–205.

表4.2 母子公司知识嵌入载体与表现形式

知识嵌入的载体	表现形式
员工	操作与行动标准；心智模式，信念，范式，观点； 诀窍，技巧； 组织文化，共识，价值观
工具与技术	工具，产品，专利，多媒体，文档，局域网，技术原理
任务	任务标准，解决路线，企业流程
员工—工具—任务网络	协调、控制，资源配置

资料来源：笔者整理。

第三节 母子公司知识生成机制模型

知识的生成可以等价地理解为知识的创造与建构。彭罗斯（Penrose，1959）[1] 通过企业知识与市场机会的动态关系来解释企业成长的动因，她认为，竞争优势与企业成长仅仅靠企业决策不会产生，而是要靠企业长期创造的知识。知识观企业理论认为知识是最重要的资源，在创造知识方面企业比个人更有优势（Spender，1996；Kogut & Zander，1992）[2]。通过对母子公司知识生成机制的考察，便于深入了解母子公司内部知识的转化与创造过程，可以找到知识转移的重点与方向，有助于母子公司提高知识转移管理的效率。当前，企业都认识到知识管理的重要性，但大多实施的是静态式的知识管理，而成功的知识管理更要对动态的过程进行管理，即关注对知识生成过程的管理。成功的知识生成过程，要求高层管理者认识到知识是需要培育、支持、提高与关照的（Nonaka & Konno，1998）[3]。从这个意义上讲，对母子公司知识生成机制的研究，也有助于母子公司管理水平的提升。

---

[1] Penrose, E.. The Theory of the Growth of the Firm. London：Basil Blackwell，1959：29.

[2] Spender J. C.. Making Knowledge the Basis of a Dynamic Theory of the Firm. Strategic Management Journal，1996，17：45 – 62.

Kogut B., U. Zander. Knowledge of the Firm, Combinative Capabilities, and the Replication of Technology. Organization Science，1992，3（3）：383 – 397.

[3] Nonaka I., Konno N.. The concept of 'ba'：Building a foundation for knowledge creation. California Management Review，1998，Spring，Vol. 40，No. 3：54.

一、公司知识组合

这里讲的组合是指不同知识联接的方式。不同的知识进行组合成为新的知识，这样的组合也能创造出新知识。

（一）知识组合的逻辑

托尔斯泰（Tolstoy，2009）[1] 认为公司知识生成有两种方式，一种是渐进式，即通过模仿外部环境中的知识而增加自己的知识储量，其主要目的是跟随行业中先进的企业做法防止落后，同时增加市场机会；二是激进式，即快速更新自己的知识，这既包括从外部大量引进新知识，也包括公司内部加速知识的创造，让公司的知识有一个巨变式的提升与更新。托尔斯泰从外部性知识方面来研究企业知识组合问题，把公司的知识来源分为：来自供应商网络的知识、来自消费者网络的知识，这两类知识在企业内组合，成为企业的知识（把这过程看成是知识创造过程）。其公司知识生成的逻辑如图4.6所示。

图4.6　来自组织外部知识的生成逻辑

资料来源：Daniel Tolstoy. Knowledge Combination and Knowledge Creation in a Foreign-Market Network. Journal of Small Business Management，2009，47（2）：208.

上图关于知识组合与生长的逻辑过于简单。我们在前一节中也重点分析了公司的知识来源，公司的知识除了来自外部环境，还有很大比例的知识是由组织内所拥有的，组织内分布的知识同样也可以通过知识组合而生产新的知识；同时，组织内部的知识也可能与外部知识通过组合而产生公司的新知识。因此，笔者认为，从宏观的角度来看，公司内外知识的组合才构成了公司知识生成的源头。用图4.7表示如下。

---

① Daniel Tolstoy. Knowledge Combination and Knowledge Creation in a Foreign-Market Network. Journal of Small Business Management 2009，47（2）：202－220.

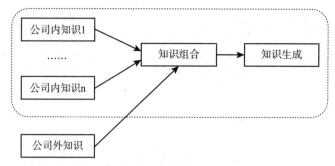

图 4.7 公司知识组合与知识生成逻辑

资料来源：笔者整理。

（二）知识组合的类型

巴克利和卡特（1999, 2004）[①] 认为，公司内知识的组合分为三个类型：附加组合（Additive Combination）、序列组合（Sequential Combination）和复杂组合（Complex Combination）。

1. 附加组合，是指企业内一处知识与需要它的其他知识组合一起来促进企业活动的提升。如 K1 代表一个特定当地的市场形势的知识，K2 代表企业另一处拥有的技术，那么 K1 与 K2 组合起来，就可能会对这个特定的市场做出更有效的反应，促进当地的运营活动的开展。如图 4.8 所示。

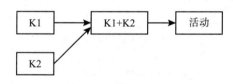

图 4.8 知识的附加组合

2. 序列组合，是指企业一种知识的运用需要开发另一种新知识来配合，二者组合后才对企业的活动有帮助。如企业拥有了一个特定市场消费者口味或竞争的知识 K1，要开发这个市场企业需要进行相应的产品的研

---

① Buckley P. J., Carter M. J.. Managing cross-border complementary knowledge: conceptual developments in the business process approach to knowledge management in multinational firms. International Studies of Management and Organization, 1999, 29 (1): 80 – 104.

Buckley P. J., Carter M. J.. A Formal Analysis of Knowledge Combination in Multinational Enterprises. Journal of International Business Studies, Sep. 2004, Vol. 35, No. 5: 371 – 384.

发（形成新的知识 K2），K1 与 K2 相互配合才能满足这个特定市场的需求。如图 4.9 所示。

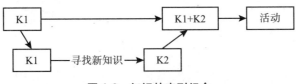

图 4.9　知识的序列组合

3. 复杂组合，主要是指对运用不同知识的活动进行协调。当企业的活动是彼此依赖时，协调活动来确保最佳的组合产出就很重要，如不同国家的价格协调，对全球消费者的服务协调，确保在一个国家的产品开发活动不复制其他地区的活动或不限制他们在其他国家应用等。这些都需要知识的多方位组合与合作，才能产生理想效果。如图 4.10 所示。

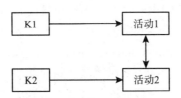

图 4.10　知识的复杂组合

由知识组合的不同类型可以看出，知识的组合及知识的生成是一个复杂的系统过程，因此应从多维度视角来看待知识生成机制（Song et al.，1997）①。知识生成能力不是组织内部的某个特定部门的能力，而是一种组织能力（Leonard-Barton，2004）②。

二、公司知识生成机制

知识生成是企业产生新知识的典型方式（Cohen & Levinthal，1990）③。

---

① Song X. , Montoya-Weiss, M. , Schmidt, J. B. . Antecedents and consequences of cross-functional cooperation：a comparison of R&D, Manufacturing, and marketing perspectives. Journal of Product Innovation Management, 1997, 14 （1）：35 - 47.

② Leonard-Barton D. . Wellspring of knowledge. Boston：Harvard Business School Press, 2004：3 - 5.

③ Cohen W. M. , Levinthal D. A. . Absorptive Capacity：A New Perspective on Learning and Innovation. Administrative Science Quarterly；Mar, 1990, Vol. 35, Issue1：128 - 152.

公司知识生成机制，是指在公司内通过不同知识的组合而形成新知识的方式与过程。公司知识生成机制研究文献，从不同的视角详细考察公司内知识的转换与产生方式及过程。笔者首先对公司知识生成机制的不同模型作个梳理，然后结合公司实际操作情况，给出一个整合的公司知识生成机制模型。

（一）公司知识生成机制模型概述

1. 海德伦德的知识生成模型。斯德哥尔摩经济学院的海德伦德（1994）① 提出了 N 型组织（N-Form Organization）的概念，他认为 N 型组织从外部输入的显性和隐性知识，经过在个人、群体、组织和组织间四个层次转换，组织知识得以生成，最后通过传播输出到组织外。

海德伦德将整个流程划分为三个步骤：（1）成文化（articulation）与内部化（internalization）。成文化是将隐性知识进行编码转换为显性知识的过程，这是信息转移的关键，成文化亦即隐性知识的外部化；内部化是将显性知识转变为隐性知识的过程。隐性与显性知识的互动称为映射（reflection），而隐性知识与显性知识在不同层次上的转移称为扩张。（2）延伸（extension）与凝聚（appropriation）。延伸指的是知识从较低层移向较高层级的转移，不同的层级包括个人、团队、组织和组织间；凝聚是延伸的逆向活动，即知识由较高层级最后固化到个人头脑中的过程。在延伸与凝聚过程中，人员的沟通与交互称为对话（dialog）。（3）同化（assimilation）与传播（dissemination），同化是从环境中输入知识，传播则是知识转换后输出到外部环境中。如图 4.11 所示。

2. 野中郁次郎的 SECI 模型。野中郁次郎（1994）根据隐性知识与显性知识在人员、群体与组织内的转化过程，提出了著名的 SECI 模型。他认为，隐性知识与显性知识相互转化分为四个方面：社会化（socialization）、外部化（externalization）、联合化（combination）与内部化（internalization）。如图 4.12 所示。

（1）社会化。是指个人可以不通过语言来获得隐性知识，而是通过相互交往与互动来形成隐性知识。典型的情况是，学徒跟他的师傅一起工作而学会了技艺，不是通过语言而是通过观察、模仿与实际操作。接受他人

---

① Hedlund G.. A model of knowledge management and the N-Form corporation. Strategic Management Journal, 1994（15）：73–90.

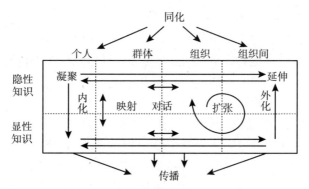

图 4.11 知识转化过程

资料来源：Hedlund G. . A model of knowledge management and the N-Form corporation. Strategic Management Journal，1994（15）：77.

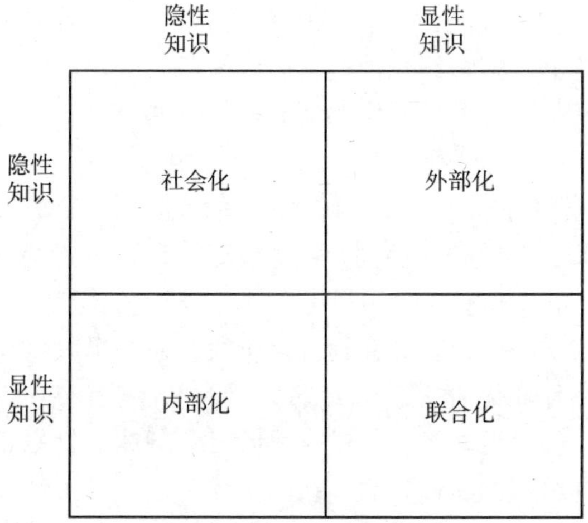

	隐性 知识	显性 知识
隐性 知识	社会化	外部化
显性 知识	内部化	联合化

图 4.12 知识生成模式

资料来源：Nonaka I. . A dynamic theory of organizational knowledge creation. Organization Science，1994，Feb.，Vol. 5，No. 1：19.

的隐性知识并转化为自己的隐性知识过程，即隐性知识的生成过程，就是社会化。在企业环境中，岗位训练（on-the-job training，OJT）就是运用这个原理。如果知识是嵌入在情绪及与经验分享相联系的微妙的情境里，通过"干中学"的方式来习得隐性知识，其效果是最好的。

（2）外部化。是指隐性知识转化为显性知识的过程。外部化需要两个关键要素：一是需要用技术来帮助把个人的想法、意向用文字、概念、比喻性语言（如隐喻、类推、叙述）、视觉等方式来表达；二是需要演绎/归纳方法或创造性的推理，把隐性知识翻译成可理解的形式。在 SECI 模型中最重要的环节是把高度个人化或高度专业性的隐性知识转换成易理解的显性知识形式，其中，对话（dialogue）是非常有效的外部化方式。

（3）联合化。联合化是把显性知识转化为更复杂的显性知识的过程。在这个阶段，关键的问题是沟通传播过程与知识的系统化，显性知识最后集结成群体的知识或数字化符号。在实践上，联合化依赖于三个过程：首先，获取或整合新的显性知识，这需要在公司内外收集已经外部化的知识，然后联合这样的数据；其次，通过演示或会见等方式转移显性知识，并在组织成员中传递；最后，编辑或加工显性知识使之更有用处（如计划、报告、市场数据文档等）。

（4）内部化。内部化是新创造知识的内化过程，把显性知识转换成组织的隐性知识。在实践上，内部化依赖于两个维度：首先通过培训，帮助受训人员从整体上理解组织和他们自己，提高个人对战略、隐性、创新或发展的概念；其次通过模仿或实验实现"干中学"，把习得的显性知识内化为个人隐性的惯例与思维习惯。

SECI 模型不仅存在于个人与个人之间，也存在于个人、群体与组织中。野中郁次郎于 1994 年提出了 SECI 模型，为了更清楚地表达隐性知识与显性知识在个人、群体与组织中的转换，野中郁次郎和今野于 1998 年重新用图示来描述这个过程。在社会化阶段，通过个人与个人间的交流分享隐性知识；在外部化阶段，个人隐性知识显性化，并通过群体的交互，形成了群体共享的显性知识；在联合化阶段，群体显性知识在组织内的传播而凝聚成整体组织的显性知识；在内部化阶段，组织的显性知识固化为个人、群体与组织的隐性知识。如图 4.13 所示。

总之，野中郁次郎认为，组织知识生成是组织内人员、群体的隐性知识与显性知识相互转换的过程，通过社会化、外部化、联合化与内部化，新的知识被组织所有成员所共有，并成为知觉式的自觉意识。组织知识就是不断地通过这四个方面的循环而更新、创造，组织知识得以持续丰富。这个循环的过程，就是知识生成 SECI 螺旋。如图 4.14 所示。

为了更明确地观察 SECI 中每一个过程的具体运行，野中郁次郎（1998）①

① Nonaka I., Konno N.. The concept of 'ba': Building a foundation for knowledge creation. California Management Review, 1998, Spring, Vol. 40, No. 3: 40 –54.

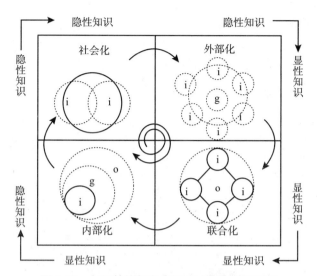

图 4.13　知识转换与自我提升过程的螺旋演化

注：i 表示个人，g 表示群体，o 表示组织。

资料来源：Nonaka I. , Konno N. . The concept of 'ba'：Building a foundation for knowledge creation. California Management Review, 1998, Spring, Vol. 40, No. 3：43.

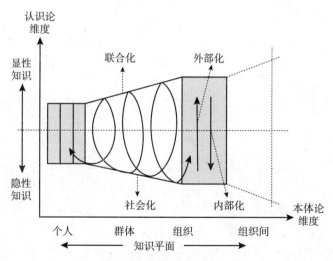

图 4.14　企业知识生成螺旋

资料来源：Nonaka I. . A dynamic theory of organizational knowledge creation. Organization Science, 1994, Feb. , Vol. 5, No. 1：20.

引入了日本哲学术语"巴"（ba）的概念，来描述各自的操作实践。

巴可以理解为是关系分享的物理空间（如办公室，分散的企业空间等）、虚拟的空间（如 E-mail，电话会议等）、精神空间（如共享的经验，观点，理想等），或任何他们的联合。巴为个人或集体知识提供了一个平台，通过这个平台，先验的观点整合成需要的信息。

巴有四个最主要的类型，如图 4.15 所示。

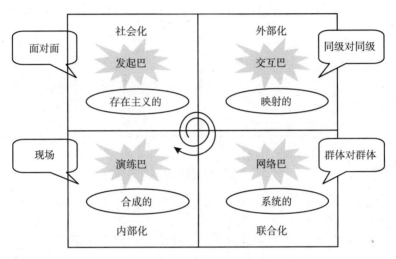

图 4.15　四种巴

资料来源：Nonaka I. , Konno N. . The concept of 'ba'：Building a foundation for knowledge creation. California Management Review，1998，Vol. 40，No. 3：46.

（1）发起巴，是个人分享感觉、情绪、经验与心智模型的地方，表示着社会化过程。通过发起巴，个人移开自我与他人的障碍，表现出关心、爱、信任与承诺。

发起巴是知识创造过程开始的基础巴，表现为个人之间面对面交流的场所，这是转换与转移隐性知识的关键。公司开放的组织设计以及公司与消费者的界面构建了个人接触场所，具有"强的生态上的刺激"。与发起巴有关的组织语言是知识观与文化。

（2）交互巴，是隐性知识变为显性知识的场所，表示着外部化过程，个人的心智模型与技巧转换成通用的术语和概念。在交互巴，个人分享他人的心智模型，也映射与分析他们自己，对话是这个转换的关键。公司对交互巴的营造，挑选项目团队、特别工作组或跨功能团队是主要方式。交互巴的主要特征是对话，野中郁次郎在其后续的研究中把交互巴称为对话巴。

（3）网络巴，是用虚拟的世界代表现实空间与时间的场所，表示联合化过程，新知识联合已经存在的信息与知识，并产生系统化的显性知识。在合作的环境中利用信息技术是最有效的联合显性知识的方式，对公司来说，使用在线网络、集成软件、文件材料与数据库均有助于促进知识的转换。

（4）演练巴，是知识内化的场所，表示着内部化过程，演练巴促进了显性知识向隐性知识转换。在现实生活中使用正式的知识（显性知识）或模仿的应用会持续提高知识的内部化。在知识的转换上，演练巴是通过行动，而交互巴则是通过思考。

3. 吉尔伯特和科尔代 - 海耶斯的知识生成模型。吉尔伯特和科尔代 - 海耶斯（Gilbert & Cordey-Hayes, 1996）[①] 从知识转移的视角分析了组织内的知识生成机制。他们认为，"知识缺口"（Knowledge Gap）的存在，组织感觉到知识的不足，便会产生对知识引进的需求。在接收到知识后，组织成员的沟通加深了对知识的理解并促进了对该项知识的学习，再通过实际应用掌握该项知识，在应用的过程中会对知识的价值有所判断，如果知识对组织与个人有益，便会真正接受该知识，最后外部引入的知识转化为个人与组织的知识。这个知识的转化与生成过程包括知识获取、交流、应用与接受四个阶段。后来，他们通过对劳埃德银行的实证研究修正了原有模型，增加了知识转移过程中的"同化"（Assimilation）阶段。他们认为，知识同化是一个创造性的过程（Creative Process），知识只有被同化，才能凝聚为组织的知识而成为组织惯例的一个部分。同化的过程涉及对知识的整合与重构，以及对原有认知、态度和行为的修正，使之成为知识凝聚的真正障碍，只有跨越这个障碍，组织知识才能真正生成，并得以积累与丰富。知识生成五阶段模型如图4.16所示。

（二）公司知识生成机制的整合模型

上文对公司知识生成机制研究的经典论述作了简介，还有众多的研究文献探讨了公司知识生成机制问题。总体上看，学者们主要从认知论与本体论角度分析公司知识生成机制，研究的关注点大多集中于显性知识与隐性知识的转换，以及这两类知识在公司内人员、群体与组织的传播。通过

---

① Gilbert M., Cordey-Hayes M.. Understanding the process of knowledge transfer to achieve successful technological innovation. Technovation, 1996, 16（6）: 301 – 312.

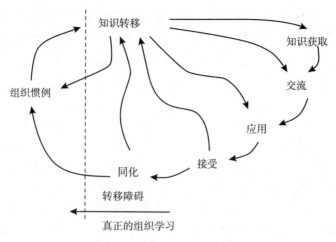

图 4.16　知识生成五阶段模型

资料来源：Gilbert, M., Cordey-Hayes M.. Understanding the process of knowledge transfer to achieve successful technological innovation. Technovation, 1996, 16 (6): 301－312.

上一节的论述可知，公司知识的来源有两个重要来源：一是公司内知识；二是公司外部知识的流入。公司内某个层次的部门，其知识都具有内源与外源两个渠道。学者们较少研究公司外部流入知识对公司知识生成的作用机制，最多只是把外部知识的流入看成是一个既得事实，而没有去详细考察这部分知识对知识生成的差异化作用。

对于公司知识生成机制的研究，学者们还较少考虑公司组织结构本身的演化，而是把公司的组织结构看成是通用的或同质的模式。事实上，公司的组织结构决定了公司内部人员与人员、部门与部门以及人员与部门的联接方式与交互形式，结构的差异与变化，也对知识生成产生了重要的影响。

黄颢等（2006）① 认为，SECI 模型仅仅是一个知识转化的常规性过程描述，没有考虑企业新知识的外部来源，而对于企业的知识整体构成来说，来自外部的知识同样重要。他们认为企业知识创造过程中，还要涉及企业之间的知识互动，在此基础上，他们提出了公司知识生成的多维开放动态螺旋模型。在这个模型中，组织新知识的产生一部分可能来自于外部知识流入，而另一部分新知识则如 SECI 知识创造螺旋模型里所描述的，

---

① 黄颢，陈天阁，张道武，陈晓剑. SECI 模型在网络化组织中的拓展研究. 研究与发展管理，2006，3：16－21.

是组织内部已有的隐性与显性知识的互动转化。

耿新（2003）① 也把组织外部的显性知识与隐性知识看成是公司知识创造的重要来源，并把它们引入到公司知识生成机制中。在 SECI 知识生成螺旋中加入外部引入（introduction）、传播共享（dissemination）和解释内化（explanation）三个外部流入知识学习的三个过程，从而建立了知识生成的 IDE – SECI 模型。

事实上，野中郁次郎本人也注意到了知识生成的开放性与动态性问题，并强调了外部知识对知识生成的综合作用。野中郁次郎和富山（Nonaka & Toyama，2003）② 进一步从知识转换的 SECI 过程中对"巴"的作用机理作了阐述，在他们的文章中，巴已经不是局限于组织内部，而是与外部环境进行了交互作用，外部环境主要包括：消费者、供应商、大学、政府、社区与竞争者。这点类似于上一节提到的公司外部知识来源：基于网络的知识（network-based knowledge）及基于群束的知识（cluster-based knowledge）。这些外部知识与公司界面也是经过四种巴形成 SECI 知识螺旋而进入公司内部，成为公司的知识。

根据以上分析，笔者也从知识的内部与外部两个来源来审视公司知识的生成机制，具体包括以下几点：

1. 在公司内部，知识分为个人的隐性知识与个人的显性知识、组织的显性知识及组织的隐性知识四类。个人的隐性知识通过外部化过程，转换为在群体内分享的显性知识，再经过联合化过程，成为整个组织共有的显性知识，然后经过内部化过程，内化为组织的隐性知识，最后通过社会化过程，组织的隐性知识成为个人行动的自觉指导，固化为个人的心智模式；通过知识螺旋，不断地延伸与凝聚，公司知识得以扩大。

2. 公司外部知识也会通过公司与外界的交互过程中流入公司内部。同样，公司外部的知识也有隐性与显性之分，外部的显性知识一方面会流入组织内的群体而成为群体的显性知识，如公司员工进入当地大学进修相关知识；另一方面有些显性知识也会直接成为公司组织的显性知识，如供应商产品的技术标准、供应时间、契约形式等。公司外部的隐性知识也有两种情况进入公司内部，一是通过公司个人员工与外部人员的交往而得到

① 耿新. 知识创造的 IDE – SECI 模型——对野中郁次郎"自我超越"模型的一个扩展. 南开管理评论，2003，5：11 – 15.

② Nonaka I. , Toyama R. . The knowledge-creating theory revisited knowledge creation as a synthesizing process. Knowledge Management Research & Practice，2003，11：2 – 10.

的隐性知识，比如当地人的风俗惯例、价值偏好等；二是直接内化为公司组织的隐性知识，如供应商交货时间的偏好、当地文化禁忌乃至文化距离感知等。

3. 外部显性知识以简单的知识转移的方式流入公司内部，对话的模式是正式的；外部隐性知识流入公司内部，其过程要相对复杂，既需要彼此的沟通互动，也需要信任与合作，在亲密的关系下分享经验，外部隐性知识才能真正转换为公司的隐性知识，对话的模式多是非正式的。

4. 外部知识转换为内部知识，细究其过程，也会经历 SECI 这四个环节，只是程度不同而已，如外部显性知识，由于多属文档合同、培训材料等方形式，其流入更像是知识的附加组合，过程相对简单；而外部隐性知识的流入，要成为公司的隐性知识，需要组织内化的过程，SECI 的过程特征就较为明显，通过这个循环，才能凝聚为公司的隐性知识，这部分外部知识的增加，更多的是序列与复杂的组合。

5. 从外部流入的知识，无论是显性知识还是隐性知识，一旦转入公司内部，就会参加进公司内的知识螺旋中，经过反复的 SECI 过程，生成与积聚公司知识。

6. 公司知识的生成需要知识的延伸与凝聚，通过物理与虚拟的场所（巴），进行发起、对话、系统与演练等活动。公司对知识生成的管理，也就是对这四种巴内的活动进行管理。

综上所述，公司知识生成机制的综合模型如图 4.17 所示：

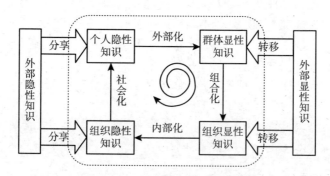

图 4.17 公司知识生成机制模型

注：虚线框表示公司边界。

资料来源：笔者整理。

三、母子公司知识生成机制

(一) 母子公司知识生成机制模型

母子公司知识的生成机制，可以看成两个部分，一是单个企业的知识生成，即母公司或单体的子公司知识生成过程与机制；二是母子公司整体的知识生成过程与机制。对于单个企业的知识生成机制，我们上面已经作了论述。要探讨母子公司知识生成机制，就需要把母公司与子公司的组织网络联接起来，从整体上把握这个过程。

母公司与子公司都是独立的法人企业，它们之间的知识转换类似于组织间的知识转换问题。科尔诺等（Corno et al.，1999）[①] 运用巴的概念研究了一个地区内企业间知识转换与生成过程，他们的研究结果对于我们考察母子公司间的知识转换具有很强的借鉴意义。他们认为，在一个地区内所有的企业相互联接与作用，形成了一个网络，在这个网络内，企业也是通过四种巴来进行知识的交换。如图4.18所示。

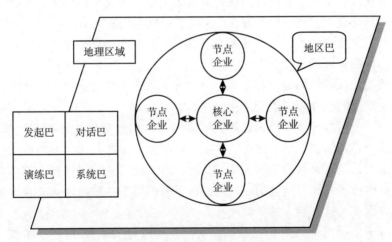

图4.18 区域内企业网络间的知识生成机制

资料来源：Fabio Corno，Partrick Reinmoeller，Nonaka I.．Knowledge Creation within Industrial Systems. Journal of Management and Governance，1999，3：384.

---

① Fabio Corno，Partrick Reinmoeller，Nonaka I.．Knowledge Creation within Industrial Systems. Journal of Management and Governance，1999，3：379－394.

企业充分学习利用地区（地区网络）内的知识，对于建立和传播新的竞争能力、提高企业的知识基础是非常关键的。网络内企业知识的交换依赖于多个因素，比如稳定与紧密的企业间关系、高程度的信任与相互参与活动等。另外，企业的沟通能力对知识吸收、生成与传播也起到重要作用。

组织间的知识存在于公司的客观世界中，也存在于个人的主观世界中，还存在于企业间关系的社会世界中。组织间知识转换的关键在于隐性知识的转换，同一地区的企业，彼此接触频繁，分享知识（尤其是隐性知识）机会大大增加。企业之间相互交流，显性知识因可编码化而容易交流，而隐性知识多是主观的、个人化的与高情境依赖的，难于描述，企业间很难分享隐性知识。

区域网络内的企业知识交换分为三个层次：（1）初始层次，在这层次下企业间的关系不稳定，相互的交往不连续，企业间知识转换的质与量都不会很高。（2）相识层次，在这层次下企业会试图理解它的伙伴企业的知识并把知识显性化、转移到群体中，从而整合为企业自己的知识并加以利用。在这过程中，企业间成为稳定的双边关系，相互交流增多，对话巴使得知识外部化，演练巴使得知识内部化，这两类巴在相识层次对知识的转换起到了重要作用。（3）亲密层次，亲密层次下企业间建立了深度的交互关系，他们具有相似的语言、经验与企业文化，表现为高度的信任与认同，接受并认同他们是伙伴关系，会主动通过分享经验来交换隐性知识。亲密层次下的企业间知识交换达到最大。

母子公司内各独立公司之间的关系与地区内企业间关系有相似之处，而且这一管理体制从建立之初就决定了各单元公司拥有同样的企业文化与组织语言，具有天然的亲密关系。可见，母子公司从管理体制上就是有利于在其内部进行知识交换的，这也是母子公司关系在知识转移与共享优势知识方面具有核心能力的关键所在。

母子公司内部各个公司的知识交换与生成与图4.18描述的相似。同时，还应该看到，母子公司都还要接受外部知识的流入，这也分两个层面：一是母子公司组织情境外的知识流入，二是母子公司情境内母公司或子公司从其他公司的知识流入。具体的流入过程与特点，前文已经作了具体描述。把这几个方面联系起来，就构成了母子公司的知识生成机制模型。如图4.19所示。

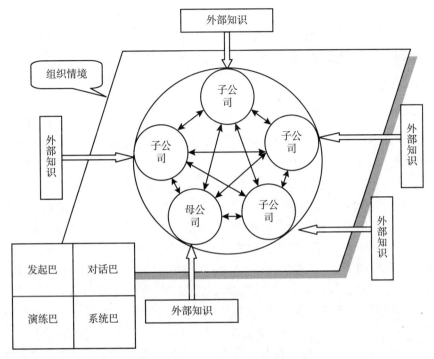

图 4.19　母子公司知识生成机制模型

　　注：所有的箭头表示知识的流入；具体到母或单个子公司的知识生成机制已由图 4.17 描述，这里不再详细标明单个公司内知识的生成机制。

　　资料来源：笔者整理。

（二）母子公司知识生成机制运行机理

　　母子公司作为介于市场与科层制单体企业之间的一种规制结构，其知识生成机制既具有单个公司的特点，也具有公司间的特点。具体运行机理分析如下：

　　1. 单独看母公司或子公司，其知识生成机制可由图 4.17 反映出来。外部知识流入本公司，在公司内部经过 SECI 循环，并通过发起巴、对话巴、系统巴与演练巴四种现实与虚拟的交互场所，最后转化为公司的知识，既有组织的制度规定、操作手册、技术指标、结构流程等显性知识，也有路径、文化理念、价值观与心智模式等隐性知识。本公司内部开发的知识，同样也要经过四个循环，途经四种巴的交互作用，演化为公司知识。如前文分析，单体公司（母公司或子公司）通过知识生成机制最后形成生存性知识、发展性知识与竞争性知识，每类知识都包括功能性与辅助性知识成分。

2. 单体公司之间的知识交流发生在母公司与子公司之间，也发生在子公司与子公司之间。先不考虑母子公司这一组织情境，那么两个公司之间的知识转化就类似于市场环境中组织间的知识转化问题，两者之间知识交流的广度与深度依赖于他们合作程度、社会关系紧密度以及各自的战略规划。一般说来，生存性知识与发展性知识容易成为交流的主体内容，而竞争性知识由于涉及公司优势的转移与消失，单体公司不会主动交流这部分知识，而倾向于保留在自己公司之内。两个公司之间的知识交流同样会有 SECI 的知识螺旋的存在，两者的交互与联系也会存在四种巴。

3. 母子公司不是单体公司简单的集合，而是一个整体，拥有企业集团这一组织情境。在这样的情境下，公司之间知识交流会较少地考虑核心知识泄漏的问题，而且内部公司之间的关系不会像外部市场中的企业那样要经过时间的考验才能发展成为亲密关系。可以说，母子公司内的知识交流具有先天的优势，这也是他们能够通过知识转移强化核心能力与竞争优势的原因所在。但是，知识转移在母子公司内部又不会自动产生，一方面是因为知识的粘滞性，转移知识需要付出成本，另一方面是因为子公司出于权力获取与保持的需要而不愿意主动转移其竞争性知识。对于母公司来说，尽管其在转移意愿上不成问题，但知识转移的数量与质量会影响子公司的发展。正是由于这些原因，母公司管理职能作用才得以体现，母公司作为整个集团的中心，承担着协调、配置、激励与监控的职能。通过母子公司的管理行动，确保知识在集团内部按照整体战略有序转移，这给母子公司管理提出了一个巨大的挑战。不难理解，母子公司的战略规划、管理模式、控制机制、子公司角色乃至企业文化对母子公司内的知识转移起到重要的作用。

4. 理想状态下，母子公司内部的知识交流会发生在各个部分与各个层面上。各个部分，是指母公司与子公司之间存在双向的知识交流，子公司与子公司之间也存在着双向的知识交流；各个层面，是指彼此之间除了交流生存性知识、发展性知识之外，还会从整个集团利益的高度出发主动交流竞争性知识。整个母子公司内部的知识组合是多维的，遇到问题，可以较容易地通过知识组合而找到解决方案。因此，在理想状态下母子公司内部的知识交流是一个彼此联接的网络形态。

总之，母子公司的知识生成机制包含着多个 SECI 循环、历经不同层面的巴，知识在母子公司内部传递、融合、消化、吸收，最后内化为母子公司的知识。

四、母子公司知识生成机制与知识转移

知识的生成过程必然伴随着知识转移，如公司员工对隐性知识的分享，对显性知识的总结与归纳，公司隐性知识内化为员工的行为模式等，都是知识的转移。通过母子公司知识生成机制的分析，可以得到以下延伸结论：

1. 母子公司知识生成的前提是母子公司之间进行知识转移。通过知识的流入与流出，母公司或子公司的知识得以生成、积累与丰富，内部的知识转移是母子公司知识生成关键环节。

2. 母子公司内知识转移需要相应的管理机制与管理手段来规范引导。前文提到，由于对自身利益的考虑，子公司之间的知识转移未必会顺畅、知识转移的内容也未必是公司的竞争性知识，而且知识转移的方向也未必是双向对等的。这既有个体子公司知识存量不同的原因，更多的原因则是内部的权力斗争的结果。另外，知识转移手段的丰富程度也影响着知识转移的效果。众多的研究文献认为，母子公司内部的知识转移是整个公司核心能力与竞争优势的主要来源，这就需要母公司发挥其管理职能，根据战略发展目标，通过激励机制、控制手段、权力分配与组织设计等方式，充分挖掘整个公司内部的优势知识，并把这部分知识在组织内部共享，从而提高集团的整体实力与竞争力。

3. 需要设计一个系统的母子公司管理体制，通过提高知识转移效果，达到知识生成目标。从知识的生成机制可以看到，知识的分享与传递的效果，得益于组织成员的互动与交流。研究表明，公司内部的正式机制与非正式机制会提高公司成员的信任合作程度及知识转移的效果，正式的机制主要是公司的管理举措，如任务小组、合作团队、管理委员会以及管理控制方式等，非正式的机制则主要是指公司的社会化，比如横向的岗位轮换、培训交流会议等，纵向的人事调动、母公司人员外派、企业内部导师制度等。这些，同样也属母子公司管理的内容。

4. 对知识转移的管理，包括知识转移模式选择与知识转移机制建立两部分内容。（1）母子公司的知识转移并不是越多越好，有研究认为，过多的知识转移会产生同质性思维，妨碍了公司的创新活力。另外，由于管理模式等不同，母子公司知识转移的方向与转移的数量、内容也会有所不同，从这个角度上讲，图4.19中母子公司内部的知识转移箭头可能并不

都是双向的，甚至有些子公司之间不会发生知识转移。这就需要考察母子公司内部知识转移的流向与转移的数量到底是什么样的，笔者把这部分需要考察的内容称为母子公司知识模式。同时，还要考察是什么因素影响并决定了不同的知识转移的模式。（2）对于需要的知识转移，如何提高知识转移的效果？这需要找到影响知识转移的具体因素，并根据各因素的特点，寻找组织管理手段来促进并提高知识转移的效果。这部分内容笔者称为知识转移机制。

　　总之，通过对母子公司知识生成机制的研究，提出了母子公司知识转移的后续问题，即母子公司知识转移模式与知识转移机制。这在后面章节会重点进行分析。

第五章

母子公司知识转移模式

本章首先介绍知识转移模式概念与内涵，通过文献回顾与公司实际操作分析，归纳出母子公司四种知识转移模式；其次具体分析每种知识转移模式的内涵及特点；再次分析影响母子公司知识转移模式选择的因素；最后对母子公司知识转移模式进行样本调查分析。

第一节　母子公司知识转移模式含义

以往对公司知识转移的研究文献，没有明确提出知识转移模式的概念，而是统称为知识转移机制或转移模型。笔者认为，若细化地考察母子公司的知识转移，有必要对这些模糊的称谓进行分类，并分别进行研究，才能全面反映母子公司的知识转移活动。基于这样的考虑，笔者提出母子公司知识转移模式与转移机制两个概念。本部分重点分析母子公司的知识转移模式，转移机制部分将在下一章详细讨论。

一、知识转移模式概念

对于模式的概念，在《现代汉语词典》中是这样定义的：某种事物的标准形式或使人可以照着做的标准式样。① 知识转移作为自发或有组织的行动，是客观存在的事情，也会存在着一定的模式。前文作了相应的分析，就知识的流动方向看，部门之间（或公司之间）知识转移可能是单向的，也可能是双向的，也可能是辐射形状的；就知识转移的数量看，转移的知识可能是少量的特定知识，也可能是多维的综合知识。

---

① 中国社会科学院语言研究所词典编辑室. 现代汉词典（汉英双语版）. 北京：外语教学与研究出版社，2002：1362.

本研究从知识的流动方向与数量角度，把知识转移的模式定义为：对知识转移的流向、流量和频率的类型特征的概括与描述，如单向的知识转移、双向的知识转移、频繁的知识转移、偶尔的知识转移等。

二、知识转移模式类型

狄克逊（Dixon）[①] 从转移知识的类型、任务的性质、任务与情境的相似性三个方面来考察知识转移，提出了五种知识转移方式：连续转移（Serial Transfer）、近转移（Near Transfer）、远转移（Far Transfer）、战略转移（Strategic Transfer）与专家转移（Expert Transfer）。具体内容如表5.1所示。

表5.1　　　　　　　　　　狄克逊五种知识转移方式

知识转移模式	任务和背景的相似程度	任务属性	知识类型
连续转移	接受组织（同时也是发送组织）在新的环境背景里进行类似的任务	经常发生且是非例行的	显性和隐性
近转移	接受组织与发送组织的任务和背景环境都非常相似	经常发生而且是例行的	显性
远转移	接受组织和发送组织的任务很相似，彼此背景环境却相异	经常发生且是非例行的	隐性
策略转移	接受组织的背景环境与发送组织大相径庭，但其从事的任务却影响到组织	不经常的且是非例行的	显性和隐性
专家转移	接受组织和发送组织执行的任务相异，但彼此背景环境却很相似	不经常的而且是例行的	显性

资料来源：笔者整理。

许强（2007）[②] 根据巴克利和卡特（1999，2004）[③] 提出的公司内知

① 南希·狄克逊. 共有知识——企业知识共享的方法与案例 [M]. 北京：人民邮电出版社，2002：36–162.

② 许强. 母子公司控制机制选择：知识转移的视角. 科学学研究，2007，12：388–393.

③ Buckley P. J., Carter M. J. Managing cross-border complementary knowledge: conceptual developments in the business process approach to knowledge management in multinational firms. International Studies of Management and Organization, 1999, 29（1）：80–104.

Buckley P. J., Carter M. J. A Formal Analysis of Knowledge Combination in Multinational Enterprises. Journal of International Business Studies, Sep. 2004, Vol. 35, No. 5：371–384.

识组合的三个类型，提出相应的母子公司知识转移三种模式：附加性知识转移、序列性知识转移与复杂性知识转移。附加性知识转移中，母子公司间的知识转移主要是母公司向子公司的知识扩散，母公司通过把其拥有的经营理念和策略、技术、营销、生产、组织运行管理等知识转移给子公司，母子公司的知识转移呈现单向流动的特点；序列性知识转移中，子公司的知识只有在母公司或其他子公司知识的支持下才能发挥相应的价值，这种情况下，转移的知识是特定的知识，转移的数量比起附加性知识转移要少，但转移的频率与知识的质量相对很高；复杂性知识转移，母子公司内部相互依赖程度高，母公司和子公司的活动和结果相互影响，从本质上表现为知识的交互作用，母子公司的知识转移从流动方向上呈现出一种网络的形状。

曾（YiMing Tseng，2006）研究了跨国公司在中国台湾子公司的管理实践，从跨国公司一体化程度和当地响应程度两个维度来区分相应的转移模式，将跨国公司知识转移模式分为：全球化知识模式、标准化知识转移模式、东道国知识发展模式、混合模式。全球知识模式下，母公司实行全球化战略并注重对子公司的控制，母公司的知识与技术是整个跨国公司核心竞争力的主要来源，子公司的知识主要来自母公司的转移。标准化知识转移模式下，母公司对子公司的控制程度不高，子公司的产品多是标准化的产品，无需过多地考虑当地的环境对产品的影响，母公司向子公司转移的知识主要是标准化的技术知识，多属显性知识。东道国发展模式下，需要子公司更多地参与在当地的特定文化、经济、政治环境中，母公司向子公司转移的知识较少，而是注重让子公司在当地发展自己的特定知识，以适应当地对产品的特定需求。混合模式下，母公司与所有的子公司是一个紧密的网络关系，既要保证全球竞争资源的获取，又要关注子公司当地独特的环境与变化，其知识转移具有双向互动的特点。这四种知识转移模式如表5.2所示。

表5.2　　　　　　　　　　　　四种知识转移模式

		东道国响应程度	
		低	高
全球一体化程度	高	全球知识模式	混合模式
	低	标准化知识转移模式	东道国知识发展模式

资料来源：YiMing Tseng. International strategies and knowledge transfer experiences of MNCs' Taiwanese subsidiaries. Journal of American Academy of Business，2006，8（2）：122.

杜晓君等（2009）[1] 借鉴曾对知识转移模式的分类，根据跨国公司在华子公司知识来源的两个维度（母公司、当地市场）的组合，将跨国公司知识转移模式分为更具有一般性的三类：全球化知识转移模式、本土化知识转移模式和全球本土化知识转移模式，如图5.1所示。全球化知识转移模式中，母公司作为知识贡献者，在知识转移中处于核心地位，子公司知识来源于母公司的程度很高，而来源于当地市场的程度很低。本土化知识转移模式中，子公司知识来源于当地市场的程度很高，而来源于母公司的程度很低，东道国当地供应商、客户、社会团体和政府等将市场知识转移给子公司，子公司又将知识转移给母公司或其他子公司。全球本土化知识转移模式中，子公司知识来源于母公司和当地市场的程度都很高，子公司的战略知识主要来源于母公司，而具体市场行为（产品生产研发、运营管理和营销活动等）的知识则主要来源于当地市场。

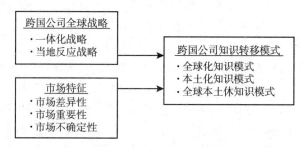

图 5.1　跨国公司知识转移模式及影响因素概念模型

资料来源：杜晓君，王小干，周仙华，刘赫. 跨国公司全球战略、东道国市场特征与跨国公司知识转移模式——基于跨国公司在华子公司市场知识转移的实证研究. 研究与发展管理，2009，12：12.

三、转移过程视角下知识转移模式的影响因素

苏兰斯基（2000）[2] 认为，知识转移是一个在传送者和接收者之间传递知识的动态过程，知识转移分为初始、实施、调整、整合四个阶段。在初始阶段，知识发送方识别可以满足对方要求的知识；在实施阶段，双方建立起适合知识转移的渠道，同时源单位对拟转移的知识进行调整以适应接

---

[1]　杜晓君，王小干，周仙华，刘赫. 跨国公司全球战略、东道国市场特征与跨国公司知识转移模式——基于跨国公司在华子公司市场知识转移的实证研究. 研究与发展管理，2009，12：9 – 18.

[2]　Szulanski G.. The process of knowledge transfer：a diachronic analysis of stickiness. Organizational Behavior and Human Decision Processes，2000，82（1）：9 – 27.

收单位的需要；在调整阶段，接收方对知识进行调整，以适应新的情境；在整合阶段，接收方对知识进行制度化，使其成为自身知识的一部分。

徐金发等（2003）① 借鉴苏兰斯基的研究，也把知识转移过程分为开始、实施、调整、整合四个阶段，在他们的分析中增加了企业内部知识转移的情境变量。和金生与王雪利（2006）② 综合了知识转移的信息交流与认识—行为模式，将母公司对子公司的知识转移分为四个阶段：选择阶段、传送阶段、学习阶段和反馈阶段。认为母公司对子公司的知识转移是互动学习的过程，在这个过程中，母公司作为知识发送者的角色，对知识的转移起着促进、协调与领导作用，子公司作为知识接收者的角色，对转移的知识进行吸收、学习与应用，同时，子公司并不是被动的角度，而是主动的吸收和学习，并对接收情况积极地向母公司进行反馈。

综合研究文献，笔者认为，公司的知识转移就是把知识从发送方传递给接收方，并成为接收方知识的一部分，从而用来进行生产经营活动。从开始发送知识到知识被接收方消化吸收，这个过程包括研究者们提到的四个阶段：初始阶段、实施阶段、加速阶段与整合阶段。从整体上看，知识转移的过程参与者包括：知识转移包括知识发送方、知识接收方、转移的知识、知识转移模式、知识转移机制以及知识转移的组织情境。把这些方面综合起来，笔者给出知识转移过程的综合模型，如图5.2所示。

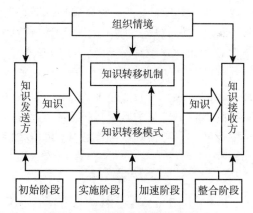

图5.2 知识转移过程综合模型

资料来源：笔者整理。

---

① 徐金发，许强，顾惊雷. 企业知识转移的情境分析模型. 科研管理，2003，2：54 – 60.

② 和金生，王雪利. 母公司对子公司知识转移的影响因素研究. 西安电子科技大学学报（社会科学版）. 2006，2：87 – 91.

从知识转移过程的综合模型中可以看出，成功的知识转移除了知识转移双方以及知识本身的因素外，知识转移的情境、知识转移模式与知识转移机制在知识的传递与整合中起到关键的作用。知识转移双方、知识本身特性、知识转移阶段以及组织情境决定了对知识转移模式选择与知识转移机制的作用发挥。对于知识转移机制问题另章论述，对知识转移模式选择的影响表现在：

第一，知识发送方的知识储量与发送能力决定了其发送知识的类型、数量与发送效果；另外，发送方的在公司内的角色、对知识保护的意图以及得到激励的程度也决定了知识流动的数量与质量。

第二，知识接收方的知识储量与学习能力是影响知识吸收效果的主要因素，其对竞争与权力的认知等方面的因素又影响了对知识接收的意愿。另外，接收方的角色定位也决定了其知识流入的多少与频率。

第三，转移知识的价值高低决定了知识流动的速度与数量，可以理解，价值越高的知识越会被转移；知识的显性与隐性特点也体现在知识转移的数量与质量上。

第四，组织情境。知识转移是在组织内完成的，组织情境的存在是决定知识转移的模式的主要因素，如公司战略、内部关系紧密或松散程度、企业文化、管理与控制手段等直接表现为知识转移的流向、数量与频率。

第五，转移阶段。在初始阶段，知识流动的数量较少，双方只是为转移建立一种组织基础；在实施转移与加速阶段，知识转移的数量猛增，转移知识的层次也会在双方的交互中有所调整；在整合阶段，这阶段主要任务是对知识的消化与吸收，从表现上看，双方之间知识转移的数量下降。

总之，从转移过程的组成部分看，企业内部知识转移的方向可能是单向的，也可能是双向的转移，转移的数量可能是少数管理或技术知识，也可能是各类知识的整体转移。知识转移的模式还因转移阶段与组织情境的不同而表现为不同特征。

第二节　母子公司知识转移的新模式

简单地说，知识转移模式是在对知识转移行为管理基础上的知识转移类型，知识转移模式既体现知识转移过程的阶段特点，也体现对知识转移活动的管理要求。本节归纳出母子公司四种知识转移模式，对每种知识知识转移模式的特点进行具体分析。

一、知识转移新模式提出

苏兰斯基（1996）[①] 认为，知识转移是源单元和目标单元之间知识的二元交换（dyadic exchanges）过程。从这个角度上看，母子公司的知识转移并不仅仅是一个转移过程，而是彼此的知识交互过程，母公司或子公司都可以成为源单元，也可以是目标单元。罗宣和徐金发（2006）[②] 认为，苏兰斯基的知识转移定义意味着成功的知识转移要受到多种因素的影响，知识转移的成功一定程度上要依靠组织的设计与管理。本章第一节中介绍的各种知识转移模式其逻辑出发点也就是突出了管理的职能，譬如从知识的特性及任务情境的角度对知识转移模式的划分、根据战略不同对知识转移模式的划分以及根据业务的联接类型对知识转移模式的划分等。笔者认为，知识转移模式主要的是体现了母子公司在知识转移上的管理职能。

由于母子公司的战略不同、地位与角色不同以及经营环境的变化，母子公司之间的知识转移未必都是相互的二元对等的流动。进一步考察母子公司之间的知识流向，会存在以下几种情况：

1. 知识由母公司单一地流向子公司。

2. 母子公司相互转移知识，子公司之间极少转移知识，母公司起到知识的集散作用，母公司把从某个子公司转移过来的知识，经过整理与提升，再转移给另一些子公司。

3. 母子公司之间、子公司与子公司之间相互转移知识，母公司知识的集散作用弱化，在集团内形成一个网络式的知识转移状态。

4. 母子公司内部知识转移较少，各自的知识主要由自我积累与从外部移入。当然，这只是概念化地描述，即使子公司与子公司之间不存在知识转移，母公司与子公司之间总会或多或少地进行知识转移，但也存在极度分权的情况，母子公司只是股权上联接关系，基本上各自为政，笔者把这种情况视为母子公司知识转移极少。

根据以上分析，笔者把知识的转移过程与知识转移的管理二个维度结合起来，并依照母子公司知识转移可能存在的上述情况，把母子公司知识转移模式划分为四种类型：控制式知识转移模式、自主式知识转移模式、

---

① Szulanski G.. Exploring internal stickiness: Impediments to the transfer of best practice within the firm. Strategic Management Journal, 1996, Vol. 17, Winter Special Issue: 27 – 43.

② 罗宣，徐金发. 基于程序公正性的母子公司知识转移的过程管理研究. 平原大学学报，2006，2，第23卷，1：5 – 10.

交互式知识转移模式及网络式知识转移模式。逻辑思路如图 5.3 所示。

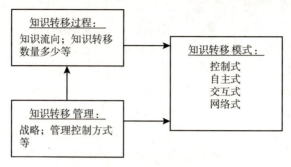

图 5.3　母子公司知识转移模式

资料来源：笔者整理。

二、控制式知识转移模式

（一）内涵

控制式知识转移模式是指这样的状态：子公司知识主要来自母公司的知识输入，而子公司反向流入母公司的知识较少，基本上可以看作是知识是由母公司单向流入子公司；子公司之间联系程度较低，他们之间几乎不存在知识的交流。需要说明的是，这种模式下，子公司并不是绝对地不向母公司转移知识，只是数量较少，转移的也多是显性的财务数据等方面的知识。

可以用图来表述这样的知识转移模式，如图 5.4 所示。

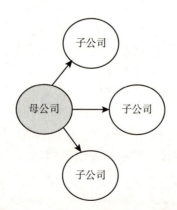

图 5.4　控制式知识转移模式示意图

注：箭头表示知识的流向。
资料来源：笔者整理。

有研究表明，组织内过多的知识共享未必总是有益。如陈等（Tran et al.，2010）① 直接观察一家丹麦时装公司由母公司发起的知识转移，作者发现母公司知识的质量、数量与时效对子公司销售业绩有直接的影响，同时也发现知识共享不是总是有益的，尤其是在转移知识的数量上，过多的知识实际上会伤害绩效。因此，控制式知识转移模式需要注意的是不无谓地过渡转移知识，而是保证转移的知识对子公司经营业绩起到显著的提升作用。

（二）优点

控制式知识转移模式的优点表现在：（1）能充分发挥母公司的技术优势及管理能力，是母公司能力的外化表现；（2）可以实现对子公司的有效控制；（3）母子公司组织结构稳定，母公司可以统一调配组织各类知识资源，实现整体利益最大化；（4）母公司知识发送意愿强烈，子公司学习与吸收能力强，知识转移目标容易实现。

（三）缺点

控制式知识转移模式的缺点表现在：（1）由于子公司信息反馈不足，母公司很难了解子公司当地市场需求的变化，对产品创新不利；（2）同样由于信息不足，对技术变化趋势的把握渠道相对较少，亦不利于集团的技术创新；（3）子公司属被动管理，只是任务执行者，积极性不高，组织活性不足；（4）子公司地位低，结构显得僵化，组织反应能力不强。

三、自主式知识转移模式

（一）内涵

自主式知识转移模式是指这样的状态：母子公司相对独立，子公司拥有极高的生产经营自主权；母公司的知识对子公司来说价值不高，子公司必须自行开发与积累知识；子公司所处的环境具有独特性，子公司的知识具有极高的环境嵌入特征，需要依赖其经营当地外部环境的知识输入；子公司的知识对母公司或其他子公司同样也属价值不高；母子公司之间的知

---

① Tran, Y., Mahnke, V., Ambos, B.. The effect of quantity, quality, and timing of head-quarters-initiated knowledge flows on subsidiary performance. Management International Review, 2010, 50 (4): 493–511.

识转移较少，从管理体制的角度看，有些类似分散的企业联合体的特点。

自主式知识转移模式如图 5.5 所示。

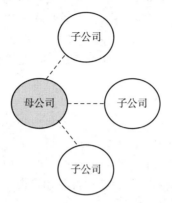

图 5.5　自主式知识转移模式示意图

注：虚线表示二者知识转移较少。
资料来源：笔者整理。

鲁格曼（2005）[①] 在其著作中认为，即使在讲求全球互动、组织网络化的今天，现在大多跨国企业仍是从国际销售中获利，而把主要的国际化资产配置在母国。这也一定程度地说明，在跨国企业中存在这样的情况：母子公司间信息交流主要是销售方面的信息，而少有竞争性知识的转移。自主式知识转移模式尽管比较少，但也现实存在着。

（二）优点

自主式知识转移模式的优点表现在：（1）提高了对环境的适应程度，整个集团的组织柔性增加；（2）有利于提高子公司知识开发能力，培育子公司的竞争优势；（3）知识转移成本减少，子公司的发展还可以为母公司提供丰厚的现金流。

（三）缺点

自主式知识转移模式的缺点表现在：（1）子公司知识的独特性对整个集团的价值增值（value added）贡献不大；（2）信息不对称，对子公司的

---

① Rugman A. M. . The regional multinationals：MNEs and "global" strategic management. Cambridge：Cambridge University Press，2005：4.

监控力度弱化，子公司容易产生机会主义行为；（3）子公司的知识主要靠自我开发，知识存量不足，经营风险加大；（4）知识转移少，难以在集团内形成知识协同效应，阻碍集团核心竞争力的提升。

四、交互式知识转移模式

（一）内涵

交互式知识转移模式是这样的状态：母子公司之间存在着双向的知识转移，一方面母公司转移知识给子公司，帮助子公司生产经营活动开展及战略决策，另一方面把子公司的优势知识吸收进母公司，母公司再把这部分有价值的知识通过配置手段转移给其他子公司使用；母公司在集团内的知识转移处于中心地位，起到知识资源的整合与配置的作用；子公司之间联系较少，知识转移通过母公司传递。许多人怀疑在信息时代下的跨国企业母公司是否还能保持战略角色，事实上母公司的作用依然重要，只有母公司通过储存与配置资源以及行政式地管理组织的价值增值活动，才能达到整个集团的协同效应。

交互式知识转移模式如图5.6所示。

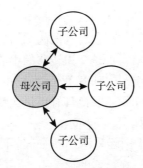

图5.6　交互式知识转移模式示意图

注：箭头表示知识的流向。
资料来源：笔者整理。

艾格豪夫（2010）[1] 提到，子公司往往由于专业化并关注自身业务而

---

① Egelhoff W. . How the parent HQ adds value to the MNC. Management International Review，2010，50（4）：413 - 431.

不会从集团整体上看问题，对集团内其他单元的需要缺乏认识。在知识转移过程中，母公司就发挥了管理协同的作用，交互式知识转移模式是最常见的类型。

（二）优点

交互式知识转移模式的优点表现在：（1）优势知识在组织内转移，扩大了知识的应用范围，提高了组织绩效；（2）既提高了组织柔性，管理控制又得以强化，有助于集团整体实力的提高；（3）母公司对集团内知识进行整合与配置，优化并提炼了优势知识，提高了整体的核心竞争力。

（三）缺点

交互式知识转移模式的缺点表现在：（1）子公司之间联系不够紧密，直接的知识转移较少，限制了隐性知识转移的效果；（2）母公司承担着优势知识的搜集、获取与再转移的任务，知识转移成本较高。

五、网络式知识转移模式

（一）内涵

网络式知识转移模式是这样的状态：母子公司之间存在着双向的知识转移，子公司与子公司之间也存在着双向的知识转移，在集团内部知识转移的路线呈网络状；母公司不再是知识转移的中心，而是规则的制定者与维护者；优势知识散落在组织内部各单元中，对一个问题的解决方案需要相关的单元共同制定，单元间的联接具有项目式特点。

网络式知识转移模式如图 5.7 所示。

道兹等（2001）[1] 用大国际公司（Metanational）这个词来来表示在信息时代里跨国企业的特点，在这样的形势下，新的智力财富出现在当地经营的子公司中，并经常绕过总部在企业内扩散。托尔曼（Tallman，2004）[2] 认为这种情况下母公司变成"网络管理员"（Knowledge Webmaster），

[1] Doz Y. , Santos J. F. P. , Williamson P. J. . From global to metanational. Boston：Harvard Business School Press，2001.

[2] Tallman S. . John Dunning's eclectic model and the beginnings of global strategy. In J. Cheng , M. Hitt（Eds. ）. Managing multinationals in a knowledge economy，advances in international management（15th ed）. Oxford：Elsevier，2004：43 – 55.

其职责是制定和监督网络成员之间的交换规则。弗里德曼（Friedman，2004）① 认为现在子公司在市场、财务与信息方面的自治使得母子公司内部形成了一个扁平的游戏平台（Flat Playing Field）。在这样的平台中，母子公司内部各单元的知识转移的交互作用日益加强，母子公司组织结构向网络结构转变，网络式知识转移模式越来越成为母子公司内部转移模式的主要类型。

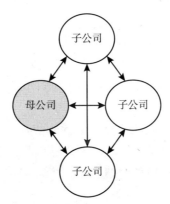

图 5.7　网络式知识转移模式示意图

注：箭头表示知识的流向。
资料来源：笔者整理。

（二）优点

网络式知识转移模式的优点表现在：（1）知识的协同效应达到最大化。（2）注重沟通与互动，知识的内隐性与复杂性对知识转移效果的不利影响降低（Simonin，1999）②。彼此联接的网络关系，便于隐性知识的转移，整体知识转移效果好。（3）知识与创新性的资源现在被视为存在于粘滞性最高的资源里（Tallman et al.，2004）③，网络式知识转移模式降低了粘滞性，有利于分享竞争性知识的同时，也降低了知识转移的成本。（4）为知

---

① Friedman T. L. . The world is flat：A brief history of the twenty-first century. New York：Farrar，Straus，and Giroux，2004：17 - 63.

② Simonin B. L. . Transfer of marketing know-how in international strategic alliances：an empirical investigation of the role and antecedents of knowledge ambiguity. Journal of International Business Studies，1999，30（3）：463 - 490.

③ Tallman S. ，Jenkins M. ，Henry N. ，Pinch S. . Knowledge clusters and competitive advantage. Academy of Management Review，2004，29（2）：258 - 271.

识的使用、开发与创新提供了多维智力支持。（5）这种网络关系本身也构成了集团的竞争优势。

（三）缺点

网络式知识转移模式的缺点表现在：（1）互动联系的扩大，组织内冲突会相应增多，需要母公司设计与实施多样化的协调机制，更多的要使用非正式协调机制，一定程度上增加了管理的难度；（2）这种知识转移模式对大型或超大型的企业集团较为适合，对于规模不大的企业集团没有太多的意义。

第三节　影响母子公司知识转移模式选择因素

母子公司知识转移模式的选择，受公司战略、管理控制模式、企业文化等多种因素的影响。本节对影响母子公司知识转移模式的因素进行综合分析，做出较为全面与系统的归纳。

一、公司战略

公司的发展战略直接影响着母子公司知识转移的模式。古普塔和戈文达拉扬（2000）[①] 认为，知识转移、知识分配与母子公司的战略紧密联系，汉密尔顿和卡什拉克（1999）[②] 也提到跨国公司在东道国的运营受到母公司控制意向的影响。

巴特利特与戈绍尔[③]在《跨边界管理：跨国公司经营决策》一书中详细地比较了跨国经营公司的经营战略对知识与资源的利用和积累的影响，根据战略定位不同，将跨国经营的公司分为多国型公司、全球型公司、国际型公司及跨国型公司四种类型：（1）全球型公司的资源与能力都集中在总部，它主要通过利用各项活动中潜在的规模经济来获取效率；子公司缺乏资源，没有动力或能力来响应各地的市场需求。（2）多国型公司资源以

---

① Gupta A. K., Govindarajan V.. Knowledge Flows within Multinational Corporations. Strategic Management Journal, 2000, Vol. 21: 473 – 496.

② Hamilton Ⅲ Robert D., Roger J. Kashlak. National influences on multinational corporation control system selection. Management International Review, 1999, 39（2）：167 – 189.

③ ［美］巴特利特（Bartlett C. A.）等（马野青译）. 跨边界管理：跨国公司经营决定. 北京：人民邮电出版社，2002：50 – 56.

及决策都分散，多国型公司的子公司可以响应当地的需求。（3）国际型公司母公司拥有关键的资源与知识，子公司累积了响应当地环境的资源与能力，但子公司的知识主要来自母公司的输入。（4）跨国型公司母公司设计的产品和工艺在全球经营中依然发挥着重要作用，但各子公司同样也进行创新，面对新出现的国际机遇，跨国型公司会同时使用中央机构与各子公司的资源来为其分布在各地的机构提供解决方案，而不是仅运用中央机构的方案。如表 5.3 所示。

表5.3　　　　　　　　　不同战略类型的跨国公司的知识关系

组织特征	多国型公司	全球型公司	国际型公司	跨国型公司
资产和能力配置	分散、各国自足	集中、全球规模	核心能力的来源集中、其他的分散	细分、相互依存、专业化
海外业务的角色	寻找和利用各地机会	贯彻母公司的战略	调整并利用母公司的能力	各子公司对全球经营的贡献不同
知识的开发与扩散	各单位自己开发保有知识	中央开发并拥有知识	中央开发知识并将其转移到海外各单位	世界范围地开发和分享知识

资料来源：〔美〕巴特利特（Bartlett C. A.）等著．马野青译．跨边界管理：跨国公司经营决定．北京：人民邮电出版社，2002：56.

从表5.3可以看出：

多国型公司的知识转移较少发生，公司的知识多集中于子公司内，子公司主要是为了响应当地市场而开发自己的特定知识，子公司的知识对于其他子公司及母公司来说，其知识是特定条件下积累产生的，借鉴价值不大，母公司也就较少地把子公司的知识转移整合至整个公司中，而是让子公司自主开发其当地知识。这属于自主式知识转移模式。

全球型公司的关键性知识集中于母公司，子公司的知识主要来自母公司的转移。母公司通过向子公司的单向知识转移一方面强化子公司的竞争力及保证生产经营活动的开展，另一方面提高对子公司的控制力度。在这样的情况下，知识由母公司单向地流入子公司，属于控制式知识转移模式。

国际型公司的知识开发活动主要集中于母公司，但母公司的知识开发要吸取子公司特定的优势知识才能更好地实现。母子公司的知识转移呈现双向交流的特点，这属于交互式知识转移模式。

跨国型公司内部知识转移最为活跃，知识转移发生在母子公司之间，也发生在子公司与子公司之间。由于全球合作的需要，子公司的优势知识被其他子公司所使用，母公司在全球网络中扮演网络管理员的角色。这属于网络式知识转移模式。

托尔曼（2010）[①] 根据公司的经营战略，把公司全球化经营的阶段分为国际阶段、跨国阶段与全球多业务阶段三种类型。（1）从成长逻辑上看，国际阶段是通过分散的生产经营来在全球获取资源与资金；跨国阶段通过能力的杠杆效应来强化整体的竞争优势，把某地的核心优势转化为公司的内部优势；全球多业务阶段则是通过公司的战略组合来实现，即公司在全球范围内建立紧密的联接与互动，一项任务需要彼此的协作与组合来完成，核心优势既来自母公司又来自子公司。（2）从领导风格上看，国际阶段实行的是命令与控制的领导风格；跨国阶段实行的是对公司文化指导的风格，旨在通过统一的公司文化等社会化机制来规范子公司的行为；全球多业务阶段则立足于提高组织活力，建立全球协同机制。（3）从管理任务上看，国际化阶段主要是资本的配置；跨国阶段是内部部门的整合与协作；全球多业务阶段则是提高"突现过程"的能力。（4）从控制机制上看，国际阶段主要采取财务控制；跨国阶段主要采取行为控制；全球多业务阶段主要采取沟通控制。

从托尔曼的分析中可以看出，在国际阶段主要采取自主式知识转移模式，也存在一定程度的控制式知识转移模式；跨国阶段主要采取交互式知识转移模式；全球多业务阶段则主要采取网络式知识转移模式。

总之，公司战略的研究文献从不同的方面进行了阐述，结合波特的总成本领先、集中化与差异化战略，还有企业实践中广泛使用的相关多元化与非相关多元化战略，以及上文提到的竞争优势获取类型，笔者认为，基于发展战略的母子公司类型不外乎三个种形式：一是资本型，既母公司通过资本运作的方式控制若干子公司，子公司拥有较大的自主权，母公司只注重投资收益；二是行政型，母公司通过行政管理手段强调集团整体的优势，子公司附属于母公司，执行母公司的政策，母公司注重的是打造集团优势，甚至把集团作为一个大型的企业来管理；三是管理型，母公司既从整体上规划集团的发展，又给予子公司较大的空间独立进行生产经营，注

---

① Stephen Tallman, Mitchell P. Koza. Keeping the Global in Mind the Evolution of the Headquarters' Role in Global Multi-business Firms. Management International Review, 2010, 50: 433 – 448.

重的是集团的优势与子公司能力的提升。陈志军（2006）[①] 把这三种类型归纳为管理型公司与治理型公司（治理型公司依照治理的方式又分为基于子公司治理的管理型公司及基于子公司治理的治理型公司）。其中，管理型公司其实就是行政型，基于子公司治理的管理型则属管理型，基于子公司治理的治理型公司属于资本型。陈志军之所以如此分类，主要是为了凸显母子公司的法人实质，母公司对子公司的管理只能通过公司治理的方式来实现。资本型的母子公司其内部的知识转移大多属自主式知识转移模式；行政型则属控制式、交互式知识转移模式；管理型则更多地采取网络式知识转移模式。

二、母子公司管理控制模式

许强（2003）[②] 将母子公司关系界定为相互间进行知识转移的关系，并指出母子公司知识转移过程管理，其内涵体现在母子公司关系管理的三大方面，即母子公司的管理度、管理模式和控制机制。其实，母子公司管理的本质就是处理好集权与分权的关系问题，管理模式是集权与分权关系的外在表现形式，控制机制则是这种关系的实施手段。所以，许强论及的这三个方面问题，其实质是同一个问题，笔者称之为母子公司管理控制模式。母子公司的知识管理必然要求母子公司的管理控制模式适应知识转移与分享的活动，同时，母子公司的管理控制模式在既定的情况下也同样对组织内的知识转移的模式有着明显的影响。

我们在前面已经论述了母子公司管理控制模式分为三种：行政管理型、治理型与自主管理型。不同的管理控制模式下，母子公司的关系各不相同，母子公司联系的紧密程度不同，生产经营活动的彼此依赖程度也不相同，这些都决定了母子公司之间知识转移的数量、频率、内容都会有所差别，知识转移的模式也自然会体现出这样的差别。

在行政管理型管理控制模式下，母公司对子公司实行的是集权控制，母子公司关系紧密，子公司可能是整个整体价值链上的一个部门，或者子公司可能只是集团的成本中心，子公司高度依赖母公司的知识流入，听从母公司的行政命令，母公司向子公司转移的大多是显性知识，文化认同与

---

① 陈志军. 母子公司管理控制研究. 北京：经济科学出版社，2006：85 – 87.
② 许强. 母子公司关系管理：基于知识转移的新视角. 北京：经济科学出版社，2008：14 – 15.

价值共享上的隐性知识也多是通过正式机制来传递。刘翌和徐金发（2001）[①] 对母子公司内的知识流动作了总体分析，得出结论：母子公司集权程度越高从母公司流向子公司的知识越多；母子公司之间的联系越依赖于正式整合机制，母子公司之间的知识流动就越多。这种知识由母公司向子公司单向的流入，属于行政式知识转移模式。

在自主管理型控制模式下，母公司关注的是子公司的财务绩效与对子公司的投资回报，在管理上基本上不干涉子公司的生产运营，子公司从事的行业也是相对分散，子公司的知识主要来自自身的积累，而且由于所处的行业分散，一个子公司的知识对其他子公司没有价值或价值较少，母子公司联系较为松散，在生产经营上的彼此依赖程度较低，知识转移的数量较少，转移频率较低，转移的内容也主要是财务报告、生产经营统计等显性知识，每家子公司只是母公司的利润中心。在这样的模式下，由于组织内知识转移较少，子公司的知识更多地由自己所处环境的外部流入与内部生成积累而成。罗宣和徐金发（2006）[②] 通过研究也证实了这点，他们认为，在股权模式下母子公司知识转移程度相对较低，集团缺乏知识资源的整体优势。这种形式则是自主式知识转移模式。

在治理型管理控制模式下，母公司对子公司的管理主要通过法人治理结构的完善来实现，母公司的行政决策也要通过子公司董事会的认可才得以实施；同时，母公司对子公司还保留一定的管理权利，比如职能部门的指导、对子公司高层管理者任免等。母子公司的联系程度比行政管理控制模式较为弱化，但比起自主式管理控制模式，母子公司的联系又较为紧密，母公司根据发展战略与实际需要设立子公司，有的子公司是利润中心，有的则属成本中心。母子公司关系既有各自独立的一面，又有相互依赖的一面。在此模式下，知识的流动在组织内极为频繁，知识转移的内容既可能是技术、文件报告、统计信息等显性知识，也可能是价值观、信念、信任与合作等方面的隐性知识。知识转移的渠道既有正式的方式，也有非正式的人际沟通等方式。知识的在母子公司之间及子公司与子公司之间来传递，具有互动式和网络式

---

① 刘翌，徐金发. 母子公司的知识流动. 科研管理，2001，1：15 – 21.

② 在他们的研究中，只是把母子公司分为行政模式与股权模式两种类型，尽管把把股权模式的集权程度归为中等，但究其表述内容，对应的应该属于自治型管理控制模式，集权程度应该属分权。资料来源：罗宣，徐金发. 基于程序公正性的母子公司知识转移的过程管理研究. 平原大学学报，2006，1：5 – 10.

的特点。金和莫博涅（1993）[①] 从程序公正性的角度出发研究了母子公司的管理控制关系，他们发现，在分权程度高的母子公司关系，内部的对等交流能力及反驳能力也都高，这两项能力高，知识转移双方的互动就会增加。西蒙尼（1999）[②] 发现，如果知识接收者注重与知识源之间的沟通与互动，知识的内隐性与复杂性对知识转移的阻碍程度就会降低，利于知识的转移。这种情况，属于交互式与网络式知识转移模式。

　　不同的管理控制模式下知识传播的特点以及适用的知识转移模式，总结于表5.4中。

表 5.4　　　　　　　　　　　管理控制模式与知识转移

	行政控制型	治理型	自主管理型
管理度	集权	集权与分权相统一	分权
决策权	母公司	母公司主导，子公司有一定的自主权	子公司
组织结构	U 型	M 型、N 型（网络型）	H 型
控制实现方式	直接的人事、财务、投资以及生产经营活动	部分通过行政命令、大部分通过子公司董事会实现	通过子公司董事会实现
控制手段	战略与文化控制、人事控制、财务控制、信息控制等	战略与文化控制、资源控制、过程控制、结果控制等	战略与文化控制
知识流向	母公司到子公司单向流动	母子公司双向知识转移	较少进行知识转移
知识转移模式	控制式	交互式、网络式	自主式

资料来源：笔者整理。

三、子公司角色

　　随着母子公司管理实践的发展，知识的价值与存量越来越决定了集团

---

　　① Kim W. C. , Mauborgne. R. A. . Procedural Justice, Attitudes, and Subsidiary Top Management Compliance with Multinationals′ Corporate Strategic Decisions. Academy of Management Journal, 1993, 36：502 – 526.

　　② Simonin B. L. . Transfer of marketing know-how in international strategic alliances：an empirical investigation of the role and antecedents of knowledge ambiguity. Journal of International Business Studies, 1999, 30 (3)：63 – 490.

内部门的发言权与重要性。早期研究者如巴特利特和戈绍尔（1989）①、哈里根（Harrigan，1984）②、朗丝黛和克雷默（Ronstadt & Kramer，1982）③ 一般认为组织知识主要集中在母公司，母公司承担着全球创新者角色，母公司是知识的发送方。后来，人们越来越认识到子公司知识对整个集团的重要性，如考格特和赞德（1992，1993）认为，对跨国公司来说非常重要的拥有专用知识和专家知识的员工个人是来自东道国的子公司，而不是来自公司总部，即跨国公司应对市场竞争的特定知识是来自于对当地市场和资源条件的反应。母子公司内具有战略价值的知识的分布影响了子公司角色的演化，子公司角色也影响着对知识转移模式的选择。

巴特利特和戈绍尔（1986）④ 从子公司所处当地环境的战略重要性程度和子公司能力两个维度对子公司进行的分类，把子公司角色分为战略领导者（Strategic Leader）、贡献者（Contributor）、执行者（Implementer）和黑洞（Black Hole）四种类型，后来他们在《跨边界管理：跨国公司经营决策》一书中对此作了详尽的阐述。（1）对于战略领导者，他们提到"处于重要战略地位、有强大内部能力的子公司在计划并实施重大战略推进时应该被视为总部的合作伙伴"。这样的子公司角色，自然在总部的决策中占有相当程度的发言权，子公司相对独立，又对整个集团的发展担负着重要的使命，母子公司的交流是双向互动的，知识的转移也是双向的，子公司还肩负着向其他子公司转移知识来共同构建整体竞争优势的任务，其知识转移应该属于网络式知识转移模式。（2）对于贡献者，子公司管理者的企业家精神起到关键作用，子公司相对独立，注重吸取当地知识而发展子公司独特的知识，其技术能力是市场成功的关键。但是，"如果没有恰当的管理，将过多的资源放置在某个并不重要的环境中就会出问题，子公司就会把内部能力转移到寻求地方自主权上，并想方设法进行产品和系

---

① Bartlett C. A., Ghoshal S. Managing across borders：The transnational solution. Boston：Harvard Business School Press，1989.

② Harrigan K. R. Innovation within overseas subsidiaries. Journal of Business Strategy，1984，4（4）：47–55.

③ Ronstadt R., Kramer R. J. Getting the most out of innovation abroad. Harvard Business Review，1982，58（2）：94–99.

④ Bartlett C. A., S. Ghoshal. Tap your subsidiaries for Global Research. Harvard Business Review，November-December，1986：87–94. 更详尽的内容可参见：［美］巴特利特（Bartlett C. A.）等（马野青译）. 跨边界管理：跨国公司经营决策. 北京：人民邮电出版社，2002：81–95. 此处引号中的内容摘录自该书第89–94页.

统的差异化，但如果禁止这些子公司的开发活动，子公司的能力就会遗失"，"公司摆脱这一困境的方法之一就是把过剩的资源运用于全球项目而不是地方任务"。可见，作为贡献者的子公司拥有较大的生产经营自主权有利于企业的创新，同时还要强化母公司的管理地位。母公司发挥资源配置的功能，才能保证集团的整体优势，母公司会把特定子公司的特有知识进行梳理、整合，并通过管理职能把这部分知识转移到其他需要的子公司中去。这种方式就是交互式知识转移模式。（3）对于执行者，巴特利特和戈绍尔认为这类子公司对公司整体战略的知识贡献有限，但执行者也有着"不平凡的任务"，"维持着公司的经济生存能力并获取能够支持公司战略与创新进程的资源"。作者用宝洁公司的例子进一步考察执行者角色的特点，宝洁公司创立了一个跨子公司的团队开发不同的欧洲品牌，并协调整个欧洲市场的营销，这一项目成功的关键就是管理者成功说服了原先独立的子公司，使他们在产品投入过程中担当了执行者的角色。通过互惠互利的相互依赖机制调动了子公司的参与热情。对于执行者的知识转移可以分为两个方面：一方面，子公司处于执行地位，知识大多来自母公司的输入，而向母公司的逆转移则较少，这属于行政式知识转移模式；另一方面，母公司的管理与控制也在资源配置与优势知识的转移上起到关键作用，集团的知识通过母公司的收（知识流入）、放（知识流出）在组织内传播、分享，从这个角度上讲，还存在交互式知识转移模式。（4）对于黑洞，"并不是令人满意的战略地位，管理层的任务就是想办法摆脱这一吃力不讨好的困境"，"对这种挑战的一种常见响应就是在当地建立感觉能力以利用当地的学习可能性"，"另一种方法就是发展战略联盟"。从巴特利特和戈绍尔的论述中可以看到，处在黑洞的子公司其发展方向是提高自身的能力，主要通过当地学习，来熟悉当地的文化、习俗以及隐性的价值观念、偏好等，建立企业联盟的目的主要是通过联盟内知识转移来提高自己的知识与能力。因此，黑洞的知识来源主要是当地，从母公司流入的知识对子公司的经营活动帮助不大，而且子公司的知识由于只是对当地有效，对母公司或其他子公司价值也不大，在集团内部母子公司之间以及子公司与子公司之间知识转移的数量较少。这种主要吸取当地知识的方式属于自主式知识转移模式。

古普塔和戈文达拉扬（1991）[①] 从子公司知识流进与流出的角度更细

---

① Gupta A. K., Govindarajan V.. Knowledge flows and the structure of control within multinational corporations. Academy of Management Review, 1991, Vol. 16, No. 4: 768 – 792.

致地研究子公司的角色。他们认为子公司的知识流模式可以从知识流的流量和方向两个方面来识别,将母子公司内部的知识流动划分为两个维度:子公司的知识流出与子公司的知识流入,并根据子公司知识流入和流出的程度高低,将子公司分为四种类型:全球创新者、整合者、本地创新者与执行者。并在此基础上,分析了不同角色的子公司在横向联系、全球责任、自主创新需求等方面的差异,以及这些差异对母子公司管理体制的影响。

全球创新者,为集团内其他部门提供知识,而从其他部门流入的知识则很少。传统的观点认为主要是由母公司来承担全球创新者角色,子公司属于知识接受者,这种近似单向的知识流动,是控制式知识转移模式。古普塔和戈文达拉扬在他们的研究中认为,某个子公司也同样可以承担这个角色,把积累的优势知识向母公司或其他子公司转移,这个子公司从知识转移的角度可以视为集团的中心,这种情况下知识转移属交互式知识转移模式。

整合者,向集团内其他部门转移知识,也需要从其他部门转移知识。可以看出,整合者的知识转移是一个网络式的,既流出知识到不同部门,又从不同部门流入知识,这属网络式知识转移模式。

执行者,自己创造的知识较少,主要依赖从母公司或其他子公司输入知识来完成生产经营活动,更多地是依靠母公司的知识,子公司只是扮演着执行工作任务的角色。这是典型的控制式知识转移模式。

当地创新者,子公司主要在当地开发知识,子公司开发与积累的知识具有特定地域特征,对于其他地域的子公司没有价值,母公司一般不会把这类子公司的知识吸收过来,而是给予更多的自治权,以便更好地在当地取得经营业绩。这种类型属自主式知识转移模式。

汇总起来,如表5.5所示。

表5.5 基于子公司角色的知识转移模式

子公司角色	任务特性	知识转移模式
全球创新者	主要为集团内的其他单位提供知识	控制式、交互式
整合者	为其他单位提供知识,本身无法自给自足,部分知识资源需依赖其他单位的输入	网络式
执行者	知识创造能力和程度相对较低,主要依赖其他单位知识输入,以执行单纯价值活动为主	控制式
当地创新者	在当地自行负责与积累创造经营活动所需的知识,其知识对其他单位价值不大,较少向其他单位转移知识	自主式

资料来源:笔者整理。

四、母子公司相互依赖程度

管理控制模式一定程度上决定了母子公司间的相互依赖程度，但母子公司管理控制模式更多的是从母公司的角度来探讨对子公司的管理与控制问题。事实上，当代的母子公司已经呈现出网络结构的特点，子公司与子公司的关系越来越成为母子公司管理的重点。道兹等（2001）就用大国际公司（Metanational）一词来描述现在的跨国公司，他们认为，在信息时代新的智力财富在许多当地的子公司出现，这些知识经常绕过总部在企业内扩散。托尔曼（2004）同样认为，随着彼此联系的加强，子公司之间的知识转移日益增加，母公司变成知识"网络管理员"（Knowledge Webmaster）的角色，只是发挥调节与维护秩序的作用。因此，笔者在此重新考察母子公司相互依赖程度对知识转移模式的影响。

（一）母子公司内部相互依赖关系

母公司对子公司的依赖表现在：（1）母公司需要通过子公司实现自身的经营目标，从子公司的生产经营活动中获取利润；（2）通过子公司了解有关市场、技术发展趋势等重要的信息；（3）母公司需要利用子公司的独特优势来提升整个组织的能力，构建竞争优势；（4）母公司的经营理念、社会责任及文化需要通过子公司的活动来传达与表现。

子公司对母公司的依赖表现在：（1）在一定程度上，子公司需要母公司提供资金、技术、关键人力资源、组织管理制度等支持；（2）子公司需要母公司协调与其他子公司的合作，解决冲突等；（3）在市场开发、研发活动、公关活动、战略决策等方面子公司也需要母公司提供帮助。

母子公司相互依赖程度取决于：母子公司发展战略、管理控制模式、子公司环境的复杂程度、子公司生产活动的类型以及双方所拥有知识的存量与价值等方面。母子公司发展战略、管理控制模式方面的内容在前面已经做了介绍，子公司环境的复杂程度，亦即子公司的情境因素，在本节后面也会专门论及，这里不再详述。子公司生产活动的类型，可以分为独立的利润中心或依附于母公司的成本中心两类，如果子公司属独立的利润中心，两者之间的依赖程度就相对较低，如果子公司仅是成本中心，承担着整个生产经营活动中某个环节的任务，那两者之间的依赖程度就较高。另外，古普塔和戈文达拉扬（2000）① 研究认为，母子公司拥有的知识存量多少、价值大小及转移渠道的丰富程度决定了知识转移的效果，也影响着双方的依赖强度。一方知识存量大，被依赖的程度就高；拥有的知识价值高，被依赖程度也就高。

子公司之间的相互依赖，总体上可以分成纵向相互依赖和横向相互依赖两种类型。②

（1）纵向相互依赖，是指子公司的主要活动属母子公司整体价值链上的某一个环节，各子公司像单一制企业中各个"工序"，整体联合起来，才构成一个完整的价值链，子公司承接上一家子公司的活动，又把活动传递给下一家子公司，具有前后顺序关系，这些子公司就形成了顺序性依赖，单个子公司的绩效依赖于上一阶段子公司的绩效水平。如某子公司可能将其他若干子公司作为内部供应商；某子公司可能负责销售其他子公司生产的产品；某研发子公司负责发展新产品，提供给其他子公司生产和销售等。

（2）横向相互依赖，是指子公司的活动在母子公司整体价值链上具有平行关系，子公司之间的相互依赖主要体现在对相同技术与信息的分享上。如在不同地理区域经营的子公司，需要交流各自市场的动态信息；具有技术相关性的子公司，在技术上具有互补性。平行的子公司如果存在着竞争关系，属于竞争型相互依赖；不存在竞争关系的平行子公司，则更多地体现出差异化互补的特点，属互补型相互依赖。

如上分析，子公司相互依赖的程度取决于子公司之间的联接类型，如果子公司之间是通过活动的前后顺序联接起来，他们之间相互依赖的程度最高；如果是平行发展的关系，竞争型关系相互依赖的程度较低，互补型关系相互依赖程度较高。

母子公司内部相互依赖关系可以用图来形象描述，如图5.8所示。

（二）母子公司内部相互依赖与知识转移模式

母子公司内各单位之间越是相互依赖，它们就越是需要其他单位的知

---

① Gupta A. K., Govindarajan V.. Knowledge Flows Within Multinational Corporations. Strategic Management Journal, 2000, 21：473 – 496.

② 这里提到的顺序性依赖、竞争性依赖与互补性依赖概念借鉴了张冀（2005）的相关研究。可参见：张骥. 母子公司网络横向联系及管理机制研究［博士论文］. 杭州：浙江大学，2005：36.

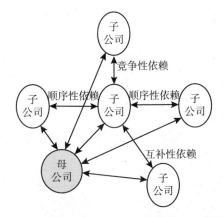

图 5.8 母子公司内部相互依赖关系示意图

资料来源：笔者整理。

识流入，即母公司及子公司同时是知识的提供者和使用者，知识是双向频繁地转移。同时，由于彼此依赖程度增强，子公司对其他子公司的影响就会增大，子公司在决策时，要更多地考虑其他子公司的情况，也就是要从集团整体的角度来进行子公司的决策，在母子公司组织内形成彼此联接的知识转移网络。可见，组织内相互依赖程度越高，知识转移的模式越是网络式知识转移模式。

母子公司组织内相互依赖程度很低，可以从两个方面来考察：一是母子公司相互依赖程度低，一般属自主管理型管理模式，子公司的自主权大，二者之间知识的转移较少；二是子公司之间相互依赖程度低，这在非相关多元化战略下比较常见，子公司之间的交流就会很少，而且子公司的知识对于其他子公司来说没有价值或价值很低，子公司的知识主要由其自我积累与开发。在这种情况下，母子公司内的知识转移多是自主式知识转移模式。

还有一种情况是母子公司内相互依赖程度居中，这要继续分析子公司知识对整个组织的价值贡献程度。古普塔和戈文达拉扬（2000）[1]从子公司的角度研究知识转移，认为子公司的知识流出与其所拥有知识的价值密切相关，如果子公司知识对其他部门没有太多的价值，子公司之间不会有知识转移，子公司更多地要依靠母公司的知识传输，这多属控制式知识转

① Gupta A. K. , Govindarajan V. . Knowledge Flows Within Multinational Corporations. Strategic Management Journal, 2000, 21: 473-496.

移模式；如果子公司知识对其他部门有一定的价值，这需要母公司承担整合者与传输者的角色，母公司把一子公司的知识吸取过来，经过过滤、分解与整合，形成对其他子公司及整个集团有用的知识，再转移到其他有需要的子公司中去，这种情况就是交互式知识转移模式。

五、母子公司企业文化

企业文化的功能是为组织内成员提供了一个共同的愿景与组织内自觉遵守的社会化规范。可以预见，在一个信任与合作的文化氛围内，组织成员间沟通的密度与深度都是可达最大化的，知识转移就容易实现。对企业文化的考察，可从文化距离、对模糊的忍受程度、信任与合作等几个方面来分析对知识转移模式的影响。

西蒙尼（1999）[1] 在研究战略联盟的知识转移时就提出组织间的文化距离影响着知识的转移与吸收。事实上，无论母公司还是子公司都是独立的法人企业，在各自的组织情境内会形成各自的企业文化，母子公司组织内也不是完全一个企业文化，存在着一定的距离。陈志军（2006）[2] 在论及母子公司文化控制时认为，企业集团内部有两种文化：一是集团共有的文化，二是集团内各企业的文化（子系统文化），后者是前者的亚文化。母公司对子公司文化控制的目的是在集团内共享一些基本的理念与价值观，并不排斥子公司独有文化的存在。当整个组织内部的文化高度统一时，母子公司具有相同的文化倾向与审美标准，显性知识就很容易发送与被接收；而且，在相同的企业文化中，人们更乐于主动地相互沟通，共享隐性的价值观。一般来讲，这种情况下，母子公司的知识转移属于交互式与网络式知识转移模式。

相对应，母子公司存在一定的文化距离，甚至距离较大，这点多体现在跨国公司母公司与全球分布的海外子公司中。文化的差异给知识转移造成了障碍，普遍的做法是加强母子公司人员的交流来传播企业的文化。人员的交流一方面能够强化企业文化，另一方面则利于隐性知识转移。当文化距离过大时，根据母公司的发展战略不同，一般采取控制式或自主式的转移模式；当文化距离不太大时，可以采取交互式知识转移模式。

---

[1] Simonin B. L.. Ambiguity and the Process of Knowledge Transfer in Strategic Alliances. Strategic Management Journal, 1999 (9)：595-623.

[2] 陈志军. 母子公司管理控制研究. 北京：经济科学出版社，2006：112.

对模糊的容忍程度，是组织气质的表现，古普塔和戈文达拉扬（1991）[1] 把它定义为有效处理模糊、不完整、非结构或不清晰的形势或信息的能力。洛奇和莫尔斯（Lorsch & Morse, 1974）[2] 发现，由一个具有较高模糊容忍度的经理领导的部门在面对较高的环境不确定性时表现得更有效率。当组织拥有较高的模糊容忍度，在面对复杂问题与动荡环境时，或是通过努力自我解决问题，或是主动与母公司或其他子公司相互依赖，寻找解决方案，母子公司采取自主式或网络式知识转移模式；相反，当组织拥有较低的模糊容忍度，当遇到难题时只是一味地抱怨客观原因，而在问题面前束手无策，这时母公司应采取行政管理职能，通过主动提供知识与技术等资源，帮助该子公司解决问题，知识转移多是控制式或交互式知识转移模式。

信任与合作，是成功企业文化的自然表现，也是企业采取各种控制手段要达到的目标。马丁内斯和加里洛（1989）[3] 认为，共享的价值会让母子公司间有广泛的开放的沟通，而这些组织成员广泛的社会化与沟通会在组织内建立信任，为成员间互惠行为、谈判与解决潜在冲突提供了基础（Nohria & Ghoshal, 1994）[4]。同样，共享的价值与信念，也促进了成员间的合作，艾森哈特（1985）[5] 认为，组织内成员的合作是因为成员理解并内化了组织的目标。大内（1980）[6] 认为，共同的价值目标与信念会让大家提高彼此协作的兴趣，这会清除机会主义行为的可能性。在信任与合作的基础上，母子公司都会从组织整体的高度来安排自己的生产经营活动，查克拉瓦蒂和罗伦吉（1989）[7] 就认为在共享价值下，即使没有母公司的

① Gupta A. K., Govindarajan V.. Knowledge flows and the structure of control within multinational corporations. Academy of Management Review, 1991, Vol. 16, No. 4: 768-792.

② Lorsch J. W., Morse J. J. Organizations and their members: A contingency approach. New York: Harper & Row, 1974.

③ Martinez J. I., Jarillo J. C.. The evolution of research on coordination mechanisms in multinational corporations. Journal of International Business Studies, 1989, 20 (3): 489-514.

④ Nohria N., Ghoshal S.. Differentiated Fit and Shared Values: Alternatives for Managing Headquarters-Subsidiary Relations. Strategic Management Journal, July1994, Vol. 15, No. 6: 491-502.

⑤ Eisenhardt K. M.. Control: Organizational and economic approaches. Management Science, 1985, 31 (2): 134-149.

⑥ Ouchi W. G.. Markets, bureaucracies, and clans. Administrative Science Quarterly, 1980, 25: 129-141.

⑦ Chakravarthy B. S., P. Lorange. Strategic adaptation in multibusiness firms. working paper 209, Strategic Management Research Center, University of Minnesota, 1989.

监督，子公司也会使用自己独特的知识与资源为集团整体创造利益，而不
是仅仅为了自身的利益。在彼此信任的环境中，组织成员的合作意识比较
强，合作行为增多，成员间的沟通方式也相应丰富，知识转移呈现出网络
式知识转移模式的特点；当组织内成员存在一定程度的信任与合作，需要
母公司成为协调者与知识转移的管理者，才能有效地转移知识，转移模式
大多属交互式知识转移模式；一个极端的情况，当组织内信任与合作程度
低，母子公司的管理模式也是出现两个极端，一种是集权管理，知识转移
属控制式模式，另一种是高度分权，各自为政，知识转移模式则属自
主式。

六、环境动荡情况

环境动荡情况是影响企业了解与整合来自消费者与竞争者知识程度的
一个重要外部因素（Achrol，1991）[①]。研究表明，环境的动荡影响企业的
知识储存、信息获取与使用和组织的创造性（Johnson et al.，2004；Rind-
fleisch & Moorman，2001；Davis et al.，1991）[②]。

德罗格等（Dröge et al.，2003）[③] 在研究跨国公司的全球环境中，把
环境动荡分为：全球市场动荡与全球技术动荡。全球市场动荡是指在全球
市场面对的消费者与竞争者的变化程度；全球技术动荡是指全球环境里技
术的波动、变化与不可预测性的程度，主要是描述技术形式与创新程度的
变化情况。笔者在此也从市场环境动荡与技术环境动荡两个方面来考察具
体知识转移模式的选择。

（一）市场环境动荡情况

当市场环境极度动荡时，来自市场的信息和知识充满了噪音，影响母

① Achrol Ravi S.. Evolution of the Marketing Organization: New Forms for Turbulent Environments. Journal of Marketing, 1991（October），55：77 – 93.

② Johnson Jean L.，Ravipreet S. Sohi，Rajdeep Grewal. The Role of Relational Knowledge Stores in Interfirm Relationships. Journal of Marketing, 2004（April），68：21 – 36.

Rindfleisch Aric，Christine Moorman. The Acquisition and Utilization of Information in New Product Alliances: A Strength-of-Ties Perspective. Journal of Marketing, 2001（April），65：1 – 18.

Davis Duane，Michael Morris，Jeff Allen. Perceived Environmental Turbulence and Its Effect on Selected Entrepreneurship, Marketing, and Organizational Characteristics in Industrial Firms. Journal of the Academy of Marketing Science, 1991（Winter），19：43 – 51.

③ Dröge Cornelia，Cindy Claycomb，Richard Germain. Does Knowledge Mediate the Effect of Context on Performance? Some Initial Evidence. Decision Sciences, 2003, 34（3）：541 – 68.

公司准确预测消费需求和竞争形势的能力（Weick，1993）[1]。母公司从子公司获取的知识很难用于市场开发决策，转移这样的知识只会阻碍新产品的推出（March，1991）[2]；即使根据这些知识做出决策，往往由于知识或信息的不准确而使战略决策出现问题，而向市场推出不适宜的产品。穆尔曼和迈纳（Moorman & Miner，1997）[3] 的研究也表明，当市场条件不可预测时，转移或分享知识会妨碍公司创造力，进而会阻碍新产品推出。

在一个稳定的市场环境里，消费者偏好与竞争态势变化较少，从子公司转移来的知识就更平稳、更具预测性。这些转移的知识不仅帮助母公司跟上市场趋势，也让其能够更准确预测未来市场。因此，在全球市场动荡较低的情况下，母子公司知识转移的广度与深度就会比较高，以便开发更好与更新的产品来满足市场需求。

鲁比等（Rubby et al.，2008）[4] 研究了跨国公司面对的全球市场动荡程度与新产品推出的关系，他们认为全球市场动荡程度与企业新产品推出速度呈负向关系；同时，全球市场动荡程度增加会削弱知识转移与新产品推出速度的正向关系，如图 5.9 所示。这说明，在市场动荡程度较高时，母子公司的知识转移没有太多的价值，相反，在市场环境稳定的情况下，母子公司应加强知识转移力度。

（二）技术环境动荡情况

艾森哈特和塔布里兹（Eisenhardt & Tabrizi，1995）[5] 研究发现，在技术动荡程度高的环境下，母子公司倾向于加大知识转移，通过增量的技术来帮助激发新产品的创造性。此外，技术环境不可预测的变化使得技术被淘汰的速度加快，产品生命周期缩短，这迫使母公司与子公司更集中地转

---

① Weick Karl E. . The Collapse of Sensemaking in Organizations: The Mann Gulch Disaster. Administrative Science Quarterly, 1993 (December), 38: 628 – 652.

② March James G. . Exploration and Exploitation in Organizational Learning. Organization Science, 1991 (Special Issue), 2: 71 – 87.

③ Moorman Christine, Anne S. Miner. The Impact of Organizational Memory on New Product Performance and Creativity. Journal of Marketing Research, 1997 (February), 34: 91 – 106.

④ Rubby P. L. , Qimei Chen, Daekwan Kim, Jean L. Johnson. Knowledge Transfer Between Multinational Corporations's Headquarters and Their Subsidiaries: Influences on and Implications for New Product Outcomes. Journal of International Marketing, 2008, Vol. 12, No. 2: 1 – 31.

⑤ Eisenhardt K. M. , Behnam N. Tabrizi. Accelerating Adaptive Processes: Product Innovation in the Global Computer Industry. Administrative Science Quarterly, 1995 (March), 40: 84 – 110.

移知识，来强化新知识创造力与绩效（Tushman et al.，1997）①。可见，在技术高度动荡情况下，为了比竞争者更快地开发与导入新产品来响应技术变化形势，母子公司会热衷于知识转移，采取的知识转移模式多属交互式或网络式。

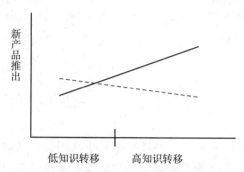

图5.9 知识转移与全球市场动态对新产品推出的交互影响效果

注：实线代表低市场动荡，虚线代表高市场动荡。

资料来源：Rubby P. L.，Qimei Chen，Daekwan Kim，Jean L. Johnson. Knowledge Transfer Between Multinational Corporations's Headquarters and Their Subsidiaries：Influences on and Implications for New Product Outcomes. Journal of International Marketing，2008，Vol. 12，No. 2：20.

在技术稳定的环境中，技术标准与技术平台变化不大，母公司能够更容易识别当前与未来技术趋势。因此，在低技术变化的情况下，知识转移与新产品推出的联接关系是被弱化的，母子公司的知识转移相对较少，转移的方式也多是通过正式机制来实现，其转移模式多是控制式或自主式。

同样，鲁比等（2008）也研究了跨国公司面对的全球技术动荡程度与新产品推出的关系，他们认为，全球技术动荡与新产品推出呈正向关系；同时，全球技术动荡增加会强化知识转移与新产品推出的正向关系，如图5.10所示。可见，在高技术动荡环境下，母子公司之间知识转移就多；相反，在低技术动荡情况下，母子公司知识的转移无论数量还是频率都相对较低。

---

① Tushman Michael L.，Philip Anderson，Charles O' Reilly. "Technology Cycles，Innovation Streams，and Ambidextrous Organizations：Organization Renewal Through Innovation Streams and Strategic Change," in Michael L. Tushman and Philip Anderson，eds. Managing Strategic Change and Innovation：A Collection of Readings，New York：Oxford University Press，1997：3–23.

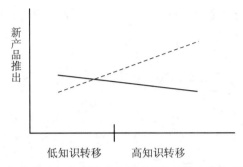

图 5. 10   知识转移与全球技术动态对新产品推出的交互影响效果

注：实线代表低技术动荡，虚线代表高技术动荡。

资料来源：Rubby P. L . , Qimei Chen, Daekwan Kim, Jean L . Johnson. Knowledge Transfer Between Multinational Corporations's Headquarters and Their Subsidiaries：Influences on and Implications for New Product Outcomes. Journal of International Marketing, 2008，Vol. 12，No. 2：20.

根据以上的分析，在动荡环境中母子公司的知识转移模式选择可以分为：（1）高市场动荡情况下，多是自主式或控制式知识转移模式；（2）低市场动荡情况下，多是交互式或网络式知识转移模式；（3）高技术动荡情况下，多是交互或网络式知识转移模式；（4）低技术动荡情况下，多是控制式或自主式知识转移模式。

七、子公司生命周期阶段

在子公司成立之初，子公司的知识主要依赖母公司输入，转移的知识主要是生存性知识。这个阶段是典型的控制式知识转移模式。

在成长期，子公司慢慢积累了在当地生产经营的知识，可以向母公司反馈一定数量的子公司特定知识；同时，这阶段子公司的发展还需要依赖母公司的支持与帮助，母公司向子公司转移的知识大多是发展性知识。在这个阶段，母子公司间的知识转移多属控制式或交互式知识转移模式。

在成熟期，子公司已经发展出独特的具有竞争优势的知识，对其他子公司具有相应的价值，向母公司与其他子公司转移的知识较多，这阶段的知识转移最为活跃。知识转移模式多属交互式或网络式。

在衰退期，子公司主要向母公司提供现金流，其在集团内地位下降，子公司知识的价值程度下降，母公司对其的管理控制也变得松散，主要是保证子公司的生产经营活动得以正常进行，尽可能收取利润。这阶段的知识转移多属自主式或控制式知识转移模式。

以上分别考察了影响母子公司知识转移模式的各种因素，总结于表 5.6 中。

表 5.6　　　　　　　　影响因素与知识转移模式选择

影响因素	具体内容	知识转移模式
公司战略类型	多国型	自主式
	全球型	控制式
	国际型	交互式
	跨国型	网络式
全球经营阶段	国际阶段	自主式、控制式
	跨国阶段	交互式
	全球多业务阶段	网络式
母子公司类型	资本型	自主式
	行政型	控制式、交互式
	管理型	网络式
管理控制模式	行政型	控制式、交互式
	自主管理型	自主式
	治理型	交互式、网络式
子公司角色1	战略领导者	网络式
	贡献者	交互式
	执行者	控制式、交互式
	黑洞	自主式
子公司角色2	全球创新者	控制式、交互式
	整合者	网络式
	执行者	控制式
	当地创新者	自主式
相互依赖程度	高	网络式
	低	自主式
	中	控制式、交互式
企业文化	文化距离小	交互式、网络式
	文化距离大	控制式、自主式
	模糊容忍度高	自主式、网络式
	模糊容忍度低	控制式、交互式
	信任与合作程度高	网络式
	信任与合作程度中	交互式
	信任与合作程度低	控制式、自主式

续表

影响因素	具体内容	知识转移模式
环境动荡程度	高市场动荡	自主式、控制式
	低市场动荡	交互式、网络式
	高技术动荡	网络式、交互式
	低技术动荡	控制式、自主式
子公司生命周期	初建期	控制式
	成长期	控制式、交互式
	成熟期	交互式、网络式
	衰退期	自主式、控制式

资料来源：笔者整理。

第四节　调查样本分析

一、总体描述

本研究共发送问卷 500 份，共回收 102 份，其中有效问卷为 87 份，有效问卷回收率为 17.4%，有效问卷占回收问卷的比例为 85.3%。反馈问卷的企业集团涉及的行业包括制造、贸易、信息技术、建筑与房地产、金融、能源与基础资源开发等，地域涉及山东、广东、天津、北京、浙江等地。

在回收的调查问卷中，管理模式情况分别为：行政管理型 33 家，占样本总数 37.93%；自主管理型也是 33 家，占样本总数 37.93；治理型 21 家，占样本总数 24.14%。如图 5.11 所示。

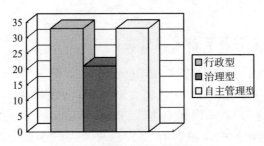

图 5.11　管理模式类型调查统计

资料来源：笔者整理。

二、对四种知识转移模式分类的认可度

母子公司四种知识转移模式的提出，便于理解与考察母子公司知识转移的动向与特征，对于指导母子公司管理实践具有一定的针对性。不过，这样的分类与讨论，能否反映母子公司现实操作情况还需要进行实证的考察与检验。笔者采取了调查问卷、实地调研与公司高层访谈等方式就此问题进行了现实性分析。

在有效的 87 份回收调查问卷中，认为区分母子公司四种知识转移模式没有意义的样本数为 0，占总样本数的 0%；意义不大的样本数为 5，占总样本数 5.75%；认为可以接受的样本数为 40，占总样本数的 45.98%；认为有意义的样本数为 28，占样本总数的 32.18%；认为意义很大的样本数为 14，占样本总数的 16.09%。统计结果如图 5.12 所示。从统计结果看，企业对这四类知识转移模式的认可程度相对较高，说明具有一定的现实意义。在对企业实地调研与访谈中，企业对四种知识转移模式的认可度普遍较高，认为这样区分，利于观察与明确母子公司的关系与地位。

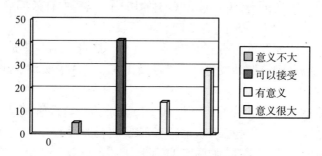

图 5.12　知识转移模式划分接受度

资料来源：笔者整理。

三、知识转移模式的采用情况

在问卷调查中，采用控制式知识转移模式母子公司 8 家，占样本总数的 9.20%；采用自主式知识转移模式母子公司也是 8 家，占样本总数的 9.20%；采用交互式知识转移模式母子公司 41 家，占样本总数的 47.13%；采用网络式知识转移模式母子公司 30 家，占样本总数的 34.48%。统计结果如图 5.13 所示。

可以看出：（1）在调查的母子公司中，普遍采用的是交互式或网络式

知识转移模式，另两种模式则采用得较少。（2）控制式与自主式是母子公司知识转移的两个极端情况，随着公司的发展与管理水平的提高，这两种模式已经不适合现实。（3）已有研究文献认为，网络式知识转移模式下知识的共享与协同效果最佳，从调查资料来看，较多的母子公司采取了这种转移模式，说明我们的母子公司已经从以往简单的官僚式组织结构转变为利于知识转移的扁平化结构；已经有较多公司采取了网络式组织结构，这标志着母子公司已注重通过优势互补来提升整体优势。（4）调查中采取交互式知识转移模式的公司数量最多，这种模式可以有效地发挥母公司的核心指挥作用，但也可以看出，目前母子公司还是以母公司为核心、子公司紧密围绕的企业集团形式，母公司的行政作用较明显，母子公司内部还是以层级组织结构为主。（5）最利于知识转移的网络式结构是母子公司的发展方向，但要看到，网络式结构对于跨国公司进行全球资源整合以及全球协调互动的效果最为明显，而对于经营地点全在国内的母子公司来说，网络式结构作用未必比层级结构更有效。当然，随着经济水平的发展以及知识协同效应的进一步突出，网络式结构仍是母子公司发展的方向。

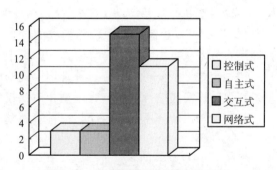

图 5.13 知识转移模式采用情况调查

资料来源：笔者整理。

四、母子公司管理模式与知识转移模式

（一）从知识转移模式的角度

不同的管理模式与知识转移模式的对应关系，本书也做了统计，如图5.14 所示。

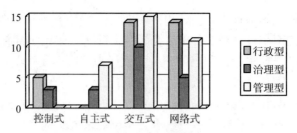

图5.14　管理模式与知识转移模式调查统计

资料来源：笔者整理。

1. 采用控制式知识转移模式 8 家企业中，其管理模式有 5 家属行政管理型，有 3 家属治理型，有 0 家属自主管理型，分别所占比例为 62.5%、37.5% 和 0。

2. 采用自主式知识转移模式 10 家企业中，属行政型 0 家，治理型 3 家，自主管理型 7 家，分别所占比例为 0、30% 和 70%。

3. 采用交互式知识转移模式 39 家企业中，属行政型 14 家，治理型 10 家，自主管理型 15 家，分别所占比例为 39.90%、25.64% 和 38.46%。

4. 采用网络式知识转移模式 30 家企业中，属行政型 14 家，治理型 5 家，自主管理型 11 家，分别所占比例为 46.67%、16.67% 和 36.67%。

从图 5.14 可以看出，采取控制式知识转移模式的母子公司集中于行政型与治理型管理模式；采取自主式知识转移模式的则集中于管理型与治理型；采用交互式转移模式母子公司最多，三种管理模式的母子公司都会采用；采取网络式知识转移模式的行政型与管理型相对比较多，治理型相对数量少一些。这与四种知识转移模式的内涵与三种管理模式的内涵基本是一致的。

不过，出乎意料的结果表现在两个方面：

1. 在网络式知识转移模式中，治理型母子公司数量相比其他两类较少，这有点出乎意料。由于治理型是集权与分权相统一的管理模式，母子公司的关系比较紧密，而且存在着合作与分工的关系，母子公司之间的相互依赖程度应该较高，应该更多地采用网络式知识转移模式。调查的结果没有支持这个假设，可能存在的原因是：一是调查的样本数量过少，不足以说明整体情况；二是我国的母子公司网络结构建设不足，网络型组织也没有建成；三是当前我国的母子公司内部知识的转移还没有得到足够的重视，知识流丰富程度不够，体现不了网络式知识转移的特点。

2. 更多的管理型母子公司采用的是交互式或网络式知识转移模式。

根据对自主式知识模式的内涵分析，这样的模式较为适合分权管理的情况，母子公司相对独立，知识交流不多。调查的结果并没有支持这样的推论，其可能的原因是：（1）已有研究文献认为，子公司自治权提高，有助于他们转移或接收知识，知识转移的效果好，且知识转移的主动性强。这点也许可以解释调查的结果。（2）子公司经营自主权大，其公司知识更多地会来自于自身经营活动，有些知识已经构成了公司的核心优势知识，且具有独特性。这类知识首先会引起母公司的注意和兴趣，甚至会把子公司当成经验典型而去宣传与号召其他子公司学习，母公司会起到知识转移的串联作用。这点也许可以解释交互式知识转移模式中管理型公司数量最多的原因。当然，这种转移模式是不是适合，知识转移效果是不是好，从简单的统计无法辨别。这方面会在第七章中根据问卷量表进行详细的数据分析。

（二）从管理模式的角度

根据本研究的调查问卷收集到的相关信息，在此作一下简单的分析，如图 5.15 所示。

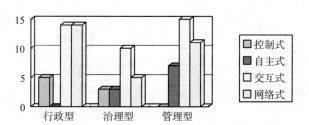

图 5.15 不同管理类型母子公司的知识转移模式统计

资料来源：笔者整理。

在 33 家行政型管理模式中，知识转移模式的采用情况为：5 家控制式，14 家交互式，14 家网络式，分别所占比例为 15.2%、42.4% 和 42.4%。

在 21 家治理型管理模式中，3 家控制式，3 家自主式，10 家交互式，5 家网络式，分别所占比例为 14.3%、14.3%、47.6% 和 23.8%。

在 33 家自主管理型模式中，7 家自主式，15 家交互式，11 家网络式，分别所占比例为 21.2%、45.5% 和 33.3%。

从图中可以看出：（1）行政型母子公司主要选择的知识转移模式是

交互式与网络式。调查没有证实使用控制式知识转移模式，可能的原因是这种转移模式是存在于理论的演绎中，现实中很少会出现这样的方式。（2）治理型母子公司主要选择的知识转移模式是交互式，其次是网络式，这与表 5.6 中的分析基本相符。（3）管理型母子公司主要选择的知识转移模式是交互式。表 5.6 中的观点没有得到证实，前文对此已经进行了可能原因分析。

五、母子公司文化与知识转移模式选择

调查问卷还对母子公司文化进行了询问，主要考察的是母子公司内信任与合作程度，采用李克特 5 点量表的方式调查了母子公司内信任、合作程度与价值理念的相似程度，均值为 4.15，说明调查的样子整体上公司文化建设都是卓有成效的。经归类，采用控制式知识转移模式的公司其公司文化得分平均值为 3.11，采用自主式知识转移模式的公司其公司文化得分平均值为 3.44，采用交互式知识转移模式的公司其公司文化得分平均值为 4.31，采用网络式知识转移模式的公司其公司文化得分平均值为 4.39。如图 5.16 所示。其统计结果与表 5.6 中的理论分析基本一致。

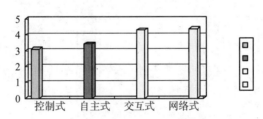

图 5.16　母子公司文化与知识转移模式统计

资料来源：笔者整理。

第六章

母子公司知识转移机制

　　母子公司知识转移受到多种因素制约，对这些因素的探析，产生了母子公司知识转移机制的概念。本章在对母子公司知识转移机制进行概念界定的基础上，结合研究文献，提出母子公司知识转移机制的整合模型，为下一章实证研究提供理论基础。

第一节　母子公司知识转移机制含义

　　在目前的研究文献中，对母子公司知识转移机制的理解存在概念模糊不清、描述凌乱不一的缺陷。为便于系统分析母子公司的知识转移问题，笔者在本节给出知识转移机制的概念，并结合相关研究文献对知识转移机制的研究内容进行分类梳理。

一、母子公司知识转移机制概念

　　辞海对机制一词的解释是：原指机器的构造和工作原理，生物学和医学通过类比借用此词，指生物机体结构组成部分的相互关系，以及其间发生的各种变化过程的物理、化学性质和相互关系。现已广泛应用于自然现象和社会现象，指其内部组织和运行变化的规律。[①]

　　依照这个定义，母子公司知识转移机制也应包括两个方面的内容：一是知识转移包括的各个部分；二是各部分之间的相互关系。即知识转移过程中需要哪些部分来相互配合与扶持，才能促进知识成功的转移？笔者认为，知识转移机制就是知识转移过程中各要素的组合与相互作用，以此来

---

　　① 辞海．上海：上海辞书出版社，1982：1250.

促进知识的成功转移。

文献中，对知识转移机制的定义较少见，而对知识转移的定义却很多。对知识转移概念的界定，研究者又大多从各自的研究视角出发，没有形成一个全面的关于知识转移的促进因素的系统整合。如苏兰斯基（1996）① 把知识转移定义为知识在发送方与接受方之间动态交换的过程，重点考察了转移双方、知识特性与组织情境等方面对知识转移的影响；阿戈特和英格拉姆（2000）② 认为组织内知识转移是个人或群体的知识受他人经验影响的过程，是从个体的角度来分析知识转移机制；古普塔和戈文达拉扬（2000）对知识转移的研究是从知识流的角度出发，考察子公司的流向与流量问题，其忽略的问题是知识转移的成本与动机，也就是较少考虑母子公司的管理因素对知识转移过程产生的作用。

伊斯特比－斯密斯等（Easterby-Smith et al.，2008）③ 认为，组织间知识转移的研究重点是关注七个问题：（1）发送方与接收方的特点、知识本身的特点、组织间的边界是如何影响知识转移过程的；（2）如何证明学习已经发生；（3）知识转移中的转移机制如何描述；（4）合作与竞争的关系如何影响动态知识转移的；（5）什么样的结构可以更有效地促进知识转移；（6）发送方与接收方的文化差异能否是知识转移的障碍；（7）知识转移过程分析如何在不同层面来展开。这是较为全面地分析了组织间知识转移需要各部分的相互作用，并提及了知识转移机制这个概念。

肖小勇和曾怀风（2006）④ 对知识转移机制概念做了描述，他们认为，知识转移机制是知识转移过程中知识发送者与接收者的结合方式以及影响因素的相互作用，适当的转移机制是知识得以顺利转移的保证。笔者较为认同这一定义，但母子公司的知识转移机制的概念，还要加上母子公司这一组织情境。因为母子公司知识转移既有组织内知识转移的特点，又有组织间知识转移的特点。同时，母子公司管理控制类型，也对知识转移

① Szulanski G.. Exploring internal stickiness: Impediments to the transfer of best practice within the firm. Strategic Management Journal, 1996, 17 (Winter Special Issue): 27 –43.

② Gupta A. K., Govindarajan V.. Knowledge Flows Within Multinational Corporations. Strategic Management Journal, 2000, 21: 473 –496.

③ Easterby-Smith Mark, Lyles Marjorie A., Tsang Eric W. K.. Inter-organizational knowledge transfer: Current themes and future prospects. Journal of Management Studies, Jun 2008, Vol. 45, Issue 4: 677 –690.

④ 肖小勇, 曾怀风. 基于抽象水平和驱力类型的组织间知识转移机制研究. 情报杂记, 2006, 11: 52.

有着极重要的影响，反过来，母子公司的知识转移又影响着母子公司管理模式的选择与演进。

总之，笔者认为，母子公司知识转移机制是知识在母子公司组织内部转移的方式与手段的综合，通过各部分相互结合与相互作用，共同促进知识成功转移，使得母子公司知识得以积累、分享、开发与创新，从而提升整体的竞争优势。

二、母子公司知识转移机制的研究内容

单独提出母子公司转移机制并进行系统研究的文献极少，众多的知识转移文献则是从影响知识转移的几个因素出发，来考察如何提高知识转移的效果或提高组织绩效。但也有个别的文献从较为系统的角度来分析如何促进知识转移问题。

（一）国外对母子公司知识转移机制的研究

国外对母子公司知识转移的研究文献繁多，能称为系统的知识转移机制的研究却不多，数量较少的这类研究从组织内个人层面、组织内部门层面及组织间层面做了分析。

1. 艾佩个人层面的知识转移机制。艾佩（Ipe，2003）[①] 从个人层面角度出发研究了组织内知识转移的影响因素。作者认为，在组织内影响知识转移的因素分为四类：（1）知识的属性，包括知识的隐性与显性、知识的价值；（2）转移动机，一方面是个人内化因素，包括对知识与互惠的认识；另一方面是外部因素，包括个人与接收者的关系、组织对个人知识转移的奖励等；（3）转移机会，包括正式学习渠道及关系渠道。如图 6.1 所示。

野中郁次郎及其合作者的研究，也是从个人层面来分析知识的转化与创造问题，从而为组织的行动与管理方式提出了诸多建议。这部分内容在前面已经做了介绍，在此不再赘述。

2. 苏兰斯基组织内层面的研究。苏兰斯基把知识转移定义为知识在发送方与接收方之间动态交换的过程。他认为，嵌入在组织行为、惯例、任务、规则和社会网络中的隐性知识具有很大的粘性，难于被转移；而知

---

① Ipe M.. Knowledge sharing in organizations：a conceptual framework. Human Resource Development Review，2003，2（4）：337 –359.

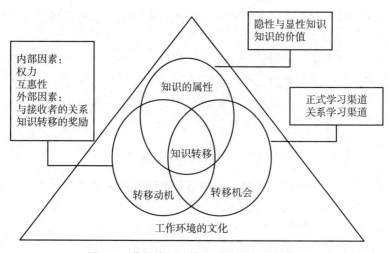

图6.1 艾佩的知识转移影响因素分析框架

资料来源：Ipe M. . Knowledge sharing in organizations：a conceptual framework. Human Resource Development Review，2003，2（4）：352.

识粘性的来源，则包括知识本身、知识来源方、知识接收方和情境等。他通过实证分析指出，有效的知识转移依赖于知识发送方与接收方的知识储备与能力、二者联结的强度、知识的特性等因素。明巴耶娃（2007）[①]把苏兰斯基的知识转移机制概念模型用图6.2来表示。

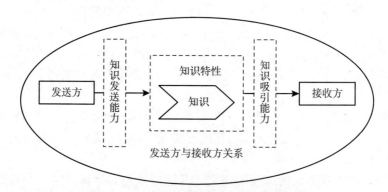

图6.2 基于知识转移影响因素的概念模型

资料来源：Minbaeva D. B. . Knowledge Transfer in Multinational Corporations. Management International Review，Vol. 47，2007，4：569.

---

① Dana B. Minbaeva. Knowledge Transfer in Multinational Corporations. Management International Review，Vol. 47，2007，4：567 – 593.

3. 卡明斯与滕对组织内研发知识的转移机制研究。卡明期和滕（Cummings & Teng，2003）① 从组织内转移研发知识的角度认为，有效的知识转移要跨越四个情境：知识情境、关系情境、接收方情境与活动情境，共有九个要素影响知识的转移。属于知识情境的要素有：知识源对转移知识的表述能力、知识的嵌入性；属于关系情境的要素有：双方的组织距离、物理距离、知识、规范；属接收方情境的要素有：组织的学习文化、知识的优先次序；属活动情境的要素是转移活动。如图6.3 所示。

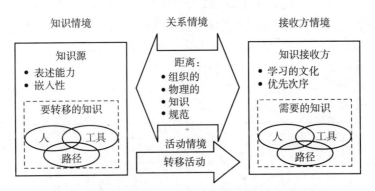

图6.3　Cummings 与 Teng 知识转移机制的概念模型

资料来源：Cummings J. L.，Bing-Sheng Teng. Transferring R & D knowledge：the key factors affecting knowledge transfer success. Journal of Engineering and Technology Management，2003，7，Vol. 20，Issue1 - 2：40.

　　他们二人于2006 年通过对跨国经营企业知识分享的研究，进一步修正了他们的观点：把关系情境中的要素界定为组织的距离、物理的距离、制度的距离、知识的距离及关系的距离，其中制度的距离即规范的距离，关系距离主要是指与当地企业联合的类型，如合资、独资等。他们同时增加分析了一个情境——环境情境，主要包括不同国别的文化、制度及其技术变化程度等。其研究思路与前期基本一样，只是要素分析更加完善与全面。②

---

　　① Jeffrey L. Cummings，Bing-Sheng Teng. Transferring R & D knowledge：the key factors affecting knowledge transfer success. Journal of Engineering and Technology Management，2003，7，Vol. 20，Issue1 - 2：39 - 68.

　　② Jeffrey L. Cummings，Bing-Sheng Teng. The keys to successful knowledge-sharing. Journal of General Management，2006，summer，Vol. 31，No. 4：1 - 18.

4. 高对组织内知识转移机制研究。高（Goh，2002）[①] 认为，组织内的知识转移是组织建立竞争优势并保持长期组织效率的关键。影响知识有效转移的因素分为四大类：（1）组织文化，培育利于知识转移的领导风格、信任氛围、合作意义及主动进行问题搜寻与解决的组织文化；（2）组织结构的支持，组织任务的设计多采用跨功能的团队形式，奖励群体而不是只关注财务指标，给予员工充足的自由沟通的时间；（3）知识接收者，重点是通过培训提高知识吸收能力，通过非结构的交往形成亲密的关系；（4）知识的类型，对于显性知识要着重建设组织的信息系统，对于隐性知识则需要通过导师制、集体对话及经验映射等方式来进行，并通过这些方式形成一个良好的转移机制。组织文化、组织支持结构可以提高组织内人员知识转移的意愿，从而提高知识转移的效果；组织支持结构、知识接收者及知识类型的改善与设计，则直接助于知识转移效果的提高。如图6.4所示。

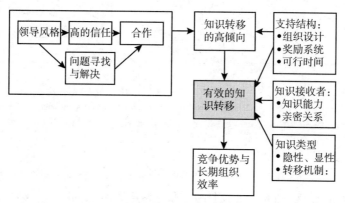

图6.4　知识转移影响因素的整合框架

资料来源：Goh S. C. . Managing effective knowledge transfer：an integrative framework and some practice implications. Journal of Knowledge Management，2003，6（1）：28.

5. 阿尔比诺等对组织间知识转移机制的研究。阿尔比诺等（Albino et al. ，1998）[②] 关注的是组织间知识转移问题，根据转移过程把知识转移

---

① Goh S. C. . Managing effective knowledge transfer：an integrative framework and some practice implications. Journal of Knowledge Management，2003，6（1）：23 – 30.

② Vito Albino，Claudio Garavelli A. ，Giovanni Schiuma. Knowledge transfer and inter-firm relationships in industrial districts：The role of the leader firm. Technovation，1998，Nov. ，Vol. 19，Issue 1：53 – 63.

的组成元素归纳为四个方面：转移主体、转移情境、转移内容、转移媒介，这四部分相互作用促进知识的转移。(1) 转移主体，可以是个人也可以是组织，转移主体的各自特征对知识的发送或吸收效果有着较重要的影响；(2) 转移意境，组织内情境（如管理基础、结构与流程、组织柔性等）和组织间情境（双方合作、信任程度等）是影响知识转移的重要因素；(3) 转移内容，主要是指知识本身的特征因素，如隐性、因果模糊性程度、知识嵌入的载体等；(4) 转移媒介，则指知识的转移渠道。

段等（Duan et al.，2010）[①] 以此为基础，具体考察了阿尔比诺提出的这几个方面的具体内容，通过近几年的文献回顾列出各自的具体影响因素，并通过德尔菲法征询该领域的著名学者意见，得出影响知识转移的最关键因素：(1) 转移者的关键因素分别为：文化认识、转移动机、知识距离、信任程度与开放程度；(2) 转移情境里的关键因素分别为：双方的关系、选择合适的伙伴；(3) 转移的内容里的关键因素是目标与焦点；(4) 转移媒体里的关键因素是语言。

6. 伊斯特比 - 斯密斯等对组织间知识转移机制的研究。伊斯特比 - 斯密斯等（Easterby-Smith et al.，2008）[②] 经过对近期知识转移重要文献梳理，提出了包括知识发送方、接收方、知识属性与组织间的动力四个方面的综合框架。对于发送企业，其知识吸收能力、跨组织知识转移能力与知识讲授的动机是主要的影响变量；对于接收企业，其知识吸收能力、跨组织知识转移能力以及对知识学习的动机是主要的影响变量；对于知识特性，其隐性、模糊性与复杂性是影响知识转移效果的主要因素；对于组织间的动力，则指发送企业与接收企业之间的关系特征，主要包括权力关系、信任与风险程度、双方联接的结构与机制、彼此间社会纽带的方式四方面内容。如图 6.5 所示。

---

① Yanqing Duan, Wanya Nie, Elayne Coakes. Identifying key factors affecting transnational knowledge transfer. Information & Management, 2010, 47: 356-363.

② Easterby-Smith Mark, Lyles Marjorie A., Tsang Eric W. K.. Inter-organizational knowledge transfer: Current themes and future prospects. Journal of Management Studies, Jun 2008, Vol. 45, Issue 4: 677-690.

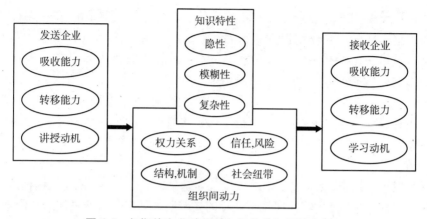

图 6.5　伊斯特比-斯密斯等知识转移机制概念框架

资料来源：Easterby-Smith Mark，Lyles Marjorie A.，Tsang Eric W. K.. Inter-organizational knowledge transfer：Current themes and future prospects. Journal of Management Studies，Jun. 2008，Vol. 45，Issue 4：679.

（二）国内对母子公司知识转移机制的研究内容

罗宣（2006）[①] 从知识属性与母子公司管理两个维度研究了母子公司知识转移的管理问题，并设计了一下研究框架，如图 6.6 所示。她认为母子公司的治理模式、知识距离、关系距离与组织文化距离是影响知识转移的重要因素，要促进母子公司知识转移，一方面要根据知识的属性做好关系管理、过程管理、认知管理与身份管理，另一方面做好母子公司关系的管理，主要是三个焦点内容，分别是管理度、管理模式与控制机制。

需要说明的是，罗宣的研究比较符合笔者对母子公司知识转移机制的理解，但她只是设计了一个研究框架，没有深入地考察各个维度对知识转移的影响及相互作用。

张志勇和刘益（2007）[②] 研究了企业间知识转移问题，把知识分为嵌入在员工中、嵌入在工具中及嵌入在任务中三类。他们认为，嵌入在员工中的知识，企业间进行转移时，需要通过社会化机制，嵌入在工具与任务中的两类知识的转移则需要通过正式的制度机制，因此企业间的知识转移存在社会网络与制度网络两个转移网络类型，称为双网络模型。如图 6.7 所示。

---

① 罗宣. 母子公司知识转移战略的"软"维度研究. 技术经济，2006，3：88－90.

② 张志勇，刘益. 企业间知识转移的双网络模型. 科学学与科学技术管理，2007，9：96－97.

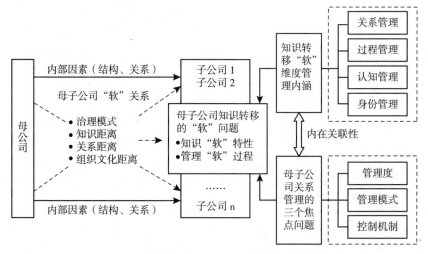

图6.6 罗宣的母子公司知识转移机制框架图

资料来源：罗宣．母子公司知识转移战略的"软"维度研究．技术经济，2006，3：90.

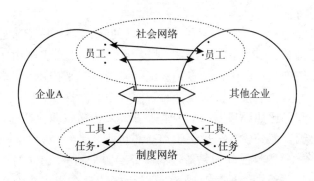

图6.7 张志通和刘益的企业间知识转移机制的双网络模型

资料来源：张志勇，刘益．企业间知识转移的双网络模型．科学学与科学技术管理，2007，9：96.

第二节 母子公司知识转移机制整合模型

本节对母子公司知识转移机制的构成部分进行归纳分析，在此基础上，提出母子公司知识转移机制的整合模型，并就其运行机理进行理论概括。

一、母子公司知识转移机制的构成

第一节已对母子公司知识转移机制的研究文献做了回顾，从文献中可以看出，组织内的知识转移至少需要四个部分的相互作用，才能促进知识的有效转移：知识本身、知识发送方、知识接收方及组织情境。对于母子公司来说，知识发送方可以是母公司，也可以是子公司，知识接收方亦然；对于组织情境，已往的论述大多集中于知识转移双方的关系与组织文化方面，笔者认为，最大的组织情境就是母子公司这一管理体制，母子公司关系以及子公司与子公司的关系、组织文化等都存在于这个情境中，同时母子公司的管理控制模式与手段也决定了知识转移的方式与效果。另外，笔者认为，知识转移机制还应包括知识转移渠道这一维度，转移渠道既是知识转移的承载体，又是知识转移效果的重要影响变量。总之，母子公司知识转移机制的构成包括：知识属性、知识发送方、知识接收方、知识转移渠道及母子公司管理体制。

（一）知识属性

知识是转移的客体，知识的属性不同又影响着知识转移的效果。知识属性是指知识的显性与隐性、知识粘滞性、知识的类型、知识的价值等方面的内容与特征。

1. 知识的显性与隐性。显性知识因其便于编码、易于通过文档资料等方式进行转移，其转移的难度相对较低。而隐性知识则由于其难于编码、嵌入在任务与经验中，大多无法用具体的语言来描述，其转移的难度就比较高，尤其是根植于价值观、心智模式中的隐性知识，只有通过员工长时间在一起，比如导师制、干中学等方式来传递，即使这样，传递知识的程度也会因人而异，甚至无法做到全部转移。

2. 知识的粘滞性。知识粘滞性的研究起源于阿罗（1969）[①] 对技术知识传播的分类注释中，他发现技术知识转移的社会渠道存在着一定的限制，而且这样的渠道使用是有成本的。蒂斯（1977）[②] 也用成本来描述知识的粘滞性，认为知识转移的难易反映在其转移成本上。希佩尔（1994）[③] 用粘滞信息这词来描述难以转移的信息，认为粘滞性反映在转

---

① Arrow Kenneth J.. "The organization of economic activity: issues pertinent to the choice of market versus nonmarket allocation." In The Analysis and Evaluation Public Expenditures: the PBB System, Joint Economic Committee Compendium, 91st Congress, 1st Section, Vol. 1. Government Priniting Office: Washington D. C. , 1969.

② Teece D. . Technology transfer by multinational corporation: The resource cost of transferring technological know-how. Economic Journal, 1977, 6: 242 - 261.

③ von Hippel E. . Sticky Information and the locus of problem solving: Implications for innovation. Management Science, 1994, 40（4）: 429 - 439.

移这类信息时增加的成本上。从知识属性的角度看，知识的粘滞性来源于知识的因果模糊性、不可证明性，也来源于知识的复杂性、专用性和专属性。因果模糊性是指同样的知识在不同的情况下产生的结果未必相同；不可证明性是指尚未有事实来证明该知识的具体作用与效果，人们往往对已经证明的知识有兴趣，对未被证明的知识则心存疑虑，普遍的风险回避心理往往会采取谨慎的态度而不去接纳；复杂性是指此类知识难于理解，采用时往往还需要辅以其他的支撑知识或设备等，这自然会增加知识转移的成本；专用性则指知识具有独特的情境适用特点，对另一个环境的作用不大，甚至无用。准确地说，知识的粘滞性除了知识本身因素外，还包括知识转移双方的意愿以及他们之间的关系等因素。

3. 知识的类型。知识的类型，从不同的角度会有不同的分类。大家通常认可的是阿戈特和英格拉姆（2000）[①] 对知识嵌入的分类，他们认为知识可以嵌入在个人、工具与路径中。嵌入在员工中的知识的转移一般需要通过人员的转移来实现，这点也被大量的研究被证明；嵌入在工具中的知识比起其他类型知识相对容易转移，其转移难易程度与工具（比如产品、技术）的流动性强弱有关；嵌入在路径中的知识，一般是指嵌入在组织流程或组织网络内的知识，蒂斯（2000）[②] 认为，需要建立一个一起工作的模式才能实现这类知识的转移，比如任务小组、工作团队等。在第四章中笔者从价值贡献的角度把母子公司知识分为基础性知识、发展性知识与竞争性知识，这三类知识的转移难度是依次增加的，基础性知识多以显性知识呈现，而竞争性知识的隐性程度则非常高，对此三类知识的转移方式也呈现出由文档转移到员工交流直到建立合作团队的变化特点。

4. 知识的价值。知识的价值体现在三个方面：知识的储量、知识的功能作用及转移双方的知识距离。（1）知识的储量，知识发送方的知识储量越高，对其他单位的价值就越大，转移的知识也就越多；知识接收方的知识储量则有助于他们对知识的吸收与使用。野中郁次郎（1994）[③] 在知识创造的论文中提到，一定程度的知识冗余与重叠，对于知识的吸收与使

① Argote L., Ingram P.. Knowledge transfer: a basis for competitive advantage in firms'. Organizational Behavior and Human Decision Processes, 2000, 82: 150-69.

② Teece D.. Strategies for managing knowledge assets: the role of firm structure and industrial context. Long Rang Planning, 2000, 33: 35-54.

③ Nonaka I.. A dynamic theory of organizational knowledge creation. Organization Science, 1994, 5 (1): 14-37.

用具有重要意义。(2) 知识的功能作用，功能作用越高的，其知识吸收力就越高。对母子公司知识转移的研究，最初只是关注技术知识及最佳实践转移，这两类知识的价值对于母子公司来说不言而喻。随着母子公司的发展，有价值的知识早已超越这两类知识，可以构筑或增强竞争优势的知识都是具有转移价值的，均有助于提升整个母子公司的核心能力。(3) 知识的距离，是指转移双方知识的相似程度。可以预见，如果距离过小，就不存在知识转移的必要；而距离过大，则失去了知识转移的意义，因为转移来的知识无法使用。福斯和佩德森（2002）[1] 对跨国公司公司知识来源进行区分，认为来自群束的知识在跨国公司内难以转移或对其他单元用处极小甚至没有用处。他们进一步认为，特定情境（context-specific）的知识很少会被转移，一方面因为它用处小，另一方面因为特定情境会影响跨国公司其他单元的吸收能力。

（二）知识发送方

从知识发送方来考察，影响知识转移的因素包括知识转移动机与知识转移能力两个方面。

1. 知识转移动机。在母子公司内，知识发送方的转移动机包括：(1) 母子公司管理的行政指令。母子公司尽管都是独立的法人企业，但与其他规制的企业区别之处在于母公司的综合协调与管理职能，钱德勒（1991）[2] 与福斯（1997）[3] 都提及公司总部在组织内的知识转移扮演了协调、促进与保持的重要角色。母公司的指令是知识转移的硬性指标，可以促进知识在母子公司内有效转移。(2) 发送方的权力意识。大多数子公司会把自己的优势知识视为权力的代名词，通过独占专有的优势知识提高自己讨价议价能力而获益，并提高自己的地位。但也有研究认为，从动态角度看，一个公司可能通过转移知识来赢得权力（Foss & Pedersen, 2002）[4]，因为随着知识的流出，公司的影响力也在流向对方公司。福斯

① Foss N. J. , Pedersen T. . Transferring knowledge in MNCs: The role of sources of subsidiary knowledge and organizational context. Journal of International Management, 2002, Vol. 8 Issue 1: 1 – 19.

② Chandler A. . The functions of the headquarters unit in the multibusiness firm. Strategic Management Journal, 1991, 12 (S2): 31 – 50.

③ Foss N. J. . On the rationales of corporate headquarters. Industrial and Corporate Change, 1997, 6 (2): 313 – 338.

④ Foss N. J. , Pedersen T. . Transferring knowledge in MNCs: The role of sources of subsidiary knowledge and organizational context. Journal of International Management, 2002, Vol. 8 Issue 1: 1 – 19.

格伦等（Forsgren et al.，1999）① 提出"权力行使资产（power-wielding assets）"这一概念，认为这类资产是公司生产与转移新知识的动态能力。总之，知识发送方对权力的理解与意识，对母子公司的知识转移也起到决定作用。（3）对知识转移的奖励。知识转移行动可带来职位、待遇、权力等方面的奖励，是较有力的激励方式。（4）企业文化。在一个主动知识分享的企业文化里，母子公司的知识转移就比较容易实现；另外，彼此信任的文化氛围可以有效促进知识转移，信任的气氛也是企业文化建设的主要内容之一。

2. 知识转移能力。知识转移能力表现在两个方面：一是对知识的表达能力，二是对知识的传授能力。（1）对知识的表达，这方面的研究文献都表明，对转移知识的表述能力是知识转移的关键之一。对于隐性知识的难表达性，研究者也认为，隐性知识也是可以进行表达的，比如通过隐喻的方式。梅森和利克（Mason & Leek，2008）② 对组织间知识转移的实证研究发现两种机制决定了知识转移的成功率：知识的清晰表达、知识编码，前者具体的方式包括会议或组织间的评论，后者包括合同、文档、回顾流程或决策支持系统。（2）传授能力，主要是指对知识的讲授、演示等方面的能力。显性知识容易被传授，隐性知识则大多需要共同工作以"干中学"的方式来传授。

（三）知识接收方

与知识发送方相似，知识接收方的知识吸收动机与吸收能力是影响知识转移的关键因素。

1. 知识吸收动机。主要包括：（1）母子公司的行政指令。这点同知识发送方一样，在行政指令下，子公司尽管是被动接收知识，但为了完成任务，还是会执行知识转移活动。（2）非本地发明综合症。非本地发明（not-invented here，NIH）是指组织与个人对外来知识的排斥，认为不是由本地产生的，故不适合在本地应用。卡茨和艾伦（Katz & Allen，

---

① Forsgren M.，Pedersen T.，Foss N. J.. Accounting for the Strenghts of MNC Subsidiaries: the Case of Foreign-Owned Firms in Denmark. International Business Review，1999，8：181 – 196.

② Mason K.，Leek S.. Learning to build a supply network: an exploration of dynamic business models. Journal of Management Studies，2008，45：759 – 784.

1982)① 通过对 R & D 项目的实证研究，认为非本地发明综合症可阻止知识接收者接受外部知识。伦纳德－巴顿（1995）② 在其《知识的源泉》一书中进一步指出，当对外来知识的接收与使用需要组织与员工摒弃掉对他们非常重要的原有知识时，非本地发明综合症则更为突出。（3）权力意识。知识接收方对自我权力的保护表现在三个方面：一是认为知识是权力的基础，担心失去自己原有的赖以生存与权力拥有的知识而拒绝接收新知识（这点类似非本地发明综合症）；二是组织内的竞争，接收方不愿意让他人看到自己的知识在竞争内处于弱势，而故意贬低其他部门知识的优越性；三是基于同样的原因，接收方不承认自己知识的不足，拒绝转移与吸收外来知识。（4）组织文化与激励。在共享的企业文化中，子公司会主动寻找知识并乐于转移进来；同样，激励手段的存在，会激发子公司学习、引入其他部门知识的愿意与行动。

2. 知识吸收能力。知识接收方的吸收能力被大量研究文献列为影响变量，但实证的研究结果并不显著，这可能与研究者对这一变量的调查维度有关。少量的研究文献也证实了吸收能力对知识转移的影响，如范韦克等（Van Wijk et al.，2008）③ 的实证研究发现，组织的规模和吸收能力与知识转移的效果正相关。尽管实证研究较少得到证实，但知识接收方的吸收能力对知识转移效果的影响是不言而喻的，通过培训及丰富子公司的知识存量可有助于提高接收方的学习能力，从而提高对转移来的知识吸收与消化的速度与效果。

（四）知识转移渠道

知识转移渠道体现为是知识在组织与人员间输出与输入的具体形式。野中郁次郎和今野（1998）④ 的"巴"的概念提供了很好的分析视角：通

① Katz R.，Allen T. J.. Investigating the Not Invented Here（NIH）syndrome：a look at the performance，tenure，and communication patterns of 50 R & D Project Groups. R & D Management，1982，12（1）：7 - 19.

② 详见 Leonard-Barton D.. Wellsprings of Knowledge. Harvard Business School Press，Boston，MA，1995：22 - 57.

③ Van Wijk R.，Jansen J. P.，Lyles M. A.. Inter-and intra-organizational knowledge transfer：a meta-analytic review and assessment of its antecedents and consequences. Journal of Management Studies，2008，45：815 - 838.

④ Nonaka I.，Konno N.. The concept of 'ba'：Building a foundation for knowledge creation. California Management Review，1998，Spring，Vol. 40，No. 3：40 - 54.

过面对面的发起巴隐性知识得以明晰化，通过同级对同级的对话巴显性知识得以分享，通过群体对群体的系统巴显性知识在组织内传播并成为组织的显性知识，通过演练巴群体的显性知识固化为组织的隐性知识。古普塔和戈文达拉扬（2000）[1] 把知识转移的手段看作是转移渠道的丰富性问题，他们认为包括三个方面的内容：（1）沟通的丰富度与广度，尤其是非正式、开放与沟通的密度。（2）正式整合机制，包括职位、工作小组与长期委员会。（3）公司社会化机制，是指建立个人间熟悉、密切的关系，从不同的子公司人员中获取认知地图的组织机制，包括两类机制：一是横向机制，比如同级子公司间的岗位轮换，参加跨子公司的管理人员项目等；二是纵向机制，比如在子公司与母公司间岗位调动，参加公司的指导项目等。

知识转移渠道的形式是多样的，在此从四个维度归纳列举一下：

1. 员工的维度，主要包括员工培训、会议、非正式的社交活动、对话与沟通、导师制或学徒制等。

2. 资源交换的维度，主要包括电子数据交换、产品与技术的交换、内部贸易等。

3. 母子公司管理的维度，主要包括管理岗位轮换、母公司管理人员派驻子公司、子公司管理人员调入母公司等。

4. 载体的维度，主要包括管理性文档资料的传递、操作与技术说明书、管理信息系统、企业内部网络（Intranet）等。

（五）母子公司管理维度

弗朗西斯科（2010）[2] 探讨了公司总部对知识转移行为的影响，把总部的影响分为三个方面：对子公司决策权的分配，对整体资源的配置，总部直接介入知识转移过程。母子公司这一组织形式的优势就在于有个总部在统领全局。从母子公司管理的角度，笔者认为影响母子公司进知识转移的因素表现在：

1. 母子公司类型。前文已经论述了母子公司的类型分为资本型、行政型与管理型。母子公司类型不同，其知识转移的模式也不同，转移的知

---

① Gupta A. K., Govindarajan V.. Knowledge Flows Within Multinational Corporations. Strategic Management Journal, 2000, 21: 473–496.

② Francesco Ciabuschi, Oscar Martín Martín, Benjamin Ståhl. Headquarters' Influence on Knowledge Transfer Performance. Management International Review, 2010, 50: 471–491.

识数量与内容也不相同，因此对知识转移机制的要求也是不同的。资本型母子公司更多地注重投资收益率，一般很少过问子公司的管理，母子公司之间的知识转移较少，转移的知识也多是显性的指令、计划与企业规划等。行政型则是集权的运行方式，母公司对子公司的参与度很高，二者之间的知识转移在一定程度上类似企业内的知识转移，关注的重点是知识的转化与创造。管理型则较好地体现了子公司独立法人资格，母子公司一般是通过公司治理的方式进行整个集团的管理，知识的转移则较多地体现出组织间知识转移的特点。

2. 母子公司管理模式。本书把母子公司管理模式分为行政型、治理型与管理型。母子公司管理模式是母子公司类型的表现形式，这二者具有较高的关联性。如上面提到的弗朗西斯科认为总部对知识转移的一个重要影响是总部直接介入知识转移的过程，这种方式在治理型管理模式中较少出现，而在行政型管理模式则会较多。

3. 母子公司控制机制。母子公司的控制机制与控制手段决定了知识转移的效果与效率。如在人力资源控制中，母公司管理人员外派进入子公司高层管理团队，这既是控制手段，同时也促进了子公司对母公司知识的吸收；同样在子公司总经理的任命中母公司具有决定权，子公司总经理的风格与特质也决定了子公司在知识转移中的角色与任务。在绩效控制中，大量的研究认为，对子公司的绩效考核如果以几个子公司共同的绩效为基础，则有利于知识转移；另外，控制阶段的不同，也影响着知识转移的效果，如果只注重产出业绩控制，则子公司学习吸收其他子公司知识的动机不大。如此等等，均表明，母子公司的控制机制是构成知识转移机制的重要组织部分。

4. 子公司角色。子公司的角色不同，在知识转移的主动性、能动性方面亦不同。创新者与整合者在知识转移方面就会相对比较活跃，而执行者与当地创新者在知识转移上就会显得被动与消极。

5. 企业文化。企业文化建设是母子公司管理的一个重要内容，在一个高度分享、协作与信任的企业文化中，不仅母子公司表现出整体优势，而且其内部知识转移的成功率也相应较高。

二、母子公司知识转移机制整合模型

（一）模型

通过上面的分析，母子公司知识转移就是在母子公司这一规制结构的组织情境下，知识由发送方通过转移渠道传送给知识接收方的过程。尽管从一个具体知识的流向上看，知识转移是单向的，但在转移的过程中需要知识转移双方互动的沟通，正如苏兰斯基（1996）[①]把知识转移定义为知识在发送方与接受方之间动态交换的过程一样，从整体上看，母子公司的知识转移需要各部分的相互协调与配合，才能促进知识的成功转移。这个综合的协调、支持与促进知识转移的各部分的相互作用就构成了母子公司知识转移机制。

笔者认为，母子公司知识转移机制由知识属性、知识发送方、知识接收方、知识转移渠道与母子公司管理五个部分组成。这样的划分，能够比较全面地反映母子公司这一组织情境下知识转移的要素及其内在的相互关系。母子公司知识转移机制的整合模型如图 6.8 所示。

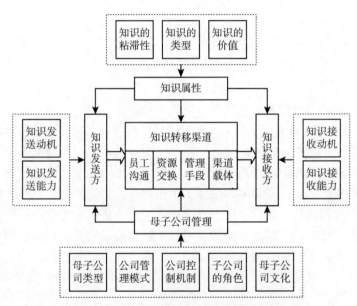

图 6.8　母子公司知识转移机制整合模型

资料来源：笔者整理。

（二）作用机理

简化地看知识转移，就是知识由发送方转移到接收方。这个转移过程

①　Szulanski G. . Exploring internal stickiness：Impediments to the transfer of best practice within the firm. Strategic Management Journal，1996，17（Winter Special Issue）：27 – 43.

在企业内未必会自发形成，即使员工之间的社会化关系存在彼此对话、交流，会发生一定量的知识转移，但这个情况下转移的知识是零散的、非系统的，且转移的是具有个人偏好的知识，这并不是企业知识转移的内容。母子公司的知识主要指生产经营中产生的技术、技巧与诀窍，具有组织嵌入的特点。这部分知识的转移需要付出一定的企业成本才能进行。正因为这一点，才会有转移机制的五个部分存在，来共同促进知识转移。模型的作用机理表现在：

1. 知识发送方的发送意愿与发送能力决定了对知识转移渠道的选择与应用。如果发送方具有较强的自激励功能，并视转移知识为树立威信与提升地位的手段，发送方会更多地采取互动式的转移方式，并主动进行知识的传授与讲解，甚至派员工去接收方辅导与"传帮带"，对知识的编码也尽可能使之容易理解、编码的范围也会更为广阔。反之，在这些方面的深入程度会降低。

2. 知识接收方的接收愿意与接收能力也决定了对知识转移渠道的选择与应用。主动学习的接收方会积极寻找新知识的来源，并采取丰富的转移渠道与手段来获取知识。比如主动派员去知识发送方学习、观摩与访问，寻找提高吸收能力的支持性知识等。

3. 知识属性影响着知识转移双方的行为，同时也影响着对知识转移渠道的选择与使用。首先，隐性知识会增加知识编码与传授的难度，也会降低发送方转移知识的愿意；隐性知识也会弱化接收方主动学习的兴趣与能力；其次，竞争性知识多以隐性的形式存在，而这部分知识对于构筑企业的核心知识具有决定性作用，这会激发知识转移双方传播和吸收优势知识的动机；最后，不同的知识类型对知识转移渠道的要求也不相同，显性知识通过正式化的传播机制就可以完成，而隐性知识而更多地需要社会化机制，通过人员的交往、沟通，甚至是在任务小组内共同工作，才可以完成。

4. 母子公司的管理体制提供了知识转移的组织情境，而且在某些程度上强化了对知识转移的管理。首先，母子公司关系决定了知识发送方的行为，也决定了知识接收方的行为。这可以通过管理指令来实现，也可以通过奖励制度、控制机制、管理模式的变化来引导实现。同时，母公司直接介入知识转移的过程，会强化转移双方的主动转移行为。其次，母子公司管理模式也决定了对知识转移渠道的选择与使用，既可以是激励与引导双方行为的间接方式，也可以是行政指令的直接方式。母公司的管理职能在这方面需要充分实施与体现，才能保证有效的知识转移。最后，知识属性会让母公司在知识转移管理与实施中做出适合的方式，而母子公司管理的力度与手段，也会在一定程度上改变知识的属性，比如在一个相互依赖程度高的母子公司关系中，部分隐性知识可以转化为隐性程度不高的知识，甚至可以明晰化。野中郁次郎（1988b）[①] 分析了三种管理模式在知识转移与创造上的特点，指出管理模式的选择会影响知识的隐性化程度。这三种模式包括：由上至下管理、由中间管理层发起至管理高层再至管理低层、由下向上管理。这三种模式在知识创造、资源协调、协同定位、管理流程、知识积累等方面起到的作用各不相同，也各自存在弱点。总之，母子公司管理对知识转移的影响也是决定性的。

5. 转移渠道提供了知识转移的通路，其他因素的影响最终体现在转移渠道的多寡与运行效率上。知识转移最终要通过人来实现，人员的交互与沟通才能完成知识的传递，一般认为，知识转移的渠道包括正式转移机制与社会化转移机制，这两类机制都是通过提供丰富的人际交往平台来实现知识的有效转移。知识属性要通过转移渠道来表现，发送方的特征决定了对渠道的选择与使用，接收方特征也决定了对渠道的遴选，母子公司管理控制也是作用于转移渠道才能发挥其作用。

---

① Nonaka I.（1988b）. Toward Middle-Up-Down Management：Accelerating information Creation. Sloan Management Review，1988，29（3）：9 – 18.

第七章

实 证 分 析

根据上一章对知识转移机制各构成部分的分析，本章具体考察各部分中相关因素对知识转移效果的影响，通过企业访谈和知识转移问卷调查，对影响母子公司知识转移的影响因素进行数据实证检验。

第一节　研究设计与方法

母子公司成功的知识转移是知识转移机制各部分综合作用的结果，为促进母子公司知识转移效果的提高，本节从知识转移机制各组成部分进行分析整理，并结合前几章的观点，提炼出影响母子公司知识转移的关键影响因素，提出研究假设，并对各变量的测量与调查问卷进行系统设计。

一、成功知识转移的特征

知识转移的目的是把知识从知识源成功地转移到接收方（Cummings & Teng，2003）[1]。衡量知识转移成功与否的标准，研究者们从不同的角度给予了回答。总起来看，成功的知识转移具有以下特征：

1. 知识发生了流动。古普塔和戈文达拉扬[2]在 1991 年就通过考察知识流动的方向来研究子公司的角色，并把知识的流动作为成功的知识转移

① Jeffrey L. Cummings，Bing-Sheng Teng. Transferring R & D knowledge：the key factors affecting knowledge transfer success. Journal of Engineering and Technology Management，2003，7，Vol. 20，Issue1 - 2：41.

② Gupta A. K.，Govindarajan V.. Knowledge Flows and the Structure of Control within Multinational Corporations. The Academy of Management Review，Oct. 1991，Vol. 16，No. 4：768 - 792.

的特征。哈肯逊和诺贝尔（Hakanson & Nobel, 1998）[①] 把成功转移被定义为在一个特定时间段内一定量知识的转移。

2. 知识接收方具有满意的效果。这也是大量文献的研究视角，并开发出相应的量表，通过测量接收方的满意度来描述知识转移的成功度。苏兰斯基（1996）[②] 就把成功转移定义为在规定时间与规定预算下，产生一个满意的接收者。

3. 知识在接收方被再创造。这多体现在技术转移与技术创新的研究文献中，研究者把成功转移聚焦于哪个知识在接收方被再创造。纳尔逊（Nelson, 1993）[③] 认为成功的知识转移表现为接收方掌握该项知识，并应用于产品设计、制造过程与组织设计。金和纳尔逊（Kim & Nelson, 2000）[④] 从组织学习与创新的角度把知识转移视为一个动态学习过程，组织持续地与消费者和供应商相互作用，转移来的知识可以用于创新或模仿制造产品。卡明斯和滕（2003）[⑤] 认为，知识转移应主要包括源知识在接收方中被再创造。

4. 知识被内化与接受。知识的内化最初见于制度理论，把成功的转移定义为接收方对转移的知识获得所有权、承诺与满意的程度（Meyer & Rowan, 1977）[⑥]。其中：（1）知识的所有权，指接收方有明确的拥有此项知识的感觉。科斯托娃（Kostova, 1999）[⑦] 通过文献梳理认为，知识所有权体现在三个方面：首先，能让接收者加入更多的他们自己的观点、独特知识与个人风格；其次，接收方与知识联接的强度可以让他们感觉到拥有

---

① Hakanson L. , Nobel R. . Technology characteristics and reverse technology transfer. In：Paper Presented at the Annual Meeting of the Academy of International Business, Vienna, Austria, 1998.

② Szulanski G. . Exploring internal stickiness：Impediments to the transfer of best practice within the firm. Strategic Management Journal, 1996, 17（Winter Special Issue）：27 – 43.

③ Nelson R. （Ed.）, . National Innovation Systems：A Comparative Analysis. New York：Oxford University Press, 1993：18.

④ Kim L. , Nelson R. R. . Technology, Learning, and Innovation：Experiences of Newly Industrializing Economies. Cambridge, UK：Cambridge University Press, 2000：20 – 49.

⑤ Jeffrey L. Cummings, Bing-Sheng Teng. Transferring R & D knowledge：the key factors affecting knowledge transfer success. Journal of Engineering and Technology Management, 2003, 7, Vol. 20, Issue1 – 2：39 – 68.

⑥ Meyer J. , Rowan B. . Institutionalized organizations：formal structure as myth and ceremony. American Journal of Sociology, 1977, 83：340 – 363.

⑦ Kostova T. . Transnational transfer of strategic organizational practices：a contextual perspective. Academy of Management Review, 1999, 24（2）：308 – 324.

所有权；最后，知识所有权也与个人投入的精力、时间、努力与注意力的程度相联系。（2）承诺，表现在个人使用这些知识让他们看到知识价值、开发能力的程度。（3）满意，接收方的满意可以减少接收方使用与吸收知识时的压力与抗拒度，也就可以避免非本地发明综合症的发生。

上述学者们对成功知识转移的界定可以总结为是对知识转移效果的认定。本书对知识转移效果的概念描述为：知识对接收方的有用程度，即接收方对转移知识的满意程度、使用程度以及对本公司创新的促进程度。因此，成功的知识转移就是接收方对接收到的知识满意程度高、使用程度高，并且对创新的促进程度高。

二、基本假设

知识转移机制各部分共同作用才能促进知识在母子公司内有效地转移，影响母子公司知识转移的因素也存在于这五个部分中，在此作一个系统的梳理，并提出相应的基本假设。

（一）知识本身的因素

在母子公司知识转移中，知识本身的因素主要表现在知识的粘滞性、知识的类型及知识的价值等方面。知识的粘滞性是知识本身固有的特征，母子公司在进行转移时，通过适当的组织手段可以在一定程度上改善知识粘滞程度，比如更多地使用社会化机制，加强人员的交往与沟通，采用"干中学"等方式。这部分内容更多地体现在母子公司的管理手段上。在此，对于知识本身因素，笔者主要探讨母子公司的知识类型与价值对知识转移的影响，而对降低粘滞性的因素则放在母子公司管理中具体讨论。

知识转移的前提假设是知识发送方有相应的知识可资转移，即具有一定的知识储量。文献中大多把知识转移方的知识储量作为影响知识转移的首要因素。古普塔和戈文达拉扬（2000）[1] 实证检验了知识发送方的知识储量对知识转移效果的正向影响，并获得支持。王等（2004）[2] 研究了跨国公司对中国子公司的知识转移，他们认为母公司的知识转移能力包括知识储量、外派人员的能力，母公司的知识储量越多，流出到中国子公司的

---

[1]　Gupta A. K., Govindarajan V.. Knowledge Flows Within Multinational Corporations. Strategic Management Journal, 2000, 21: 473–496.

[2]　Pien Wang, Tony W. Tong, Chun Peng Koh. An integrated model of knowledge transfer from MNC parent to China subsidiary. Journal of World Business, 2004, 39: 168–182.

知识就越多。

显然，知识接收方的知识储量对知识吸收有着重要的影响。子公司的知识越丰富，对接收来的知识的理解与消化的速度就越快、程度就越高。野中郁次郎（1994）[①] 提到知识冗余与重叠，能促进知识的吸收、转化与创造。金（2001）[②] 认为知识接收方的前期知识影响其对知识的吸收能力。国内研究者，如和金生与王雪利（2006）[③] 也把子公司的知识存量作为母公司对子公司知识转移的影响因素。关于知识储量对知识吸收能力影响的实证研究结果是显著的，即知识储量越多，转移来的知识就越多。

前提假设1：知识转移的数量与知识转移效果有较强相关关系。

在母子公司知识结构部分，笔者把母子公司的知识依照价值贡献程度分为生存性知识、发展性知识与竞争性知识；依照知识的来源分为内部知识与网络知识。

1. 知识的价值贡献类型。我们对知识转移概念的界定不仅仅是知识转移流出与流入的数量，更主要的是考察转移的知识能否被接收方吸收、转化并使用。前文已述，知识转移效果是指知识对接收方的有用程度，即接收方对对转移知识的满意程度、使用程度以及对本公司创新的促进程度。因此，对知识本身特性对知识转移效果的影响，还要考察转移的知识对接收公司的价值贡献程度。

从总体看，母子公司的知识可以分为生存性知识、发展性知识与竞争性知识。每类知识可以从价值链的角度对其细化为功能性知识与辅助性知识（具体参见表4.1对公司知识的分类）。考虑到生存性知识、发展性知识与竞争性知识界限相对模糊，而且是动态变化的，而功能性知识与辅助性知识则是从企业价值链角度区分，界限清晰，而且这两类知识本身也体现着知识的价值贡献方向与程度。因此，笔者主要考察功能性知识与辅助性知识的转移数量对整体知识转移效果的影响。

功能性知识与辅助性知识对于丰富接收公司的知识储量、提升管理水平与充分利用优势知识提高自己的核心能力具有积极的正向影响。根据前

---

①　Nonaka I . A dynamic theory of organizational knowledge creation. Organization Science，1994，5（1）：14 – 37.

②　Kim L . Absorptive Capacity，Co-operation，and Knowledge Creation：Samsung's Leapfrogging in Semiconductor. In Nonaka I . ，Nishiguchi T . （eds）. Knowledge Emergence：Social，Technical，and Evolutionary Dimensions of Knowledge Creation. Oxford：Oxford University Press，2001：270 – 286.

③　和金生，王雪利. 母公司对子公司知识转移的影响因素研究. 西安电子科技大学学报（社会科学版），2006，2：87 – 91.

提假设，这两类知识的转移数量与知识转移效果是正相关的关系，可以得出以下推论：

假设1a：功能性知识的转移数量与知识转移效果正相关。

假设1b：辅助性知识的转移数量与知识转移效果正相关。

2. 知识的来源类型。福斯和佩德森（2002）比较系统的研究了母子公司的知识来源对知识转移效果的影响。他们根据组织内知识的来源不同，把知识分为内部产生的知识、网络知识以及群束知识，并分别考察了这三类知识对知识转移效果的影响程度，发现内部知识转移效果好，网络知识转移效果较差，而群束知识转移效果最差。笔者从这一逻辑出发，分别考察内部知识及网络知识对知识转移效果的影响程度。

研究文献的实证结果表明，内部创造的知识转移难度相对较小，接收方吸收程度高，而且由于知识产生的组织情境相似，彼此的知识距离不会太大，对知识接收方的价值就相对较高。而网络知识的产生有其特定的组织环境，是子公司（或母公司）在其经营当地获取的知识，一般来说，对于其他公司具有异质性特点，一方面吸收学习的难度大，另一方面，这类知识对一公司具有价值，对在另一个经营环境中的公司来说，可能价值不高。因此，对这类知识的吸收效果不高，亦即知识转移的效果不佳。根据前提假设，提出以下推论：

假设1c：内部知识转移数量与知识转移效果正相关。

假设1d：网络知识转移数量与知识转移效果负相关。

（二）知识发送方

大量研究文献的分析结论是知识发送方特征对知识转移具有重要的影响，基于此，直接给出前提假设：

前提假设2：知识发送方特征与知识转移效果存在较强的相关关系。

以往文献对知识发送方的特征主要从两个方面分析：一是发送方的意愿，二是发送能力。不可否认，知识发送方的知识转移动机受到母子公司管理的影响极大，比如人力资源管理制度、绩效考核制度、文化制度等。笔者认为，这类动机的产生是因为存在组织的控制与激励机制，这属母子公司管理维度的内容，因此这部分内容在母子公司管理维度里进行阐述。排除这些组织因素外，知识发送方自激励的动机莫过于组织内的权力斗争问题，这也是有些公司保留知识而不外泄或有些公司存在"非本地发明症"现象的根本原因所在。因此，对权力的认知是发送方选择发送还是选

择保护知识的首要自我因素。对于知识发送方的特征，笔者从权力认知与
发送能力两个方面来考察对知识转移效果的影响。

1. 权力认知。目前文献对转移方权力认知的研究大多聚焦于子公司，
认为子公司的决策自主权越高，其转移知识的动机就越强（Gupta &
Govindarajan，2000；Sheremata，2000；Van Wijk et al.，2008；Birkinshaw
et al.，1998）。还有一些研究关注了子公司的预算问题、子公司经理人员
的晋升问题等。安博斯和曼克（Ambos & Mahnke，2010）[①] 提到，如果母
公司不提供结构、流程与激励，子公司没有理由去分享他们的资产，即使
它知道哪些子公司会从这个分享中获得好处。如果主动发送知识，会得到
认可与更多的晋升机会，或者是发言权得以提升，或者是威望信誉得到提
高，发送方主动向外转移知识的意愿就会强烈，知识转移的效果会得到保
证。因此，根据前提假设，提出以下推论：

假设 2a：发送方知识转移对权力增加的贡献程度与知识转移效果正
相关。

2. 发送能力。知识的发送能力包括两个方面：一是知识的表述能力，
二是知识的传授能力。表述是指知识编码情况，而传授则主要指对知识接
收方的指导与培训。知识编码情况主要表现为知识的转移是否以手册、文
档的形式，在知识转移中，越是以正式的文档材料形式转移的知识，越容
易被吸收方理解与学习。发送方派员到接收方进行技术技能培训与指导，
则知识越容易被转移。根据前提假设，提出推论：

假设 2b：知识发送方的发送能力与知识转移效果正相关。

（三）知识接收方

研究文献的分析结论也表明，知识接收方特征对知识转移具有重要的
影响，基于此，直接给出前提假设：

前提假设 3：知识接收方特征与知识转移效果存在较强的相关关系。

与知识发送方相似，笔者对知识接收方特征考察两个方面：一是对权
力的认知；二是学习吸收能力。

1. 权力认知。研究者对知识接收方拒绝接收知识的原因分析比较多，
比如非本地发明综合症、担心在集团中地位的下降或不愿意丢弃原有的知识

[①] Björn Ambos, Volker Mahnke. How Do MNC Headquarters Add Value Management International Review，2010，50：403-412.

等。排除母子公司管理因素对接收方动机的影响，笔者认为，促进接收方主动接收知识的内在因素与知识发送方一样，如果主动学习与吸收其他公司的知识可以获取个人职务上的晋升，或者可以赢得大家的赞美，或者对公司的发展带来其他有益条件，接收方主动寻求与接收知识的意愿就会明显，甚至是热情高涨，知识转移的效果会得以提高。根据前提假设，提出推论：

假设 3a：接收方知识转移对权力增加的贡献程度与知识转移正相关。

2. 吸收能力。科恩和莱温特（1990）[①] 认为，吸收能力是识别价值的新信息、消化并应用到商务活动的能力。古普塔和戈文达拉扬（2000）[②] 研究发现，即使对获取新知识渴望没有区别，个人与组织在知识吸收能力上也会不同。学习能力可以促进组织学习与知识转移，这已经被许多研究者关注（Aubrey & Cohen，1995；Fiol & Lyles，1985；Huber，1991）[③]。尽管大多的实证研究没有证实学习能力与知识转移效果的正向关系，但学习能力高，理解与应用知识的程度自然就高，这基本属常识性问题。接收方的学习能力体现在员工受教育背景、对员工的培训力度等方面。员工受教育背景越高，其学习能力就越高；同样，企业越是注重对员工的知识培训，越利于提高员工的学习能力。学习能力高，对知识的接收、使用的速度就快，而且效果更好。根据前提假设，提出推论：

假设 3b：接收方吸收能力与知识转移效果正相关。

（四）母子公司管理

在母子公司知识转移中，母公司的管理职能对知识转移效果的影响是明显的，不同的管理方式与管理手段，母子公司知识转移的效果也各不相同。福斯和佩德森（2002）[④] 提到，太多的实证研究集中于知识的特点、

---

① Cohen W. M. , Levinthal D. A. . Absorptive capacity: A new perspective on learning and innovation. Administrative Science Quarterly, 1991, 35: 128 – 152.

② Gupta A. K. , Govindarajan V. . Knowledge Flows Within Multinational Corporations. Strategic Management Journal, 2000, 21: 473 – 496.

③ Aubrey R. , Cohen P. . Working Wisdom: Timeless Skills and Vanguard Strategies for Learning Organizations. San Francisco, CA. : Jossey-Bass, 1995.

Fiol C. M. , Lyles M. A. . Organizational learning. Academy of Management Review, 1985, 10 (4): 803 – 813.

Huber G. P. . Organizational learning: the contributing processes and literatures. Organization Science, 1991, 2 (1): 88 – 115.

④ Foss N. J. , Pedersen T. . Transferring knowledge in MNCs: The role of sources of subsidiary knowledge and organizational context. Journal of International Management, 2002, Vol. 8 Issue 1: 1 – 19.

发送方的特点与接收方的特点，而不是从组织手段的角度来研究知识转移。笔者试图从这个维度来考察母子公司管理手段对知识转移效果的影响。

巴特利特和戈绍尔[①]在《跨边界管理》一书中提出对于跨国公司的管理者来说，其任务是建立适当的组织环境，让每一个管理者都有一个特定的角色，并为共同的组织目标承担其相应的责任。安博斯和曼克（2010）[②]提到，如果母公司不提供结构、流程与激励，子公司没有理由去分享他们的资产，即使它知道哪些子公司会从这个分享中获得好处。托尔曼和科赞（2010）[③]把当代跨国公司称为全球多业务型企业（global multi-business firm，GMBF），认为母公司的角色是"非控制的命令"（command without control），强调的是在当今时代母公司的核心地位弱化，更多的职能是协调与联结。虽然这是大型企业集团，尤其是跨国公司（MNC）的发展趋势，但是这个判断在他们的实证检验中结果并不显著。这在一定程度上表明，母子公司的组织管理手段对于现代的跨国企业同样是必要的。母子公司的管理与控制对知识转移效果同样有较大的影响。

基于以上分析，提出前提假设：

前提假设4：母子公司管理模式和控制机制的类型对知识转移效果有较强影响。

1. 母子公司管理模式。母子公司管理模式其实质就是对集权与分权的定位问题，即母子公司关系的管理问题。管理模式受到公司战略、公司类型及运营环境等多方面因素影响，根据管理体制不同，一般可分为行政型、治理型与自主管理型三种母子公司管理模式，分别对应着集权、集权与分权相结合、分权三种具体管理表现。母子公司关系对知识转移的影响已经得到较为广泛的关注，段等（2010）[④]通过德尔菲法调查发现，在影响知识转移效果的组织情境中，知识转移双方的关系是排在第一位的影响

① ［美］巴利特等（马野青等译）. 跨边界管理：跨国公司经营决策（第二版）. 北京：人民邮电出版社，2008：13 – 14.

② Björn Ambos, Volker Mahnke. How Do MNC Headquarters Add Value Management International Review, 2010, 50：403 – 412.

③ Stephen Tallman, Mitchell P. Koza. Keeping the Global in Mind The Evolution of the Headquarters' Role in Global Multi-business Firms. Management International Review, 2010, 50：433 – 448.

④ Yanqing Duan, Wanya Nie, Elayne Coakes. Identifying key factors affecting transnational knowledge transfer. Information & Management, 2010, 47：356 – 363.

因素。母子公司关系中最基本的就是权力关系，伊斯特比 - 斯密斯等（2008）① 在对组织间的知识转移的研究中认为，组织间的权力关系是组织间情境的一个重要因素。笔者认为，母子公司管理模式可以从子公司自治程度上得以体现，所谓的集权管理或分权管理，其表现形式就是子公司的自治程度是低或高。在行政型管理模式下，子公司的行为受到母子公司的集权控制与管理，其自治权低；在自主管理型模式下，子公司具有较高的生产经营自主权，其经营决策的自治权高；治理型模式下，子公司的拥有一定程度的自治权，公司的战略等重大事项的决策权要听从母公司的安排。

大量的文献认为，子公司的自治程度与知识转移的效果成正相关关系。古普塔和戈文达拉扬（2000）② 认为，向子公司分配决策权可以提高子公司对自由的感知并增加它转移知识的动力。谢里玛塔（Sheremata，2000）③、范韦克等（2008）④ 的实证研究也证实了母公司对决策权的下放与公司知识转移有着正向关系，拥有较高自治权的子公司，在具体实践中具有"自我指导"效用，因而可以创造更多的创新性知识。波金绍等（Birkinshaw et al. , 1998）⑤ 等对子公司贡献角色的分析，证实子公司对知识的贡献与其拥有的自治权大小有正向关系，安德森和福斯格伦（Andersson & Forsgren，1996）⑥ 也证实了这个问题。总之，子公司自治既增加了子公司知识的储量，也提高了子公司转移知识的动力，因而有利于促进知识转移。因此，根据前提假设，提出推论：

假设4a：子公司自治程度与知识转移效果正相关。

---

① Easterby-Smith Mark, Lyles Marjorie A. , Tsang Eric W. K. . Inter-organizational knowledge transfer：Current themes and future prospects. Journal of Management Studies, Jun 2008, Vol. 45, Issue 4：677 – 690.

② Gupta A. K. , Govindarajan V. . Knowledge Flows Within Multinational Corporations. Strategic Management Journal, 2000, 21：473 – 496.

③ Sheremata W. A. . Centrifugal and centripetal forces in radical new product development under time pressure. Academy of Management Review, 2000, 25（2）：389 – 408.

④ Van Wijk R. , Jansen J. P. , Lyles M. A. . Inter-and intra-organizational knowledge transfer：A meta-analytic review and assessment of its antecedents and consequences. Journal of Management Studies, 2008, 45（4）：830 – 853.

⑤ Birkinshaw J. , Hood N. , Jonsson S. . Building firm-specific advantages in multinational corporations：The role of subsidiary initiatives. Strategic Management Journal, 1998, 19（3）：221 – 241.

⑥ Andersson U. , Forsgren, M. . Subsidiary embeddedness and control in the multinational corporation. International Business Review, 1996, 5（5）：487 – 508.

2. 母子公司控制。如何设计控制机制一直是母子公司管理的重要问题。从知识转移的角度讲，母子公司的控制机制也是影响组织内知识转移的主要因素之一。也有很多文献探讨控制对知识转移的影响，如比约克曼等（2004）[①] 运用代理理论与社会理论考察不同控制机制对子公司知识流出的影响，结论证实母公司的控制标准及社会化机制，可有效地促进组织内的知识转移。更多的研究是分析某个或某几个控制手段对知识转移的影响，如莎伦和凯利（2006）[②] 从子公司高管作任期与个人的发展的角度、古普塔和戈文达拉扬（1986）[③] 从子公司经理的奖励基础的角度等。综合起来，母子公司控制机制包括战略控制、文化控制、人力资源控制、财务控制、绩效控制、信息控制与文化控制等几个方面。其中战略控制表现为母子公司的管理模式，这点在上面已经作了论述并提出了推论假设。

这里需要说明的一点是，财务控制作为母子公司控制的一项重要内容，笔者没有在控制机制中考察此项对知识转移效果的影响。其原因有二：一是本研究在作样本调查前期，进行了预调查，并作了初步的数据分析以考察量表的信度与效度问题。根据预调查的数据分析来看，母子公司的财务控制与子公司自治权高度相关，经因子筛选与分析，将这两项归为一类。因此，本研究将财务控制方式作为子公司自治权的一项测量指标。二是笔者在做企业访谈时，企业界人士也是将财务控制视为母子公司管理模式的反映，而且普遍认为单独考察这一项效果不会显著，且意义不大。基于这两点原因，笔者没有单独考察母子公司财务控制对知识转移效果的影响。

（1）人力资源控制。母子公司人力资源控制的内容也是比较宽泛的，比如子公司高管人员的任命与调配、薪酬与奖金、考核与评价等。从知识转移的角度看，研究文献认为，子公司管理高层来自母公司人员的数量越多，则子公司越会从整个集团的角度来考虑问题，因而利于知识的转移。同时，来自母公司的人员会把母公司的知识更多地带入子公司，并强化了

① Ingmar Björkman, Wilhelm Barner-Rasmussen, Li Li. Managing Knowledge Transfer in MNCs: The Impact of Headquarters Control Mechanisms. Journal of International Business Studies, Sep., 2004, Vol. 35, No. 5: 443 – 455.

② Sharon Watson, Kelly Hewett. A Multi-theoretical Model of Knowledge Transfer in Organizations: Determinants of Knowledge Contribution and Knowledge Reuse. Journal of Management Studies, 2006, Mar. 43（2）: 141 – 173.

③ Gupta A. K., Govindarajan V.. Knowledge Flows and the Structure of Control within Multinational Corporations. The Academy of Management Review, Oct. 1991, Vol. 16, No. 4: 768 – 792.

对知识吸收与消化的指导与监督，从而提高了子公司知识转移的效果。如果母子公司内部是一个相互依赖的网络关系，那么子公司高层中来自母公司的人员越多，则越利于贯彻母公司的行动方略，会主动增加与其他子公司的联系，这样也会利于知识的流出（流向母公司或流向其他子公司）。因此，根据前提假设，提出以下推论：

假设4b：子公司高层中来自母公司人员的数量与知识转移效果正相关。

（2）绩效控制。母公司对子公司绩效控制从过程上看可分为投入绩效控制、过程绩效控制与产出绩效控制。研究者认为，对单个子公司的绩效考核会助长子公司的竞争意识，使得子公司不愿意转移其知识；如果考核的基础是几个子公司或所有子公司的绩效，则子公司会从整体利益角度出发主动转出或转入优势的知识，来保证整体的绩效，知识转移效果会明显提高。沙尔特（Salter，1973）[1] 认为对子公司总经理的激励性的奖金不必总是以子公司的绩效作为依据，而是部分甚至全部以子公司集体的绩效作为依据。这点也被古普塔和戈文达拉扬（1986）[2] 实证检验证实过。对群体绩效的考核已经成为组织行为研究中的共识。因此，根据前提假设，提出以下推论：

假设4c：对子公司集体进行绩效考评有利于提高知识转移效果。

（3）文化控制。高（2002）[3] 认为，组织内的知识转移是组织建立竞争优势并保持长期组织效率的关键，在组织内培育利于知识转移的领导风格、信任氛围、合作意识及主动进行搜寻解决方案的组织文化对促进知识转移有着重要的作用。在知识转移中，信任是一个重要影响变量，对于知识源来说，只有信任对方，才会向其转移知识；对于接收方来说，只有对知识源信任，才会主动接收、学习与吸收对方的知识。因此，建立一个彼此信任与合作的企业文化，是知识转移成功的关键之一。建设基于信任与合作的企业文化，就是提高母子公司内部的文化认同程度、价值理念统一程度，程度越高，转移的效果就会越好。因此，根据前提假设，提出以下推论：

---

① Salter M. S.. Tailor incentive compensation to strategy. Harvard Business Review. 1973，49（2）：94 - 102.

② Gupta A. K., Govindarajan V.. Knowledge Flows and the Structure of Control within Multinational Corporations. The Academy of Management Review，Oct. 1991，Vol. 16，No. 4：768 - 792.

③ Goh S. C.. Managing effective knowledge transfer：an integrative framework and some practice implications. Journal of Knowledge Management，2003，6（1）：23 - 30.

假设 4d：公司文化认同程度与知识转移效果正相关。

（五）知识转移渠道

知识转移渠道的多寡是对知识转移效果的又一个重要影响因素。丰富的沟通媒介可以在转移过程中更好地处理知识的复杂性与模糊性（Daft & Lengel，1986）。知识转移双方分享相关信息与知识也可以提高接收者的吸收能力（Cohen & Levinthal，1990），否则就会阻碍转移（Szulanski，1996）。

前提假设 5：知识转移渠道的丰富程度与知识转移效果有较强的相关关系。

研究文献中普遍把知识转移的手段分为两类，一类是正式化的转移，另一类是社会化的转移。前者包括组织的正式的结构化安排，如临时任务小组、长期合作团队及公司间的联络员制度等；后者主要指社会化机制，强调的是通过人员的互动与沟通来达到知识转移的目的。社会化机制分为横向社会化机制与纵向社会化机制两类，前者主要指公司内横向交流与沟通，包括同级的培训、社交平台及公司间的岗位轮换等；后者则是指母子公司内纵向的人际交互，包括子公司人员到母公司挂职锻炼、在母公司内安排导师指导子公司人员的工作与学习等。无论是正式机制还是社会化机制，都提供了人员交流与沟通的空间，便于分享知识。尤其是社会化机制，还增加了组织的社会资本，密切了彼此关系，更容易产生信任与安全感，较好地促进了知识有效转移，特别是对促进隐性知识转移具有明显效果。根据前提假设，提出以下推论：

假设 5a：正式机制的丰富程度与知识转移效果正相关。

假设 5b：横向社会化机制的丰富程度与知识转移效果正相关。

假设 5c：纵向社会化机制的丰富程度与知识转移效果正相关。

综合以上分析与假设，汇总如表 7.1。

表 7.1　　　　　　　　　　　　　研究假设

	研究假设
知识本身	假设 1a：功能性知识转移数量与知识转移效果正相关
	假设 2b：辅助性知识转移数量与知识转移效果正相关
	假设 1c：内部知识转移数量与知识转移效果正相关
	假设 1d：网络知识转移数量与知识转移效果负相关

	研究假设
发送方特征	假设 2a：发送方知识转移对权力增加的贡献程度与知识转移效果正相关
	假设 2b：发送方发送能力与知识转移效果正相关
接收方特征	假设 3a：接收方知识转移对权力增加的贡献程度与知识转移效果正相关
	假设 3b：接收方吸收能力与知识转移效果正相关
母子公司 管理控制	假设 4a：子公司自治程度与知识转移效果正相关
	假设 4b：子公司高层中来自母公司人员的数量与知识转移效果正相关
	假设 4c：对子公司集体进行绩效考评有利于提高知识转移效果
	假设 4d：公司文化认同程度与知识转移效果正相关
转移渠道	假设 5a：正式机制的丰富程度与知识转移效果正相关
	假设 5b：横向社会化机制的丰富程度与知识转移效果正相关
	假设 5c：纵向社会化机制的丰富程度与知识转移效果正相关

资料来源：笔者整理。

三、变量测量设计

（一）知识转移效果的测量

知识转移效果是本研究的被解释变量，即因变量。在本研究中，对知识转移效果的定义是：知识对接收方的有用程度，即接收方对对转移知识的满意程度、使用程度以及对本公司创新的促进程度。

学者们在实证研究中开发了相应的知识转移效果测量量表和测量目标。古普塔和戈文达拉扬（2000）把知识的流量多少作为知识转移效果的标志，对知识流量的测量从下七个方面来进行：（1）营销诀窍；（2）分销诀窍；（3）包装设计/技术；（4）产品设计；（5）流程设计；（6）采购诀窍；（7）管理系统与实践。苏兰斯基（1999）把在既定的时间和预算内接收方转移到满意的知识作为知识转移效果的评价指标。王等（1998）通过公司近三年获得期望的技术、公司技术能力提升、获得期望的管理经验以及公司管理能力的提升等方面来评估知识转移的效果。福斯和佩德森（2002）则从六个方面的活动来测量接收方对知识转移的满意程度，此六项活动分别是：研发（基础研究和应用研究）、产品与流程开发、产出（产品与服务）、营销和销售、物流与分销、采购。卡明斯和滕（2003）对知识转移成功度共用了 22 个指标分别测量了知识转移的满意度、知识承诺、知识拥有权。

学者们对知识转移效果的测量大多采取主观度量的方式，主要原因是知识转移的容易性、满意程度均是主观的感受，难以用准确的数据来客观描述。本书对知识转移效果的测量，借鉴福斯和佩德森（2002）区分的六项活动知识，使用李克特5点量表来描述对知识转移效果的感知程度。

表7.2 知识转移效果测量

变量	测量项目	参考文献
知识转移效果	转移的研发知识有用程度	Gupta，Govindarajan（2000）；Suzlanski（1999）；Foss，Perdesron（2002）；Teece（1996）；Cummings，Teng（2003）；Pierce 等（2001）；Wong 等（1998）；刘帮成（2007）
	转移的制造与流程知识有用程度	
	转移的产品或服务知识有用程度	
	转移的营销或销售知识有用程度	
	转移的物流或配送知识有用程度	
	转移的采购知识有用程度	
	对知识转移过程的满意程度	
	通过知识转移技术能力的提高程度	
	通过知识转移新产品开发能力的提高程度	
	通过知识转移后市场竞争力的提高程度	
	通过知识转移创新能力的提高程度	

资料来源：笔者整理。

（二）知识特点

研究者们一般从知识的默会性、复杂性与专属性三个方面来考察知识属性对知识转移效果的影响程度（Suzlanski，1996，1999；Zander & Kogut，1995；Simonin，1999；Reed & DeFillippi，1990）。对于知识的显性与隐性对知识转移的影响，已经被众多的学术文献所证实，一般认为显性知识的知识转移效果好，而隐性知识则难于转移。笔者认为，单纯地分析显性知识与隐性知识的转移效果，对于母子公司的知识转移管理意义不大，因为母子公司管理需要了解并透视母子公司内部的知识结构以及转移哪些知识才能对构建企业集团的整体优势有益。已有少量研究关注了不同来源类型知识的转移效果问题（Porter & Sölvell，1999；Forsgren et al.，1999），福斯和佩德森（2002）根据组织内知识的来源不同，把知识分为内部产生的知识、基于网络产生的知识以及基于经营当地的群束产生的知识，比较系统地研究了母子公司的知识来源对知识转移效果的影响。

本研究把母子公司知识分为三类：生存性知识、发展性知识与竞争性知识。这是从价值贡献程度上作的区分，以便更为详细地理解母子公司的知识结构。但是，由于这三类知识的界限比较模糊，在具体测量时会遇到很大的困难。从价值链角度，把公司知识分为功能性知识与辅助性知识两类，这就相对容易理解了，而且比较明确。本书主要考察功能性知识与辅助性知识的转移效果，对这两类知识（功能性知识与辅助性知识）均在福斯和佩德森（2002）提出的六类活动中分别考察。另外，根据知识的来源不同，把知识分为内部创造以及组织外部引入两类，即母子公司内部产生的知识及经营网络产生的知识两类（由于考察的是经营地点均在国内的母子公司，没有去考察福斯和佩德森所提出的群束知识），对这两类知识的测量主要借鉴福斯和佩德森（2002）的测量量表。

表7.3   基于价值链的两类知识的测量

变量	测量项目	参考文献
功能性知识	基本设备与生产操作方面知识的转移数量	Foss，Perdesron（2002）；Porter，Sölvell（1999）
	营销手段与原理方面知识的转移数量	
	操作诀窍方面知识的转移数量	
	营销诀窍方面知识的转移数量	
	物流及配送技术方面知识的转移数量	
	生产技术方面知识的转移数量	
	营销理念方面知识的转移数量	
	客户服务方面知识的转移数量	
辅助性知识	人力资源管理方面知识的转移数量	
	采购方面知识的转移数量	
	技术开发方面知识的转移数量	
	基础设施与后勤服务方面知识的转移数量	

资料来源：笔者整理。

表7.4   基于知识来源的两类知识的测量

变量	测量项目	参考文献
内部知识	近三年对研发活动的投资	Foss，Perdesron（2002）
	近三年对制造与流程活动的投资	
	近三年对产品或服务活动的投资	
	近三年对营销或销售活动的投资	
	近三年对物流或配送活动的投资	

变量	测量项目	参考文献
网络知识	产品或服务消费者对公司知识的影响	
	供应商对公司知识的影响	
	分销商对公司知识的影响	
	当地的研究机构对公司知识的影响	

资料来源：笔者整理。

（三）知识发送方的特征

对知识发送方的研究集中在知识发送的意愿与能力两个方面。转移愿意可从发送者的转移动机与受激励程度两方面分析。对发送方的激励，属母子公司管理的一个主要内容，本书在后面单独讨论。在此，主要分析知识发送动机。

1. 发送动机。西尔特（Cyert，1995）认为，拥有独特价值知识的组织倾向于信息垄断。赫斯特德和米哈伊洛娃（2002，2003）列举了发送者对知识共享心存敌意的六个原因：（1）价值、议价能力、个人竞争优势的保护等方面的潜在损失；（2）不愿意在共享知识上花费时间；（3）对"知识寄生虫"的恐惧；（4）回避暴露知识；（5）对抗知识转移不确定性效果的战略选择；（6）对层级与正式权力的推崇，害怕丢失特权与优越地位。也有研究认为，发送方会主动转移知识来获取权力的增加及威望的提高，他们认为主动的发送知识是个人发展（职位晋升）、强化权威和扩大影响的主要途径。艾佩（2003）从个人层面角度研究了组织内知识转移的影响因素，他认为在组织内影响知识转移的动机的内化因素是包括对权力与互惠的认识。莎伦和凯利（2006）运用期望理论研究了知识转移与个人发展的关系对知识转移效果的影响。弗朗西斯科（2010）认为在一个整合的系统里，知识转移可以提高子公司在系统中的权力。

为此，对知识发送方转移知识的意愿主要考察其对知识转移与权力获取之间关系的认知。

2. 发送能力。对于知识发送能力，研究表明，可表述知识比起较难表述知识更容易转移（Spender，1996；Nonaka，1994；Grant，1996；Szulanski，1996；Zander，1991；Zander & Kogut，1995；Cummings & Teng，2003）。对知识的表述能力代表着知识发送能力。本书借鉴哈肯逊和诺贝尔（1998）、布雷斯曼等（1999）、卡明斯和滕（2003）的研究，使用李克特5分量表来测量对转移知识表达的清晰程度，以此作为发送方知识发送能力指标。

知识发送能力还体现在对知识接收方的指导与培训上。明巴耶娃和米哈伊洛娃（2004）、明巴耶娃（2007）对知识发送者的行为研究中强调了传授（teaching）能力，把这能力称为"散布知识的能力"（disseminative capacity）。温特（1987）认为尤其是隐性知识的转移更是需要"教"。这个能力表现在现场指导、提供培训等方面。

另外，如果对外转移知识有利于本公司的发展，发送方会更主动加强对转移知识的编码，或更主动地提供指导与培训，从而提高了知识发送能力。

表7.5　　　　　　　　　　　　　知识发送方特征

变量	测量项目	参考文献
转移意愿	知识转移与个人职务晋升的关系	Husted，Michailova（2002，2003） Ipe（2003） Cummings & Teng（2003） Minbaeva & Michailoa（2004） Minbaeva（2007） Winter（1987）
转移意愿	知识转移与个人威望的关系	
转移能力	知识转移与本公司发展的关系	
转移能力	对转移的知识进行清晰表达的程度	
转移能力	派员到知识接收方对知识转移进行现场指导情况	
转移能力	对知识接收方进行系统培训的情况	

资料来源：笔者整理。

（四）接收方特征

研究者普遍从接收方的意愿与能力两个方面来分析接收方特征对知识转移的影响（Gupta & Govindarajan，2000；Tsang，2001；Cohen & Levinthal，1990；Hamel，1991；Lane et al.，2001）。同发送方情况一样，对接收方的激励本书在母子公司管理维度中进行探讨，对接收意愿也用接收方对接收知识与权力获取之间关系的认识来衡量。对吸收能力本书则用接收方的员工素质来描述。

1. 接收意愿。古普塔和戈文达拉扬（2000）认为非本地发明综合症（NIH）存在至少有两个驱动因素：一是自我防御机制，这会让一些经理人员阻止任何比他们强的信息；二是组织内的权力斗争，这让一些经理人员为了削弱同级单元的潜在权力而假称这些单元拥有的知识不是独特的，也没有价值。在一些组织，非本地发明症可阻止接收者接收外部知识（Hayes & Clark，1985；Katz & Allen，1982），尤其是如果这样做需要摒弃对他们个人很重要的知识与能力时（Leonard-Barton，1995）。非本地发明症主要是源自对权力的认知，同知识发送方一样，对于权力的认识模式也可以改变对外来知识的抗拒。本书对接收意愿从两个方面测量：一是接收方对接收知识与权力获取之间关系的认识来表示接收方的知识接收意愿；二是对知识吸收与获得赞誉的关系认识。

2. 吸收能力。科恩和莱温特（1990）认为，吸收能力是识别有价值的新信息，消化并应用到商务活动中的能力。尽管吸收能力在大量文献中被列为影响变量，但大多的实证结论并不显著，范韦克等（2008）研究发现，组织规模与吸收能力正向影响知识转移效果。罗杰斯（Rogers，1995）认为在员工观念、教育、社会地位等方面的相似程度高有利于知识的吸收，当相互作用的个体在亚文化语言、个性与社会特征上的相似，使得他们在知识获取、态度形成及行为变化等方面会有更好的效果。王（2004）对学习能力从雇员素质角度来分析，雇员素质则用员工学历结构来衡量。另外，与知识发送方相似，如果从外部转移知识对本公司发展有利，接收方会更主动地想方设法来提高其吸收能力。

表7.6 知识接收方特征

变量	测量项目	参考文献
学习愿意	对转移吸收与个人职务晋升的关系认识	Van Wijk 等（2008）；Rogers（1995）；Pien Wang（2004）
	对知识吸收与获得赞誉的关系认识	
学习能力	对知识吸收与本公司发展的关系认识	
	员工的学历结构	

资料来源：笔者整理。

（五）母子公司管理

母子公司管理这一维度包含的内容繁多，限于篇幅、研究广度及时间精力，在此只能择其要者来分析。本书着重考察母子公司管理模式（即分权与集权）、管理控制对知识转移的影响。

1. 母子公司管理模式。母子公司管理模式，从子公司的自治程度上完全可以得到体现。一般认为，子公司的自治权表现在子公司在决策制定上的自主性程度。本研究经过前期的预测量，发现除了在决策自主权外，子公司的预算制定类型也与子公司的自治程度高度相关。这本身也容易理解，预算制定本身也是公司决策的一个方面。

有大量的研究认为，分权管理模式可有效促进公司知识转移（Gupta

& Govindarajan，2000；Sheremata，2000；Van Wijk et al.，2008）。戈绍尔和巴特利特（1988）在对跨国公司子公司的创造、吸收与传播创新的研究中发现，子公司资源、子公司自治、规范整合及母子公司沟通密度四个方面对子公司创新活动的影响最大。弗朗西斯科等（2010）从总部在知识转移中的价值增加角色出发，证实提高子公司决策权对知识转移效果有着明显的正向影响。

戈绍尔和巴特利特（1988）、安德森和福斯格伦（1996）、安德森等（2007）分别从产品制造投入、市场进入决策、子公司总经理任命等维度衡量子公司的自治权。罗斯和莫里森（1992）开发了一个量表考察母子公司决策权所属层面，福斯和佩德森（2002）在此基础上，把子公司自治理解为哪项决策可以从母公司获得授权，并把决策的内容分为：聘用子公司高层经理、进入本国新兴市场、进入外国市场、子公司组织变革、新产品/服务的引入、季度计划/工作任务的批准，这六项内容的决策权可以反映子公司的自治程度。弗朗西斯科等（2010）从生产能力投资、研发投资、新产品引入及高级经理人员的任命四个方面考察了子公司的自治程度。

奥特利（Otley，1978）认为预算控制对独立的组织单元更会有效。布朗奈尔（Brownell，1992）认为预算激励在高自治的情况下会更有效，当自治程度低时，预算激励则无效。赫斯特（Hirst，1983）和戈文达拉扬（Govindarajan，1984）证明，当环境不确定性高时，预算控制的实证结果是拒绝，而环境不确定性低时，实证关系是相反的。戈文达拉扬（1988）发现，强调预算控制对低成本的 SBU 有效果，不强调预算控制对差异化的 SBU 有效果。古普塔和戈文达拉扬（2000）在实证研究中对年度预算的制定与构想的类型作了区分，陈志军（2006）对子公司年度预算的制定方式作了调研。本书主要依据陈志军（2006）的界定测量母公司的预算控制类型。

表 7.7　　　　　　　　　**子公司决策自治权测量**

变量	测量项目	参考文献
子公司自治	预算制定的类型	Roth 和 Morrison（1992）；Foss 和 Perdesron（2002）；Andersson 等（2007）；Francesco 等（2010）
	在制造与流程改进方面的决策自主权程度	
	在推出新产品或服务方面的决策自主权程度	
	在高层管理人员任命方面的决策自主权程度	
	在组织结构变革方面的决策自主权程度	
	在季度计划制定方面的决策自主权程度	

资料来源：笔者整理。

2. 母子公司控制。母子公司控制是母子公司管理研究与实践中的重要内容，本书从母公司高层人员外派、绩效考评与公司文化三个方面考察其对知识转移效果的影响，可简单地对应为母子公司人力资源控制、绩效控制与文化控制。

（1）母公司高层人员外派。在跨国公司的研究与实践中，母公司外派经理被认为是跨国公司总部对子公司实施有效控制的一个重要手段（Belderbos & Heijltjes，2005；Boyacigiller，1990；Gong，2003）。

古普塔和戈文达拉扬（1991，2000）考察了跨国公司子公司管理层国籍问题，发现子公司高管团队中来自当地人员与来自母公司外派人员的比例影响子公司知识吸收的能力。比约克曼等（2004）也用子公司高管中来自母公司的人员数量来描述母子公司的人力资源控制，研究发现，母公司外派人员的能力大小对知识转移效果有着突出的影响。

本书中，笔者不去过多地考虑母子公司人力资源控制的诸多方式，仅以子公司高层中来自母公司外派人员所占的比例来表示人力资源控制向量，来考察其对母子公司知识转移效果的影响。

（2）绩效考评。对于绩效的评估，沙尔特（1973）认为对子公司总经理的激励性的奖金不必总是以该子公司的绩效为依据，而是以部分甚至全部子公司集体的绩效为依据。古普塔和戈文达拉扬（2000）认为子公司领导者的奖励基于群体绩效的程度越高，子公司向其他同级子公司转移的知识就越多。

对于绩效的控制点，组织理论（Ouchi，1979）和代理理论（Demski & Feltham，1978；Jensen & Meckling，1976）都认为，产出控制与行为控制是两个可供选择的控制方法，当产出的不确定性增加时，行为控制更合适（Eisenhardt，1985；Ouchi，1977；Ouchi & McGuire，1975）。产出虽然更容易观察，但是对于测量经理真正绩效并不可靠（Björkman et al.，2004），综合产出控制与过程行为控制是比较全面的方案。

本书对绩效控制的测量也是借鉴以上学者的研究方法，并根据陈志军（2006）设计的测量项目，分别测量绩效奖励的基础及绩效控制点。

（3）文化控制。组织内的价值共享与文化认同是母子公司管理的主要内容之一，也对知识转移起到重要影响作用（Nohria & Ghoshal，1994；Edstrom & Galbraith，1977；Ouchi，1980；Eisenhardt，1985；Bartlett & Ghoshal，1989；Aubrey & Cohen，1995）。高（2003）认为组织文化、组织支持结构可以提高组织内人员知识转移的意愿，从而提高知识转移的效果。

科斯托娃和罗斯（Kostova & Roth，2002）开发了知识转移过程中转移双方信任关系的测量量表，从接收方对知识转移方的感知角度来测量。刘帮成（2007）把这量表归纳为五个方面：（1）当母公司的人员与我们打交道的时候，我们总是相信他们讲的是事实；（2）我们认为母公司会履行我们之间业已达成的协议；（3）我们认为可以与母公司很坦诚地探讨一些问题；（4）我们认为母公司会信守其诺言；（5）我们认为母公司会很公平地处理涉及双方共同利益的事情。

本书综合学者们的研究，从母子公司内部信任、合作与组织愿景三个方面来测量文化控制这一解释变量。

表 7.8　　　　　　　　　　　母子公司控制的测量

变量	测量项目	参考文献
高层外派	子公司高管中母公司外派人员占的比例	Gupta，Govindarajan（1991，2000）；Ingmar，Björkman 等（2004）；Kostova，Roth（2002）；刘帮成（2007）；陈志军（2006）
绩效考评	母公司对子公司绩效评价的依据	
	母公司对子公司奖励的基础	
公司文化	母公司在企业文化、价值观与愿景上相似程度	
	母子公司内彼此信任的程度	
	母子公司内彼此合作的程度	

资料来源：笔者整理。

（六）知识转移渠道

知识转移渠道的存在是知识转移的必要条件，其丰富程度大小对知识转移效果有直接的影响。埃德斯特隆和加尔布雷斯（Edstrom & Galbraith，1977）认为，建立与安排管理人员任命、培训与管理轮岗等机制，有利于提高组织内沟通效果并有助于组织形成共同价值观念。母子公司之间及子公司之间广泛与开放式的沟通也同样重要（Martinez & Jarillo，1989；Bartlett & Ghoshal，1989）。公司的社会化（组织成员的沟通）可鼓励与促进跨国公司对共享价值的采纳（Van Maanen & Schein，1979）。诺瑞亚和戈绍尔（1994）认为，广泛的社会化与沟通可以在管理者中建立互惠互利的基础，使得对潜在冲突的谈判与解决变得容易。

如果没有传播渠道的存在，跨国公司内的知识转移就不会发生。知识转移渠道主要表现在母子公司内部的沟通方式。沟通的丰富度与广度，尤其是非正式、开放与沟通的密度决定了知识转移渠道的丰富程度（Daft & Lengel，1986；Gupta & Govindarajan，1991；Jablin，1979；Tushman，

1977）。

古普塔和戈文达拉扬（2000）从沟通理论出发，把知识转移渠道分为正式的（正式的整合机制）、非正式（公司社会化机制）两类机制。综合加尔布雷斯（Galbraith，1973）、纳德勒和图斯曼（Nadler & Tushman，1987）、米勒等（Miller et al.，1982）、古普塔和戈文达拉扬（2000）、刘翌和徐金发（2002）关于传输渠道的存在与丰富程度文献，母子公司内的正式沟通机制主要包括：在集团内运用联络员、临时任务小组、长期团队等形式参与其他子公司的活动；横向的社会化机制包括同级子公司间的岗位轮换、参加跨子公司的管理人员项目等，纵向的社会化机制包括人员在子公司与母公司间岗位调动、母公司人员担任子公司人员的指导导师等方式。

表 7.9　　　　　　　　　　转移渠道的存在与丰富程度

变量	测量项目	参考文献
转移渠道 的丰富性	公司之间联络员制度	Gupta 和 Govindarajan（2000）； Nohria 和 Ghoshal（1994）； Ingmar 等（2004）； 刘翌，徐金发（2002）
	临时任务小组	
	长期合作团队	
	在其他子公司工作经历	
	集团总部举办子公司经理人员培训	
	在母公司工作经历	
	导师制度	

资料来源：笔者整理。

四、问卷设计与抽样

（一）问卷设计

为保证测量的科学性与实际测量效果，本研究在问卷设计上做了以下工作：首先，对前期研究文献进行整理分析，寻找在前期的研究中具有较高信度与效度的测量指标，同时为了降低测量误差，对同一个变量设计多个测量项目，在此基础上设计问卷。其次，与有关专家学者进行充分研究讨论问卷中的测量项设置，并与母子公司的实务人士进行会谈请教，对问卷进一步修正完善。再次，先期进行小范围的实际测量，选择 30 家母子公司进行了预测量，并对测量结果作出初步评价，对测量项目的相关性进行了分析，通过因子分析，对属同一因子的测量项目进行调整、合并与改进，并继续改进问卷结构与表述等方面存在的问题。最后，再次征求专家学者与实务人士的意见，确定最后的问卷格式与测量项目。问卷绝大多数测量项目采取李克特5点量表方式，个别项目采取描述性问项方式。

（二）抽样

基于研究视角，本问卷从企业集团的子公司中选取样本。

在调查问卷设计好之后，通过三种途径进行问卷发放：一是通过本人导师在学术研究中建立起来的企业关系网络进行问卷调查；二是通过个人在企业集团工作的朋友发放问卷；三是通过信函邮寄大面积发放问卷。由于笔者地域局限，问卷发放地点主要集中在山东省，并在广东、北京、天津与浙江等省市进行了部分问卷发放。回收的调查问卷涵盖了上述各省市。

本研究共发放问卷500份，共回收102份，其中有效问卷为87分，有效问卷回收率为17.4%，有效问卷占回收问卷的比例为85.3%。反馈问卷的企业集团涉及的行业包括制造、贸易、信息技术、建筑与房地产、金融、能源与基础资源开发等。

第二节　统计分析

一、效度分析

效度是测量的有效性程度，即测量工具确能测出其所要测量特质的程度。在社会测量中，对作为测量工具的问卷或量表的效度要求较高。对于效度的分析主要包括表面效度、内容效度与建构效度等方面。本研究的调查问卷借鉴了前期研究者的量表，并与相关专家学者及企业实务界人士进行了充分的交流与讨论，对同一项目进行了多方面的测量，在文字表述、内容结构、测量项目的覆盖面等方面符合表面效度与内容效度的要求。有学者认为，效度分析最理想的方法是利用因子分析测量量表或整个问卷的建构效度。本书通过因子分析方法对问卷的建构效度进行分析。

（一）知识属性

本书从两个方面考察了知识属性对知识转移效果的影响，从价值链角度把公司知识分为功能性知识与辅助性知识，从来源角度把公司知识分为内部知识与网络知识。

对于功能性知识与辅助性知识的调查设置了 12 个题项，统计描述如表 7.10 所示。KMO 和球形 Bartlett 的检验结果如表 7.11 所示，Bartlett 球度检验的显著性为 0.000，即可以认为相关系数矩阵与单位矩阵有显著差异；KMO 值为 0.790，说明变量适合进行因子分析。

表 7.10　　　　　　　　　基于价值链的知识统计描述

	均值	标准差
表中问项 12	2.7500	1.66559
表中问项 13	3.6250	1.28891
表中问项 14	3.5938	1.29164
表中问项 15	3.2500	1.27000
表中问项 16	3.2188	1.47527
表中问项 17	3.1250	1.49731
表中问项 18	3.4688	1.50235
表中问项 19	3.6250	1.26364
表中问项 20	2.5625	1.52268
表中问项 21	2.8438	1.62856
表中问项 22	3.5313	1.50235
表中问项 23	2.7813	1.40814

资料来源：笔者整理。

表 7.11　　　　　　　　　KMO 和球形 Bartlett 检验

取样足够度的 Kaiser – Meyer-Olkin 度量		.790
Bartlett 的球形度检验	近似卡方	257.795
	df	66
	Sig.	.000

资料来源：笔者整理。

表 7.12 给出了因子分析的总方差解释。从表中可以看出，问卷的 12 个项目有两个因子被提取和旋转，这两个变量解释了 12 个项目中的 66%。旋转后的因子载荷矩阵如表 7.13 所示，载荷系数较高，因子 1 主要解释了功能性知识，因子 2 主要解释了辅助性知识，这与本书对知识的分类相吻合。

表 7.12 因子总方差解释

成份	初始特征值			提取平方和载入			旋转平方和载入		
	合计	方差的%	累积%	合计	方差的%	累积%	合计	方差的%	累积%
1	6.458	53.814	53.814	6.458	53.814	53.814	4.818	40.152	40.152
2	1.515	12.624	66.438	1.515	12.624	66.438	3.154	26.286	66.438
3	.964	8.031	74.469						
4	.774	6.446	80.915						
5	.518	4.314	85.229						
6	.475	3.955	89.184						
7	.418	3.482	92.666						
8	.334	2.786	95.453						
9	.192	1.598	97.051						
10	.182	1.517	98.568						
11	.123	1.023	99.591						
12	.049	.409	100.000						

提取方法：主成份分析。
资料来源：笔者整理。

表 7.13 旋转后的因子载荷矩阵

	成份	
	1	2
表中问项 12	.713	.
表中问项 13	.686	
表中问项 14		.847
表中问项 15		.782
表中问项 16	.	.827
表中问项 17	.739	
表中问项 18	.898	
表中问项 19		.741
表中问项 20	.722	
表中问项 21	.753	
表中问项 22	.694	
表中问项 23	.737	

提取方法：主成份分析。
资料来源：笔者整理。

对于内部知识与网络知识的调查设置了 9 个题项，统计描述如表 7.14 所示。

表 7.14　　　　　　　　　　基于来源的知识统计描述

	均值	标准差
表中问项 24	3.2188	1.53947
表中问项 25	2.8750	1.66074
表中问项 26	3.3438	1.38213
表中问项 27	3.6875	1.35450
表中问项 28	2.7500	1.41421
表中问项 29	3.4375	1.36636
表中问项 30	2.8438	1.24717
表中问项 31	2.6250	1.43122
表中问项 32	2.1875	1.40132

资料来源：笔者整理。

KMO 和球形 Bartlett 的检验结果如表 7.15 所示，Bartlett 球度检验的显著性为 0.000，即可以认为相关系数矩阵与单位矩阵有显著差异；KMO 值为 0.748，说明变量适合进行因子分析。

表 7.15　　　　　　　　　　KMO 和球形 Bartlett 检验

取样足够度的 Kaiser-Meyer-Olkin 度量		.748
Bartlett 的球形度检验	近似卡方	113.077
	df	36
	Sig.	.000

资料来源：笔者整理。

表 7.16 给出了因子分析的总方差解释。从表中可以看出，问卷的 9 个项目有两个因子被提取和旋转，这两个变量解释了 12 个项目中的 62%。旋转后的因子载荷矩阵如表 7.17 所示，载荷系数较高，因子 1 主要解释了公司内部知识，因子 2 主要解释了公司网络知识，这与本书对知识的分类相吻合。

表 7.16 因子总方差解释

成份	初始特征值			提取平方和载入			旋转平方和载入		
	合计	方差的%	累积%	合计	方差的%	累积%	合计	方差的%	累积%
1	4.091	45.456	45.456	4.091	45.456	45.456	2.961	32.900	32.900
2	1.468	16.310	61.766	1.468	16.310	61.766	2.598	28.866	61.766
3	.891	9.895	71.661						
4	.717	7.966	79.628						
5	.577	6.416	86.043						
6	.480	5.333	91.376						
7	.348	3.870	95.246						
8	.275	3.052	98.298						
9	.153	1.702	100.000						

提取方法：主成份分析。
资料来源：笔者整理。

表 7.17 旋转后的因子载荷矩阵

	成份	
	1	2
表中问项 24	.548	
表中问项 25	.836	
表中问项 26	.853	
表中问项 27	.764	
表中问项 28	.678	
表中问项 29		.783
表中问项 30		.751
表中问项 31		.771
表中问项 32		.670

提取方法：主成份。
资料来源：笔者整理。

（二）知识发送方特征

知识发送方的发送意愿与发送能力两个变量影响着知识转移效果，本书对的发送意愿仅考察了知识发送方对知识转移与权力关系的认知，并将此设为影响变量。对知识发送方调查，问卷设置 6 个测量项目，其描述统计如表 7.18 所示。

表 7. 18 　　　　　　　　　　　　知识发送方特征统计描述

	均值	标准差
表中问项 33	3. 0938	1. 25362
表中问项 34	3. 4063	1. 13192
表中问项 35	3. 5313	1. 36746
表中问项 36	3. 8125	1. 06066
表中问项 37	3. 1250	1. 43122
表中问项 38	4. 2500	1. 58623

资料来源：笔者整理。

　　KMO 和球形 Bartlett 的检验结果如表 7. 19 所示，Bartlett 球度检验的显著性为 0. 000，即可以认为相关系数矩阵与单位矩阵有显著差异；KMO 值为 0. 707，说明变量适合进行因子分析。

表 7. 19 　　　　　　　　　　KMO 和球形 Bartlett 检验

取样足够度的 Kaiser-Meyer-Olkin 度量		. 707
Bartlett 的球形度检验	近似卡方	45. 217
	df	15
	Sig.	. 000

资料来源：笔者整理。

　　表 7. 20 给出了因子分析的总方差解释。从表中可以看出，问卷的 9 个项目有两个因子被提取和旋转，这两个变量解释了 12 个项目中的 64%。旋转后的因子载荷矩阵如表表 7. 21 所示，载荷系数较高，因子 1 主要解释了知识发送能力，因子 2 主要解释了对知识转移来获取权力的认知，这与本书对知识发送方测量的分类思路相吻合。

表 7. 20 　　　　　　　　　　　　因子总方差解释

成份	初始特征值			提取平方和载入			旋转平方和载入		
	合计	方差的%	累积%	合计	方差的%	累积%	合计	方差的%	累积%
1	2. 678	44. 638	44. 638	2. 678	44. 638	44. 638	2. 298	38. 294	38. 294
2	1. 187	19. 778	64. 416	1. 187	19. 778	64. 416	1. 567	26. 122	64. 416
3	. 751	12. 516	76. 932						
4	. 610	10. 165	87. 097						

成份	初始特征值			提取平方和载入			旋转平方和载入		
	合计	方差的%	累积%	合计	方差的%	累积%	合计	方差的%	累积%
5	.496	8.269	95.365						
6	.278	4.635	100.000						

提取方法：主成份分析。

资料来源：笔者整理。

表 7.21　　　　　　　　　旋转后的因子载荷矩阵

	成份	
	1	2
表中问项 33		.698
表中问项 34		.880
表中问项 35	.627	
表中问项 36	.857	
表中问项 37	.688	
表中问项 38	.789	

提取方法：主成份。

资料来源：笔者整理。

（三）知识接收方特征

知识接收方的接收知识的意愿与学习能力影响着知识的转移效果，对于接收意愿本书也是仅考察了对接收知识与权力关系的认知这一因素，并将其列为影响变量，对于学习能力考察的公司员工学历层次与知识对本公司的重要性。一共设置了 4 个测量项目，其统计描述如表 7.22 所示。

表 7.22　　　　　　　　知识接收方特征统计描述

	均值	标准差
表中问项 39	2.8750	1.12880
表中问项 40	3.2813	.99139
表中问项 41	4.1875	.78030
公司基本信息	3.3844	1.11101

资料来源：笔者整理。

KMO 和球形 Bartlett 的检验结果如表 7.23 所示，Bartlett 球度检验的显著性为 0.033，即可以认为相关系数矩阵与单位矩阵有显著差异；KMO 值为 0.525，说明变量不太适合进行因子分析，但 Bartlett 球度检验的显著性为 0.03，小于 0.05，说明拒绝零假设，可以进行因子分析。考虑到本部分的测量项目中员工的学历层次属客观事实项，与其他项使用李克特五点量表测量数值会有区别，在此继续进行因子分析，以观察测量项目的相关程度。

表 7.23　　　　　　　　　　　　KMO 和球形 Bartlett 检验

取样足够度的 Kaiser-Meyer-Olkin 度量		.525
Bartlett 的球形度检验	近似卡方	13.718
	df	6
	Sig.	.033

资料来源：笔者整理。

　　表 7.24 给出了因子分析的总方差解释。从表中可以看出，问卷的 4 个项目有两个因子被提取和旋转，这两个变量解释了所有项目的近 70%。旋转后的因子载荷矩阵如表 7.25 所示，载荷系数较高，因子 1 主要解释了对接收知识与权力获取关系的认知，因子 2 主要解释接收方的知识吸收能力，这与本书对接收方测量的分类思路相吻合。

表 7.24　　　　　　　　　　　　因子总方差解释

成份	初始特征值			提取平方和载入			旋转平方和载入		
	合计	方差的%	累积%	合计	方差的%	累积%	合计	方差的%	累积%
1	1.709	42.728	42.728	1.709	42.728	42.728	1.635	40.865	40.865
2	1.079	26.973	69.701	1.079	26.973	69.701	1.153	28.836	69.701
3	.780	19.495	89.196						
4	.432	10.804	100.000						

提取方法：主成份分析。
资料来源：笔者整理。

表 7.25　　　　　　　　　　　　旋转后的因子载荷矩阵

	成份	
	1	2
表中问项 39	.875	
表中问项 40	.815	

	成份	
	1	2
表中问项 41		− .507
公司基本信息		.910

提取方法：主成份。
资料来源：笔者整理。

（四）母子公司管理的因素

本书在母子公司管理的维度中，主要考察的是母子公司管理模式及母子公司控制因素对知识转移效果的影响。管理模式用子公司自治来描述，并将其设为影响变量，控制机制中将母公司外派人员进行子公司高层、对子公司的绩效考评方式及公司文化一致性程度作为影响变量。共设置了 12 个测量项目，其描述统计如表 7.26 所示。KMO 和球形 Bartlett 的检验结果如表 7.27 所示，Bartlett 球度检验的显著性为 0.000，即可以认为相关系数矩阵与单位矩阵有显著差异；KMO 值为 0.684，说明变量适合进行因子分析。

表 7.26 母子公司管理统计描述

	均值	标准差
表中问项 42	3.4063	1.26642
表中问项 43	3.4063	1.26642
表中问项 44	3.1250	1.47561
表中问项 45	2.9688	1.40240
表中问项 46	3.2188	1.21109
基本信息中	2.0625	1.05707
表中问项 47	3.0847	1.39469
表中问项 48	2.3125	1.09065
表中问项 49	1.6250	1.38541
表中问项 50	4.0313	1.23090
表中问项 51	4.2188	.90641
表中问项 52	4.1875	.93109

资料来源：笔者整理。

表 7. 27 **KMO 和球形 Bartlett 检验**

取样足够度的 Kaiser-Meyer-Olkin 度量		.684
Bartlett 的球形度检验	近似卡方	195. 649
	df	66
	Sig.	.000

资料来源：笔者整理。

表7.28 给出了因子分析的总方差解释。从表中可以看出，问卷的 12 个项目有 4 个因子被提取和旋转，这 4 个变量解释了 12 个项目中的近 74%。旋转后的因子载荷矩阵如表 7.29 所示，载荷系数较高，因子 1 主要解释了子公司自治的问题，因子 2 主要解释了公司文化相关的内容，因子 3 解释的是母公司人员外派（即子公司高层管理人员中来自母公司外派人员所占的比例），因子 4 主要解释了母公司对子公司绩效考评的事项。这与本书的分类思路相吻合。

表 7. 28 **因子总方差解释**

成份	初始特征值			提取平方和载入			旋转平方和载入		
	合计	方差的%	累积%	合计	方差的%	累积%	合计	方差的%	累积%
1	4. 736	39. 469	39. 469	4. 736	39. 469	39. 469	3. 906	32. 551	32. 551
2	1. 803	15. 021	54. 490	1. 803	15. 021	54. 490	2. 355	19. 629	52. 180
3	1. 260	10. 497	64. 988	1. 260	10. 497	64. 988	1. 290	10. 746	62. 926
4	1. 034	8. 619	73. 606	1. 034	8. 619	73. 606	1. 282	10. 680	73. 606
5	. 762	6. 353	79. 960						
6	. 686	5. 719	85. 679						
7	. 612	5. 100	90. 778						
8	. 541	4. 508	95. 286						
9	. 228	1. 904	97. 190						
10	. 137	1. 144	98. 334						
11	. 125	1. 041	99. 375						
12	. 075	. 625	100. 000						

提取方法：主成份分析。
资料来源：笔者整理。

表 7.29   旋转后的因子载荷矩阵

	成份			
	1	2	3	4
表中问项 42	.661			
表中问项 43	.747			
表中问项 44	.810			
表中问项 45	.910			
表中问项 46	.773			
基本信息中			.911	
表中问项 47	.614			
表中问项 48				.798
表中问项 49				.703
表中问项 50		.866		
表中问项 51		.790		
表中问项 52		.678		

提取方法：主成份。
资料来源：笔者整理。

（五）知识转移渠道的丰富性

研究认为，知识转移渠道的存在与丰富性主要体现在公司的正式化与非正式化的沟通机制，其中非正式化机制，即社会化机制，包括公司内的横向与纵向沟通机制。本书从这三个方面考察母子公司知识转移渠道的丰富性，并分别设为影响变量，设置了 8 个测量项目。其统计描述如表 7.30 所示。

表 7.30   母子公司管理统计描述

	均值	标准差
表中问项 53	3.1250	1.51870
表中问项 54	2.8438	1.24717
表中问项 55	2.5938	1.45601
表中问项 56	3.3750	1.99596
表中问项 57	4.2500	1.58623

	均值	标准差
表中问项 58	3. 1250	2. 02803
表中问项 59	1. 6250	1. 47561

资料来源：笔者整理。

KMO 和球形 Bartlett 的检验结果如表 7.31 所示，Bartlett 球度检验的显著性为 0.006，可以认为相关系数矩阵与单位矩阵有显著差异；KMO 值为 0.601，说明变量适合进行因子分析。

表 7. 31　　　　　　　　　　　**KMO 和球形 Bartlett 检验**

取样足够度的 Kaiser-Meyer-Olkin 度量		. 601
Bartlett 的球形度检验	近似卡方	41. 014
	df	21
	Sig.	. 006

资料来源：笔者整理。

表 7.32 给出了因子分析的总方差解释。从表中可以看出，问卷的 8 个项目有 3 个因子被提取和旋转，这 3 个变量解释了所有项目的 68%。旋转后的因子载荷矩阵如表 7.33 所示，载荷系数较高，因子 1 主要解释了母子公司内正式机制方面的内容，因子 2 主要解释了母子公司内横向社会化机制的相关内容，因子 3 解释的是母子公司内纵向社会化机制方面的内容。这与本书对知识转移渠道丰富程度的调查分类思路相吻合。

表 7. 32　　　　　　　　　　　**因子总方差解释**

成份	初始特征值			提取平方和载入			旋转平方和载入		
	合计	方差的%	累积%	合计	方差的%	累积%	合计	方差的%	累积%
1	2. 330	33. 281	33. 281	2. 330	33. 281	33. 281	1. 983	28. 333	28. 333
2	1. 386	19. 796	53. 077	1. 386	19. 796	53. 077	1. 408	20. 119	48. 452
3	1. 062	15. 173	68. 250	1. 062	15. 173	68. 250	1. 386	19. 798	68. 250
4	. 838	11. 966	80. 216						
5	. 684	9. 773	89. 989						

成份	初始特征值			提取平方和载入			旋转平方和载入		
	合计	方差的%	累积%	合计	方差的%	累积%	合计	方差的%	累积%
6	.429	6.128	96.116						
7	.272	3.884	100.000						

提取方法：主成份分析。
资料来源：笔者整理。

表 7.33 　　　　　　　　　　　旋转后的因子载荷矩阵

	成份		
	1	2	3
表中问项 53	.803		
表中问项 54	.866		
表中问项 55	.751		
表中问项 56			.706
表中问项 57			.833
表中问项 58		.711	
表中问项 59		.764	

提取方法：主成份。
资料来源：笔者整理。

（六）知识转移效果

根据本书对知识转移效果的界定，通过 11 个测量项目调查对知识转移的满意程度，没有对转移效果进行细分，因此，使用因子分析法如果没有其他因子被提取，就说明这项测量的效度是较高的。知识转移效果测量项目的统计描述如表 7.34 所示。KMO 和球形 Bartlett 的检验结果如表 7.35 所示，Bartlett 球度检验的显著性为 0.000，可以认为相关系数矩阵与单位矩阵有显著差异；KMO 值为 0.830，说明变量适合进行因子分析。

表 7.34 　　　　　　　　　　　知识转移效果统计描述

	均值	标准差
表中问项 1	3.5313	1.24394
表中问项 2	3.1250	1.68005
表中问项 3	3.6250	1.07012
表中问项 4	3.2813	1.46429

	均值	标准差
表中问项 5	3.1563	1.46154
表中问项 6	3.2188	1.51837
表中问项 7	3.2500	1.41421
表中问项 8	3.2188	1.47527
表中问项 9	2.7813	1.64090
表中问项 10	3.2500	1.45912
表中问项 11	3.0625	1.45774

资料来源：笔者整理。

表 7.35   **KMO 和球形 Bartlett 检验**

取样足够度的 Kaiser-Meyer-Olkin 度量		.830
Bartlett 的球形度检验	近似卡方	280.200
	df	55
	Sig.	.000

资料来源：笔者整理。

表 7.36 给出了因子分析的总方差解释。从表中可以看出，问卷的 11 个项目只有 1 个因子被提取，这个变量解释了所有项目的 64%。这说明本书对知识转移效果的测量项目的设置是合适的。

表 7.36   **因子总方差解释**

成份	初始特征值			提取平方和载入		
	合计	方差的%	累积%	合计	方差的%	累积%
1	7.056	64.145	64.145	7.056	64.145	64.145
2	.926	8.422	72.566			
3	.834	7.582	80.148			
4	.616	5.601	85.749			
5	.393	3.571	89.320			
6	.356	3.240	92.560			
7	.274	2.490	95.050			
8	.256	2.323	97.373			
9	.131	1.190	98.563			
10	.097	.878	99.441			
11	.061	.559	100.000			

提取方法：主成份分析。
资料来源：笔者整理。

二、信度分析

信度是指同一测量工具所得到结果的一致性或稳定性，反映了被测特征的真实程度。本书对调查数据的信度测量使用 Cronbach's α 系数。本书的调查问卷共有 51 个测量项采集答卷人的态度（用李克特 5 点量表形式），其信度如表 7.37 所示，Cronbach's α 系数为 0.954，信度理想；具体测量项目的 Cronbach's α 值在 0.952 ~ 0.958 之间，删除该项目后 Cronbach's α 系数具有非常高的稳定性，说明每个题项的信度也是理想的。

表 7.37　　　　　　　　　　　　信度统计

Cronbach's Alpha	基于标准化项的 Cronbachs Alpha	项数
.954	.958	51

资料来源：笔者整理。

另外，知识转移效果的 Cronbach's α 系数为 0.942，基于价值链的知识测量 Cronbach's α 系数为 0.920，基于来源的知识测量 Cronbach's α 系数为 0.845，知识发送方特征测量 Cronbach's α 系数为 0.726，知识接收方特征测量 Cronbach's α 系数为 0.707，母子公司管理项目测量 Cronbach's α 系数为 0.876，知识转移渠道丰富性测量 Cronbach's α 系数为 0.760。本书设置变量共为 16 个，该量表的 Cronbach's α 系数为 0.802。一般认为 Cronbach's α 系数大于 0.7，量表就是可以接受的，大于 0.8，则比较理想。本研究问卷 Cronbach's α 绝大部分大于 0.8，只有两项在 0.7 ~ 0.8 区间内。综上，可以认为本调查问卷的信度是较高的。

三、相关性分析

为了避免自变量之间存在较高的相关性而影响分析结果，对自变量进行了双侧检验，Pearson 相关系数如表 7.38 所示，自变量之间没有较高的相关性。

进一步考察变量之间是否存在多重共线性问题，对自变量的容差与方差膨胀因子（VIF）进行计算，其结果如表 7.39 所示，容差介于 0 ~ 1 之间，且没有太小的数值，VIF 值全部小于 10，且绝大部分在 5 以下。因此，可以确定变量之间不存在多重共性线情况，可以进行后续的回归分析。

表 7.38

变量相关分析结果

变量	1	2	3	4	5	6	7	8	9	10	11	12	13	14	15
1	1														
2	.689**	1													
3	.619**	.677**	1												
4	.501**	.136	.529**	1											
5	.359*	.253	-.009	.111	1										
6	.641**	.581**	.585**	.490**	.326	1									
7	.374*	.252	.082	.389*	.571**	.468**	1								
8	.158	.040	.142	.076	-.009	.125	.132	1							
9	.287	.182	.609**	.568**	-.188	.409*	.063	.144	1						
10	.203	.216	.181	.349	-.111	.205	.145	.047	.285	1					
11	.033	.085	-.091	-.332	-.204	.104	-.039	.090	-.048	.013	1				
12	.522**	.534**	.614**	.302	.154	.462**	-.006	.250	.381*	.296	-.011	1			
13	.273	.366*	.314	.067	.122	.040	.141	.096	.219	.403*	.349*	.227	1		
14	.007	.002	.295	.279	-.196	.138	-.001	-.096	.392*	.406*	-.069	.270	-.043	1	
15	-.140	-.105	.024	.044	-.284	.047	.064	-.021	.058	.417*	.121	-.066	.316	-.061	1

注：** 表示在 0.01 水平（双侧）上显著相关。* 表示在 0.05 水平（双侧）上显著相关。
资料来源：笔者整理。

表 7.39 容差与 VIF 值

	容差	VIF
变量 1	.267	3.751
变量 2	.198	5.060
变量 3	.127	7.895
变量 4	.201	4.969
变量 5	.215	4.648
变量 6	.167	5.999
变量 7	.306	3.269
变量 8	.708	1.412
变量 9	.213	4.698
变量 10	.274	3.650
变量 11	.294	3.397
变量 12	.408	2.449
变量 13	.198	5.038
变量 14	.311	3.216
变量 15	.448	2.233

资料来源：笔者整理。

四、回归分析

（一）模型回归分析结果

本书因变量与各自变量不存在数值上差异明显的情况，因此通过 SPSS 直接进行线性回归分析，模型回归分析结果如表 7.40～表 7.42 所示，模型 R^2 值为 0.806，调整后的 R^2 值为 0.765，模型的方差分析 F 值为 19.635，显著性系数 P 值为 0.000，说明回归方程具有较高的显著性，因变量与自变量之间的线性关系假设成立。另，表中各项指标表现良好，具有一定的统计意义。

表 7.40 模型汇总

模型	R	R^2	调整后 R^2	标准估计的误差
1	.898	.806	.765	.40627

资料来源：笔者整理。

表 7.41　　　　　　　　　　模型方差分析

模型		平方和	df	均方	F	Sig.
1	回归	48.657	15	3.244	19.653	.000
	残差	11.719	71	.165		
	总计	60.376	86			

资料来源：笔者整理。

表 7.42　　　　　　　　　　模型回归分析

模型		非标准化系数		标准系数	t	Sig.
		B	标准误差	试用版		
1	（常量）	−.435	.485		−.897	.373
	变量 1	.646 ***	.088	.742	7.326	.000
	变量 2	−.229 **	.112	−.240	−2.037	.045
	变量 3	.134	.124	.158	1.077	.285
	变量 4	−.439 ***	.093	−.548	−4.701	.000
	变量 5	−.113	.096	−.132	−1.173	.245
	变量 6	−.085	.112	−.098	−.765	.447
	变量 7	.353 ***	.084	.396	4.187	.000
	变量 8	.199 **	.082	.152	2.443	.017
	变量 9	.150 *	.087	.194	1.714	.091
	变量 10	.198 **	.091	.218	2.178	.033
	变量 11	−.142 *	.073	−.188	−1.951	.055
	变量 12	.204 **	.084	.200	2.441	.017
	变量 13	−.026	.089	−.034	−.294	.770
	变量 14	.146 **	.063	.218	2.325	.023
	变量 15	.072	.053	.106	1.359	.179

资料来源：笔者整理。

（二）回归分析结论

变量 1 的回归系数为 0.646，在 0.00 水平上显著，即功能性知识与知识转移效果显著正相关，假设 1 得到强坚持。变量 2 的回归系数为 −0.229，在 0.05 水平上显著，即辅助性知识与知识转移效果呈负显著的相关关系，这与假设结论相反，假设 2 结论不成立。变量 3 的回归系数为 0.134，P 值为 0.285，没有通过显著性检验，即公司内部知识与知识转移效果没有显著的线性关系，假设 3 没有得到验证。变量 4 的回归系数为

−0.439，在0.00水平上显著，即公司网络知识与知识转移效果呈现高显著的负相关关系，假设4得到显著支持。变量5的回归系数为−0.113，P值为0.245，没有通过显著性检验，即发送方对权力的认知与知识转移效果没有显著的线性关系，假设5没有得到验证。变量6的回归系数为−0.085，P值为0.447，没有通过显著性检验，假设6没有得到验证。变量7的回归系数为0.353，在0.00水平上显著，即接收方对知识转移可获取权力的认知与知识效果显著正相关，假设7得到强坚持。变量8的回归系数为0.199，P值为0.017，在0.05水平上显著，在0.01水平上的显著性也基本可以接受，即接收方的吸收能力与知识转移效果具有显著的正相关关系，假设8得到显著坚持。变量9的回归系数为0.150，在0.1水平上显著，即母子公司的管理模式（子公司自治）与知识转移效果正相关，假设9得到支持。变量10的回归系数为0.198，在0.05水平上显著，即母子公司管理中母公司高层管理人员外派对知识转移具有显著的正向影响，假设10得到显著支持。变量11的回归系数为−0.142，P值为0.055，基本可以认为在0.05水平上显著，在0.1水平显著性高，说明母公司对子公司的绩效评估方式与知识转移呈负相关关系，这与假设的结论相反，假设11不成立。变量12的回归系数为0.204，P值为0.017，在0.01水平上具有一定的显著性，在0.05水平上显著性高，说明母子公司的文化与知识转移效果显著正相关，假设12得到显著支持。变量13的回归系数为−0.026，P值为0.770，没有通过显著性检验，假设13没有得到支持。变量14的回归系数为0.146，在0.05水平上显著，说明母子公司内的横向社会化机制与知识转移效果显著正相关，假设14得到显著支持。变量15的回归系数为0.072，P值为0.179，没有通过显著性检验，假设15没有得到支持。

综上，本书提出的母子公司知识转移影响因素假设中有8项获取实证检验支持，有2项的实证结论与假设相反，有5项没有通过实证数据检验。具体情况列在表7.43中。

表7.43　　　　　　　研究假设实证检验情况

研究假设		检验结论
知识本身	假设1a：功能性知识转移数量与知识转移效果正相关	强支持
	假设1b：辅助性知识转移数量与知识转移效果正相关	结论相反
	假设1c：内部知识转移数量与知识转移效果正相关	未支持
	假设1d：网络知识转移数量与知识转移效果负相关	显著支持

	研究假设	检验结论
发送方特征	假设2a：发送方知识转移对权力增加的贡献程度与知识转移效果正相关	未支持
	假设2b：发送方发送能力与知识转移效果正相关	未支持
接收方特征	假设3a：接收方知识转移对权力增加的贡献程度与知识转移效果正相关	强支持
	假设3b：接收方吸收能力与知识转移效果正相关	显著支持
母子公司管理控制	假设4a：子公司自治程度与知识转移效果正相关	支持
	假设4b：子公司高层中来自母公司人员的数量与知识转移效果正相关	显著支持
	假设4c：对子公司集体进行绩效考评有利于提高知识转移效果	结论相反
	假设4d：公司文化认同程度与知识转移效果正相关	显著支持
转移手段	假设5a：正式机制的丰富程度与知识转移效果正相关	未支持
	假设5b：横向社会化机制的丰富程度与知识转移效果正相关	显著支持
	假设5c：纵向社会化机制的丰富程度与知识转移效果正相关	未支持

资料来源：笔者整理。

第三节　结果讨论与研究结论

一、结果讨论

（一）不同类型知识的转移效果

现有文献认为知识的存量对知识转移效果具有正向影响（Szulanski，1993；Gupta & Govindarajan，2000；Nonaka，1994；Kim，2001）。对于发送方来说，知识的存量越高，可转移的知识自然就越多；对于接收方来说，其前期的知识存量有助于他们对知识的理解与吸收（Kim，2001）。野中郁次郎（1994）在讨论公司知识创造中也提到，知识冗余与重叠，能促进知识的吸收、转化与创造。但对于公司来说，知识转移越多是否就越好呢？有研究认为，过多的知识转移也会起到负作用，造成了思维的同质性而使公司失去创新能力。因此，对母子公司知识转移效果的研究，就要对转移的知识进行区分，以考察何类知识的转移才会起到良好的效果。

1. 从价值链的角度：功能性知识与辅助性知识。

功能性知识是公司在生产过程中开发与积累的知识，这是公司存在的基础，包括从原材料供应到产品销售与服务整个流程。这类知识的存在才能保证公司的正常生产，也是公司赢利模式的主要来源。因此，这类知识是母子公司知识转移的主要对象之一，其转移效果也是较为显著的。实证分析的结果也证实了这一点。

辅助性知识则对公司的生产运营起到支持与保障作用，包括采购、研发、人力资源管理与基础设施建设等方面的知识。在知识经济时代，公司的价值增值活动越来越多地关注辅助性知识的作用，比如跨国公司全球采购系统、研发中心的重要性越来越突出等。在当今社会，这类知识也应该成为母子公司知识转移的内容之一，而且会有较好的转移效果。但是，本书的实证检验的结论却相反，即辅助性知识转移的数量与知识效果成负向关系。对此结果可从以下方面理解：（1）母子公司不同于单一企业体制，各公司都是独立的法人企业，且经营地分散，各个子公司涉及的行业可能不会相同。子公司的正常运营的辅助性活动也会因此而各异，比如从事信息技术行业子公司人力资源管理方面的知识与从事消费品生产制造行业子公司人力资源管理方面的知识就有较大的区别。从这个角度上讲，母子公司内各个公司的辅助性知识对于其他公司的利用价值不大，这类知识接收方会视为无用知识而排斥。因此，在实证的检验上表现为负相关关系。（2）不同的母子公司管理模式，子公司的角色也会不同，除了生产操作等基础性知识外，子公司之间的知识存在一定的距离。知识距离过大，使得学习变得几乎不可能（Hamel，1991），从而影响知识接收方的吸收能力。这点已在前期的研究文献中作了分析，这也可能是造成实证结论与假设相反的主要原因。（3）由于调查的企业集团均在国内经营，企业的规模与实力还没有足够强大，通过企业网络获取整体优势的管理思想与方法还处于初级阶段，子公司要么是较为分权地自行经营，要么是较为集权地受到母公司的强力控制，这也会影响实证检验的结果。

2. 从知识来源角度：内部知识与网络知识。

福斯和佩德森（2002）较为系统地研究了母子公司的知识来源对知识转移效果的影响，发现公司内部产生的知识比较容易转移，而网络知识与集束知识转移难度依次增加。

本书对网络知识的检验结果与他们的研究结论一致。这部分知识具有较强的路径依赖性，具有明显的情境适应特点，一公司在其经营环境内产生的知识对另一公司可能是无用或意义不大。这个结论对母子公司知识转移的重点提供了实证指导。

根据内部知识的定义，公司内部知识的产生具有相似的情境。这类知识的转移相对比较容易，而且对于公司的知识丰富化与行动一致性具有一定的作用，其知识转移的效果按照假设应该是较好的。实证分析的结果从回归系数上来看，这二者之间存在正向的关系，但显著性不强。没有通过显著性检验的原因可能是：（1）调查的子公司均属国内经营，与母公司地理文化距离较近，子公司内部产生的知识与母子公司内部的知识距离很小。有研究发现，知识距离与知识转移的效果呈倒 U 形关系，即双方的知识距离过大会阻碍知识转移的效果，而双方知识距离过小，会让接收者反复学习旧知识，而不是学习任何新知识，降低知识转移的效果（Burgleman，1983；Nystrom & Starbuck，1984）。（2）调查问卷中对这部分知识的测量没有能够全面地反映转移的内部知识数量，而是考察了内部知识的存量，这个问题的存在影响了实证检验效果，同时也对问卷的设置提供了改进方向。

（二）发送方特征与知识转移效果

母子公司内部是竞争与合作的关系，子公司对外转移知识时会首先考虑到自身利益是否受损。正是从这个角度，本书重点考察子公司对外转移知识与权力获取之间关系的认知对知识转移效果的影响，这也可以看作是知识发送方的发送意愿。需要指出的是，知识发送意愿包括的内容还有很多，仅用权力认知来描述意愿是非常不全面的，因此本书没有把这一项称为知识发送意愿。根据前期研究文献，子公司若主动对外进行知识转移可获得个人的晋升与赞誉，知识转移的数量就会多，且知识转移的效果也会好。本书的实证检验表明这一结论并不显著，而且与假设相反的是回归系数为负值。究其原因，可能是：（1）我国的企业集团知识管理起步较晚，从整体上尚未真正认识到知识管理的重要性。尽管已经意识到知识转移可以培养本公司的竞争力与个人核心能力，但由于受制于公司内行政管理其他方面因素，转移知识对权力的获取的影响显得十分微小。（2）公司内的竞争，也会让子公司首先选择保护自己的优势知识。（3）本调查问卷的测量可能不够全面，使得数据有一定的偏差，影响了回归效果。

知识发送能力表现在对知识的编码、表述能力、对接收方的指导与培训等方面，对知识转移效果具有正向影响。本书的检验结果并不显著，而且回归系数为负值，说明发送能力对知识转移效果还有抑制，这并不符合正常的推论。这有国内母子公司组织距离过近的原因，因为经营区域分散程度不高，组织距离过近导致公司规范距离、知识距离很小，知识转移的效果在倒 U 形的左侧，这个效果并不是由于知识发送能力造成的，而是组织的原因。另一个原因可能是目前我们国内母子公司转移的知识显性程度相对较高，而对核心能力构建起关键作用的隐性知识转移较少，对隐性知识的编码、表述等发送能力的作用无法得以充分体现。这两点可能是本实证检验结果出现的主要原因。

（三）接收方特征与知识转移效果

相比知识发送方，接收方如果认识到主动学习及吸收知识可获取相应的权力与赞誉等益处，其接收知识的愿望就会强烈。如果这部分知识对公司发展具有价值，接收方会采取相应的手段来提高其吸收新知识的能力，同时员工的受教育程度也决定了吸收能力的高低。本书对这两项的实证检验结果显著程度很高，这也前期文献的研究结论相一致。

（四）母子公司管理控制与知识转移效果

大量的研究文献表明，如果子公司拥有较高的自治权，其创造与积累的知识相应就多，向外输出的知识也就多，这会提高母子公司知识转移的效果。本书实证检验结果较为显著，证实了子公司自治程度与知识转移效果的正向相关关系。这与研究者（Gupta & Govindarajan，2000；Andersson & Forsgren，1996；Birkinshaw et al.，1998；Francesco，2010）的实证分析结论相一致。

控制机制是母子公司管理的重要内容之一，也是研究热点。本书限于篇幅与其他研究限制，对控制机制与知识转移效果关系的考察内容相对简单。

母公司外派人员进入子公司董事会或子公司管理高层被视为母公司对子公司人力资源控制的手段之一。研究文献表明，母公司人员进入子公司管理高层，利于子公司从整个集团利益高度上思考与行动，确保整体利益得到重视，而且这类人员在知识转移活动中起到监督与保障作用，这极大地促进了知识转移效果的提升。本书的实证结论支持了这一点，且检验结果具有较高的显著性。

对于母子公司的绩效控制，沙尔特（1973）认为对子公司总经理的激励性的奖金不必总是子公司的绩效，而是部分甚至全部子公司集体的绩效。古普塔和戈文达拉扬（1986）研究发现，对子公司经理人员的考核与奖励如果是基于几个子公司的整体绩效，可促进知识在母子公司内部的转移。可是，本书的实证检验结果恰恰相反，如果对子公司的绩效考核只是关注过程绩效、对子公司的奖励只是基于群体绩效，对知识转移效果有阻碍作用。出现这样结论的原因很可能是我国的母子公司整体管理水平还不够高、公司治理结构尚不完善造成的。莱温特（Levinthal，1988）从委托代理理论出发，认为母子公司存在代理关系是因为信息不对称、母子公司目标存在偏差以及母子公司的风险偏好不同。如果母子公司法人治理结构不完善，起不到良好的监督与激励作用，子公司的机会主义行为不可避免。在目前情况下，我国的母子公司如果只是采取过程绩效与集体奖励的办法，子公司的"搭便车"等机会主义行为更容易出现，这在一定程度上抑制了知识转移的效果。奥戴尔（O'Donnell，2000）认为，对子公司激励的目的是保证母公司从子公司得到一定的产出和收益，对产出绩效的考评仍很重要。陈志军（2006）对母子公司绩效评价模式的调查发现，我国母子公司当前主要采取产出绩效控制方式，本书对绩效控制的调查数据也体现了这个特点。这也说明，我国目前的绩效控制方式不足以对知识转移产生良好的影响效果。

母子公司文化控制的目的是在组织内培育与共享企业价值观，增加成员的协同意识与自激励。优秀的公司文化可以在公司内营造信任与合作的氛围，成员拥有相同的愿景，这都会提高知识转移的效果。马丁内斯和加里洛（1989）认为，共享的价值利于知识转移效果的提高，因为这可以让母子公司组织成员通过广泛的沟通而建立彼此信任，艾森哈特（1985）认为共享的价值与信念，也促进了成员间的合作，从而利于知识的转移与分享。本书的实证检验结果显著，与相关研究者的结论一致。

（五）　知识转移渠道的丰富性与知识转移效果

大量的研究文献证实了知识转移渠道的存在与丰富性对于提高知识转移效果具有显著作用。

本书对于正式机制的实证检验结果不显著，回归系数很小并为负值。出现这个结果的原因可从两方面分析：一方面是因为调查问卷中对正式机制的项目设置过于简单，只是询问了联络员制度、临时任务小组与长期合作团队的存在情况，没有能够全面反映正式机制的其他管理措施。另一方面，在回收的问卷中对联络员制度的回答为 0，任务小组与长期合作团队的存在数量也极少。这同时也说明了我国的母子公司管理目前仍存许多不足，粗放式管理仍占有较大比重，对组织沟通与协作的管理尚有较多不足。这两方面的原因可能造成了实证分析结论不显著且影响负向的结果。

高（2002）认为，公司成员非结构的交往而形成的亲密关系，对于知识转移效果影响较大。段等（2010）的调研发现组织成员的开放程度是影响知识转移效果的重要变量。诺瑞亚和戈绍尔（1994）认为成员间互惠行为为解决潜在冲突提供了基础，从而容易在观点上达成一致。张志勇和刘益（2007）认为企业间的知识转移存在着通过人员交往而形成的社会网络。这些都属于社会化机制的范畴。本书的实证检验结果显著支持横向社会机制对知识转移效果的正向影响，这也与相关文献的结论一致。出乎意料的是，对于纵向社会化机制对知识转移效果的正向影响实证检验结果并不显著。可能有两方面原因造成了这样的检验结果：（1）测量项目过少，无法真实地反映出纵向社会化机制对知识转移效果的影响；（2）按照霍夫斯泰德文化距离理论，我国具有较高的权力距离，人们对于权威与科层结构的领导人员心存敬畏，人们更倾向于与同辈、同级或身份相似人员交往，致使纵向沟通效果不佳。这也能解释横向社会化机构影响作用明显的检验结论。

二、结 论 与 启 示

母子公司知识转移机制包括五个维度：转移的知识、发送方公司、接收方公司、母子公司管理控制方式以及母子公司内知识转移渠道的丰富性。这五个方面相互作用共同促进知识在母子公司内的转移、吸收、使用与创新。我国母子公司，尤其是业务集中在国内区域的母子公司，当前其知识转移活动具有自己的特点。

（一）结论

根据本书的调查分析可得到以下结论：

公司生产与经营知识方面的知识（功能性知识）其转移效果较好，而公司辅助性活动知识的转移效果不佳；企业内部生成的知识（内部知识）相对容易转移，公司基于其经营情境而产生的独有知识（网络知识）难以转移；知识发送公司对知识转移效果的贡献不力，转移知识的积极性不高、传送知识的能力较低；存在激励机制情况下，公司接受与吸收其他公司知识的愿望很强，通过提高学习能力优化了知识转移效果；自治权高的子公司知识转移效果较好，母公司外派人员进驻子公司管理高层提高了知识转移的效果，良好的公司文化有利于知识转移效果的提高，目前普遍采用的绩效评估与奖励体系不利于知识的有效转移；母子公司内横向的交互与沟通对提高知识转移效果的作用较大，而组织的正式机制以及公司纵向社会化方面对知识转移的效果贡献极低。

（二）启示

通过知识创造与知识转移来获取竞争优势已经成为母子公司管理的热点问题之一，也对母子公司管理的实践提出了挑战。对于我国起步晚、基础尚薄的母子公司来说，对知识创造与转移管理还有许多方面亟须完善。根据实证分析结果，结合我国国内经营的母子公司管理与知识转移现状，可得到以下启示：

1. 加强对知识管理的重视，通过知识转移与分享构建核心能力，提高知识协同效应，从集团整体层面上提高竞争优势。在知识经济时代，经济增长已由依靠传统的生产要素转到依靠知识要素，经济增长的决定性的生产要素既不是资本也不是土地或劳动力，而是知识，提供知识并找出应用现有知识创造效益的最佳方法，就是管理（德鲁克语）。尽管知识管理已经得到公司的普遍重视，但深度不足，有些公司甚至是止于口号。真正实施知识管理，要求公司从管理理念、战略规划、组织结构以及管理手段等方面都要进行革新，让知识的创造、转移与共享在良性的机制内运行，产生知识协同效果，才能发挥其巨大的对价值增值的贡献作用。

2. 建立学习型组织，提高公司学习能力，增加知识存量，保持适当的知识距离。通过共同愿景、团队学习、改变员工心智模式、自我超越与系统思考等学习型组织建设方案，增加公司的知识存量，提高转移与吸收能力的能力，才能保证较佳的知识转移效果。另外，鼓励创新与创造，激励子公司丰富自己的知识结构，母子公司内应存在适当的知识距离，这样才能有助于知识转移的发送与吸收。知识距离过大或过小，都会阻碍知识的转移与共享。

3. 完善母子公司法人治理结构。对于母子公司管理与控制而言，笔者一直坚持这样的观点：优化管理，治理先行。母子公司不同于单一企业，成员均属独立法人，母公司对子公司的管理只能通过子公司董事会而推行，如果没有完善的治理结构，管理只能流于形式而使母公司成为"橡皮图章"或让子公司变成分公司，前者管理发挥不了效用，后者则与公司法不符。通过完善公司治理结构，母公司对子公司实施有效的监控与激励，消除内部的权力斗争，避免机会主义行为的产生，这样才能提高知识转移效果，从而增强企业集团的整体实力。

4. 加强母子公司关系的管理。随着技术更新加速、消费需求日益多元化以及市场竞争的加剧，增加子公司经营自主权成为时代的要求。子公司自治权增加，对于丰富公司知识、保持适度组织与知识距离、提高创新能力与当地反应能力均具有重要作用，而这些因素都会促进知识转移与提高知识转移的效果。另外，研究者普遍认同母子公司内部应该是相互依赖的网络结构，通过建立相互信任、密切合作、战略协同、整体行动的母子公司关系，知识在母子公司内部呈现网络式转移模式，知识转移的效果会得到极大提高，知识对于公司竞争优势获取的作用才能真正得以发挥。

5. 丰富知识转移渠道。母子公司可通过组织结构变革、管理创新、企业信息化建设等方式，丰富知识转移渠道的正式机制；还应通过提供虚拟社区、社交网络、岗位轮换、会议交流等组织平台，丰富公司社会化机制。这样，知识才能在多渠道、多形式中被转移、吸收与共享。

6. 提升公司文化。公司文化的力量在于统一成员的信念与行动，在整个组织内部提高知识转移的价值认同，形成信任、合作、学习与分享的氛围与文化理念，使之成为员工的心智模式与行动准则，知识转移的广度、深度与效果均会随之产生质的变化。

第八章

研究结论与展望

本章对研究的结论进一步归纳整理，同时，针对研究的整体情况指出存在的局限与不足，并对未来的研究方向与研究重点做出描述。

第一节　研究结论与启示

一、研究结论

1. 从知识转移的视角，母子公司的出现是由于这种规制结构可以提高知识转移的效率并降低知识转移的成本。知识的内隐性、复杂性与专属性使得知识在转移中表现为较高的粘滞性，相应地提高了知识转移的成本。母子公司管理体制弱化了知识的粘滞性，降低了知识寻找、发送与学习的成本，在知识转移中表现出高效率。随着知识发送能力（STC）与知识接收能力（RTC）的提高，母子公司这一组织形式的适用性变得更为广阔。

2. 母子公司知识不是母公司知识与子公司知识的简单集合，而是转移、转化与共享的知识生成过程。母子公司知识从价值链角度可分为功能性知识与辅助性知识，从价值贡献角度可分为生存性知识、发展性知识与竞争性知识，从来源角度可分为内部创造知识与外源知识（网络知识）。单体公司的知识生成是知识在公司内的 SECI 螺旋上升的过程，在一个 SE-CI 过程里始于个体隐性知识的分享，止于组织隐性知识的凝聚，公司内部创造的知识经过这个螺旋而丰富，外源知识也要经过这个螺旋而成为公司知识。母子公司的知识生成，可分为两个部分：从内部看，焦点公司（母公司或子公司）的知识来源分为三个部分：经营环境中的外部知识（网络知识）、企业集团内部其他公司的知识以及本公司内部创造的知识，经过SECI螺旋成为本公司知识；从整体看，知识在母子公司组织内流动、转移与分享，也要经过 SECI 交互过程，通过母公司提供的发起巴、对话巴、系统巴与演练巴，凝聚为母子公司的知识。

母子公司内部的知识转移是母子公司知识生成的关键环节之一，知识转移模式与转移机制决定了母子公司核心能力的构建与竞争优势的获取。

3. 从知识的流动方向、转移数量与频率角度，母子公司知识转移存在四种转移模式，分别是控制式、自主式、交互式与网络式。母子公司知识转移模式的选择受公司战略、全球经营阶段、管理类型、控制模式、子公司角色、成员间相互依赖程度、公司文化、子公司生命周期及外部环境动荡程度等因素的综合影响。

4. 母子公司知识转移机制由知识本身特征、发送方特征、接收方特征、母子公司管理控制与转移渠道五个部分组成。这五个部分的交互作用以及各自内部因素影响着母子公司知识转移的效率与效果。功能性知识与内部知识相对容易转移，辅助性知识受情境因素影响转移效果不高，网络知识转移难度高且与转移效果负相关。知识发送方的转移愿意与发送能力影响着知识转移的效果，知识接收方的意愿与吸收能力影响着知识转移效果。母子公司管理模式类型不同，知识转移效果亦不相同，分权体制下的知识转移效果较佳，母公司对子公司的人力资源控制、绩效控制、文化控制等控制机制对知识转移的效果有着重要的影响。知识转移渠道的丰富程度与知识转移效果正相关，母子公司内部的正式机制与社会化机制决定着知识转移渠道的丰富度。

二、研究启示

案例与调查数据分析等实证研究表明，我国母子公司在知识生成与转移中有着可资借鉴的经验，行政命令与企业培训工作在知识的生成与转移中起到良好的效果。但也存在许多不足，我国母子公司目前普遍存在控制式、自主式、交互式与网络式知识转移模式，但以交互式转移模式为主，我国的母子公司还没有充分认识到通过知识转移构筑整体优势的重要性，对于参与国际竞争的企业集团还需要做出大量的努力。在知识转移机制中，知识发送方与知识转移渠道对知识转移效果的促进作用尚不明显，从而导致无法充分地通过知识转移来提高企业集团的整体实力与核心能力。

通过知识转移提高母子公司的竞争力，我国的企业集团需要：进一步完善与加强知识管理与学习型组织建设，完善法人治理结构，建设网络型组织，优化母子公司关系，提升分享、合作与信任的公司文化，通过广泛的正式与非正式机制丰富交流与沟通渠道。

第二节　研究不足与研究展望

一、研究不足

综合起来，本书的研究不足体现在以下三个方面：

1. 部分问题的研究不够深入，所得结论更多的是理论上的演绎，缺乏对母子公司长期追踪与充分的案例调研。管理理论的发展应该是对管理实践的长期跟踪与总结，静态的分析不能完全、准确地描述管理实践。本研究提出的知识转移模式，尽管调查结果显示具有较高的认可度，仍需要经受管理实践的长期检验；知识转移机制的构成要素，需要进一步结合企业实践的发展而检验与修正，比如网络经济下虚拟组织的知识转移实践，可能会有新的影响知识转移效果的因素。

2. 调查样本数量偏小，说服力不够强。这表现在两个方面：一是回收的样本数量偏小，这不能全面地反映母子公司的管理实践，实证检验的结果并不一定能真实地反映出现实情况。二是本研究样本的选择受到地域的限制，无法做到从全局上准确地反映我国目前母子公司管理及知识转移的全面状况，尤其是调查大多集中在经济发展水平相对较好、管理水平相对较高的东部沿海地区，而对西部或其他经济发展水平相对落后地区的企业没有调查样本，这在一定程度上限制了研究结果的通用性与准确性。

3. 调查问卷设计尽管进行了充分的论证，并向专家学者请教，但在数据分析中还是体现出量表部分项目存在过于简化或不能全面反映国内母子公司运营实际的不足。在回收的样本中，个别样本由于回答者对调查问题出现误解而致使样本数据无法使用，这也在一定程度上反映出调查问卷的描述准确性与易操作性等方面尚存在一定的缺憾。

二、研究展望

母子公司的知识转移是一个系统的工程，包含的内容繁多，结合本书研究局限与写作心得，未来对母子公司知识转移的研究重点应该包括：

1. 网络型组织已经是跨国公司追逐的热点，也是理论研究的重点，网络结构下母子公司知识转移模式选择、知识转移机制构成要素以及网络特征对母子公司知识转移效果的影响，应该在后续研究中得到充分体现。

2. 尽管知识转移能力可以构成公司核心能力的一个部分，但知识发挥作用关键在于对知识的使用。如何通过知识转移加强母子公司的知识整合与使用，产生知识的协同效应，也是未来研究的方向之一。

3. 未来的实证研究应该采取大样本数据调研，克服地域、行业与样本数量的限制，并对母子公司知识转移进行追踪考察，总结母子公司知识转移的实践经验，揭示知识转移的变化特点。同时，对知识转移测量量表的开发也是未来研究的一个重点。

附　　录

母子公司知识转移调查问卷

尊敬的女士/先生：

您好！

我们的社会已经全面进入知识经济时代，对知识的管理已经成为企业获得竞争优势与可持续性发展的关键环节，企业集团尤因组织庞大、经营分散以及管理复杂等现实而使知识管理变得更为困难与艰巨。现在学术界普遍认为母子公司内部的知识创造与知识转移是企业集团整体核心竞争力的主要来源。为此，我们把母子公司的知识转移作为学术研究主题，并设计了以下调查问卷，烦请您在百忙之中填写。

本次调查我们希望能够对母子公司知识转移的模式、转移机制以及转移手段做出全面了解，并结合现实企业集团的运营对母子公司知识转移进行科学分析与总结。所有调查的数据仅用于学术研究，不会涉及贵公司任何商业秘密；我们承诺对调查表中贵公司所有信息予以保密，绝不外露。

基于研究角度，本调查表请子公司主管来填写；个别项目如需其他部门或人员填写，请您转交相关人员；调查表中个人信息与公司敏感问题可不填写，有些项目如果贵公司不存在这样的情况，可空缺不填；您在填写问卷时遇到任何问题，敬请您与我们联系。

本次研究完成后，如果贵公司需要，我们将奉送研究报告摘要以示感谢。

谢谢您的大力支持与帮助，祝事业成功、万事如意！

一、您的个人信息

您来自于：□母公司（即我们常说的总部或集团公司）、□子公司。

姓名：_____　部门：_____　职务：_____

联系电话：_____　E-mail：

通信地址：_____

二、公司的基本信息

1. 贵企业集团有员工_____人，企业集团的历史有_____年。您所在的公司（子公司）成立于_____年，员工_____人，其中大学本科及以上学历的员工_____人，专科学历员工_____人，中专、高中学历员工_____人，初中及以下学历员工_____人；您所在公司管理高层有_____人，其中来自母公司外派的有_____人；您所在公司总资产_____元。

2. 贵集团公司（母公司）控股50%以上的子公司有_____家，其中全资子公司有_____家；控股在50%以下，但实际掌握控制权的子公司有_____家。

3. 贵集团涉及的行业：□制造　□旅游、餐饮　□信息技术□资源开发　□建筑、房地产　□金融业　□贸易　□交通、物流　□其他（请注明）_____。

4. 母子公司管理模式一般分为三种类型，分别是：行政型、治理型与自主管理型。其中：（1）行政型管理模式最为集权，母公司对子公司的管理类似分公司、分厂的管理，母公司直接对子公司进行全面的管理与控制；（2）治理型是集权与分权相结合的管理模式，母公司会参与子公司的管理，但母公司在重大问题上的决定要通过子公司的董事会的同意来实施；（3）自主管理型最为分权，母公司主要关注投资回报，很少参与子公司的管理。您认为您所在集团的母子公司管理模式属于：

□行政型　　□治理型　　□管理型　　□混合型（即具有前三种类型的综合特征）

三、知识转移模式

5. 您所在的企业集团以下哪些知识会在母子公司内交流传递？（可多选）

□研发知识　□产品生产与操作流程　□产品或服务相关知识　□营销与销售的知识　□物流与配送的知识　□采购知识　□企业文化知识□管理知识

6. 我们按照知识在母子公司之间的流动方向，把母子公司知识转移的模式分为四种类型，分别是：控制型、自主型、交互型和网络型。其中：（1）控制型是指知识单向地由母公司流向子公司，子公司知识主要是来自母公司的输入，子公司之间没有知识转移；（2）自主型是指母公司的知识很少流向子公司，子公司运营与管理的知识主要是自我的开发，母子公司之间、子公司与子公司之间知识的交流很少；（3）交互型是指母子公司之间存在知识的双向交流，子公司的知识有一部分来自母公司，同时子公司开发的知识也会被母公司学习和吸收，母公司会把子公司先进的经验传递给其他子公司，推广使用。子公司与子公司之间知识转移较少；（4）网络型，子公司与母公司存在双向知识转移，也会与其他子公司存在双向知识转移。

您认为这样划分母子公司知识转移的模式有意义吗？

□没意义　　□意义不大　　□可以接受　　□有意义　　□意义很大

7. 如果您认可这样划分知识转移模式，您认为您所在企业集团知识转移的模式属哪个类型？

□控制式　　　□自主式　　　□交互式　　　□网络式

四、知识转移的效果

下表考察的是知识转移的效果，表中数字表示程度大小，1最小，5最高。请您在相应的数字上打"√"。

1	贵公司从母子公司或其他子公司转移的研发知识有用程度	很低	1	2	3	4	5	很高
2	贵公司从母子公司或其他子公司转移的制造与流程知识有用程度	很低	1	2	3	4	5	很高
3	贵公司从母子公司或其他子公司转移的产品或服务知识有用程度	很低	1	2	3	4	5	很高
4	贵公司从母子公司或其他子公司转移的营销或销售知识有用程度	很低	1	2	3	4	5	很高
5	贵公司从母子公司或其他子公司转移的物流或配送知识有用程度	很低	1	2	3	4	5	很高
6	贵公司从母子公司或其他子公司转移的采购知识有用程度	很低	1	2	3	4	5	很高
7	贵公司对与母子公司或其他子公司知识转移过程的满意程度	很低	1	2	3	4	5	很高
8	贵公司通过知识转移技术能力的提高程度	很低	1	2	3	4	5	很高
9	贵公司通过知识转移新产品开发能力的提高程度	很低	1	2	3	4	5	很高
10	贵公司通过知识转移后市场竞争力的提高程度	很低	1	2	3	4	5	很高
11	贵公司通过知识转移创新能力的提高程度	很低	1	2	3	4	5	很高

五、知识特性

下表考察的是知识的特性对知识转移的影响，表中数字表示程度大小，1 最小，5 最高。请您在相应的数字上打"√"。

12	基本生产操作方面的知识转移数量	很少	1	2	3	4	5	很多
13	营销手段与原理方面的知识转移数量	很少	1	2	3	4	5	很多
14	员工考核方法的知识转移数量	很少	1	2	3	4	5	很多
15	基本的采购地点与内容的知识转移数量	很少	1	2	3	4	5	很多
16	客户服务方面知识的转移数量	很少	1	2	3	4	5	很多
17	操作诀窍的知识转移数量	很少	1	2	3	4	5	很多
18	营销诀窍的知识转移数量	很少	1	2	3	4	5	很多
19	人才的激励与控制的知识转移数量	很少	1	2	3	4	5	很多
20	物流技术的知识转移数量	很少	1	2	3	4	5	很多
21	核心技术的知识转移数量	很少	1	2	3	4	5	很多
22	营销理念的知识转移数量	很少	1	2	3	4	5	很多
23	后勤服务方面的知识转移数量	很少	1	2	3	4	5	很多
24	贵公司近三年对研发活动的投资	很低	1	2	3	4	5	很高
25	贵公司近三年制造与流程活动的投资	很低	1	2	3	4	5	很高
26	贵公司近三年对产品或服务活动的投资	很低	1	2	3	4	5	很高
27	贵公司近三年对营销或销售活动的投资	很低	1	2	3	4	5	很高
28	贵公司近三年对物流或配送活动的投资	很低	1	2	3	4	5	很高
29	产品消费者对贵公司知识的影响程度	很低	1	2	3	4	5	很高
30	供应商对贵公司知识的影响程度	很低	1	2	3	4	5	很高
31	分销商对贵公司知识的影响程度	很低	1	2	3	4	5	很高
32	当地的研究机构对贵公司知识的影响程度	很低	1	2	3	4	5	很高

六、知识转移双方特征

下表考察的是知识转移的双方对转移效果的影响，表中数字表示程度大小，1 最小，5 最高。请您在相应的数字上打"√"。

33	把知识转移给母公司或其他子公司个人职务晋升的有效方式	完全反对	1	2	3	4	5	完全同意
34	把知识转移给母公司或其他子公司可以赢得他们的尊重	完全反对	1	2	3	4	5	完全同意

35	把知识转移给母公司或其他子公司对本公司的发展有利	完全反对	1	2	3	4	5	完全同意
36	对转移的知识进行清晰表达的程度	很低	1	2	3	4	5	很高
37	派员到知识接收方对知识进行现场指导情况	很少	1	2	3	4	5	很多
38	对知识接收方有无进行系统的培训?	□无			□有			
39	主动从母公司或其他子公司转移知识个人职务晋升的有效方式	完全反对	1	2	3	4	5	完全同意
40	主动从母公司或其他子公司转移知识可以获得学习型公司的赞誉	完全反对	1	2	3	4	5	完全同意
41	主动从母公司或其他子公司转移知识有利于本公司的发展	完全反对	1	2	3	4	5	完全同意

七、母子公司管理的角度

下表考察的是母子公司的管理对知识转移的影响，表中数字表示程度大小，1 最小，5 最高。请您在相应的数字上打"√"。

42	贵公司制造与流程改进方面的主权程度	很低	1	2	3	4	5	很高
43	贵公司在推出新产品或服务方面的决策自主权程度	很低	1	2	3	4	5	很高
44	贵公司在高层管理人员任命方面的决策自主权程度	很低	1	2	3	4	5	很高
45	贵公司在组织结构变革方面的决策自主权程度	很低	1	2	3	4	5	很高
46	贵公司在季度计划制定方面的决策自主权程度	很低	1	2	3	4	5	很高
47	贵公司预算制定属哪种类型?	□母公司制度，本公司执行 □本公司建议，母公司制定 □本公司制定，报母公司审批 □本公司制定，报母公司备案 □其他						
48	贵公司的母公司对子公司绩效评价的依据是	□产出绩效 □过程绩效 □投入产出平衡绩效						

49	贵公司的母公司对子公司的奖励是基于	□单个子公司的绩效 □几个相关的子公司整体绩效 □所有子公司的整体绩效						
50	贵公司与母公司在企业文化、价值观与愿景上相似程度	很低	1	2	3	4	5	很高
51	您认为贵公司与母公司或其他子公司彼此信任的程度	很低	1	2	3	4	5	很高
52	您认为贵公司与母公司或其他子公司彼此合作的程度	很低	1	2	3	4	5	很高

八、知识转移渠道的丰富程度

下表考察的是母子公司知识转移渠道的影响，表中数字表示程度大小，1 最小，5 最高。请您在相应的数字上打"√"。

53	贵公司与母公司或其他子公司之间有联系员吗？	从不使用	1	2	3	4	5	经常使用
54	贵公司与母公司或其他子公司之间有临时任务小组吗？	从不使用	1	2	3	4	5	经常使用
55	贵公司与母公司或其他子公司之间有长期合作团队吗？	从不使用	1	2	3	4	5	经常使用
56	您是否在其他子公司工作过一年或一年以上？	□是　　　　□否						
57	您是否参加过集团总部举办的子公司经理人员培训？	□是　　　　□否						
58	您是否在母公司工作过一年或一年以上？	□是　　　　□否						
59	你是否在集团总部有自己的导师？	□是　　　　□否						

问卷到此结束，再次感谢您的热情与无私帮助！

参 考 文 献

中文部分

［1］［美］巴利特等著，马野青等译．跨边界管理：跨国公司经营决策（第二版）．北京：人民邮电出版社，2008.

［2］［美］彼得·德鲁克等著．知识管理．北京：中国人民大学出版社，1999.

［3］［美］彼得·德鲁克著，张星岩译．后资本主义社会．上海：上海译文出版社，1998.

［4］［美］彼得·圣吉著，郭进隆译．第五项修炼——学习型组织的艺术与实务．上海：上海三联书店，1998.9.

［5］波兰尼．个人知识——迈向后批判哲学．贵州：贵州人民出版社，2000.

［6］曹兴，李瑞，程小平，彭耿．企业知识结构及其优化机制．科学管理研究，2006，12：69 – 73.

［7］曹洲涛．基于母子公司关系的跨国公司管理移植的实证研究框架．科学学与科学技术管理，2008，5：164 – 168.

［8］陈至发．跨国战略联盟企业文化协同管理．北京：中国经济出版社，2004.

［9］陈志军．母子公司管理控制机制研究．北京：经济科学出版社，2006.

［10］陈志军．母公司对子公司控制理论探讨——理论视角，控制模式与控制手段．山东大学学报，2006，1：133 – 139.

［11］丛海涛，唐元虎．隐性知识转移，共享的激励机制研究．科研管理，2007，1：33 – 37.

［12］董广茂，简兆权，王毅．企业间知识转移创新性质的分析——知识结构的视角．研究与发展管理，2010，12：1 – 7.

［13］董小英．企业信息化过程中的知识转移：联想集团案例分析．中外管理导报，2002，11：28 – 35.

［14］董小英．知识优势的理论基础与战略选择．北京大学学报（哲学社会科学版），2004，4：37 – 45.

［15］杜晓君，王小干，周仙华，刘赫．跨国公司全球战略、东道国市场特征与跨国公司知识转移模式——基于跨国公司在华子公司市场知识转移的实证研究．研究与发展管理，2009，12：9 – 18.

［16］葛晨，徐金发．母子公司的管理与控制模式 – 北大方正集团、中国华诚集

团等管理与控制模式案例评析．管理世界，1999，6：190-196．

[17] 耿新．知识创造的 IDE-SECI 模型——对野中郁次郎"自我超越"模型的一个扩展．南开管理评论，2003，5：11-15．

[18] 郭培民．基于企业资源论的母子公司性质及管理策略研究［博士论文］．杭州：浙江大学，2001．

[19] 韩经纶．知识管理．天津：南开大学出版社，2006．

[20] 和金生，王雪利．母公司对子公司知识转移的影响因素研究．西安电子科技大学学报（社会科学版）．2006，2：87-91．

[21] 和金生，陈国绪．海外子公司反向知识转移研究．现代财经，2006，11：3-7．

[22] 黄颢，陈天阁，张道武，陈晓剑．SECI 模型在网络化组织中的拓展研究．研究与发展管理，2006，6，第18卷第3期：16-21．

[23] 黄卫伟，王炳乾．知识转移，企业边界与中国企业的跨国经营．中国人民大学学报，2007，3：78-85．

[24] 金吾伦．知识生成论．中国社会科学院研究生院学报，2003，2：48-54．

[25] ［奥］卡琳·诺尔-塞蒂纳．《制造知识》．东方出版社，2001．

[26] 柯江林，孙健敏，石金涛等．企业 R&D 团队之社会资本与团队效能关系的实证研究：以知识分享和知识整合为中介变量．管理世界，2007，3：89-101．

[27] 理查德·达夫特著，李维安等译．组织理论与设计精要．北京：机械工业出版社，2002．

[28] 李国忠．企业集团预算控制模式及其选择．会计研究，2005，4：47-50．

[29] 李红玲，廖建桥．从 Shannon-Weaver 到 Boisot：解读国外若干典型知识转移模型．科技管理研究，2008，4：243-249．

[30] 李维安．公司治理教程．上海：上海人民出版社，2002．

[31] 李武，席西民．管理控制与和谐控制．管理工程学报，2002，2：84-85．

[32] 李一楠．企业集团知识协同机制研究．2009，3：130-133．

[33] 梁启华，何晓红．空间集聚：隐性知识转移与共享机理与途径．管理世界，2006，3：146-147．

[34] 刘翌，徐金发．母子公司知识流动：一个理论分析框架．科研管理，2002，1：6-11．

[35] 鲁明泓．跨国公司子公司自治发展模式及其启示．外国经济与管理，1999，10：30-33．

[36] 罗宣．母子公司知识转移战略的"软"维度研究．技术经济，2006，3：88-90．

[37] 罗宣．程序公正性理论及其对母子公司知识转移非均衡关系的协调作用研究．西北工业大学学报（社会科学版），2006，3：31-37．

[38] 马宏建，芮明杰．知识管理策略与知识创造．科研管理，2007，1：38-42．

［39］马庆国，徐青，廖振鹏，张彩江．基于复杂适应系统的个体知识转移影响因素分析．科研管理，2006，3：50－54.

［40］迈克尔·波特著，陈小悦译．竞争优势．北京：华夏出版社，1997.

［41］［美］迈克尔·古尔德，安德鲁·坎贝尔，马库斯·亚历山大著，黄一义译．公司层面战略：多业务公司的管理与价值创造．北京：人民邮电出版社，2004.

［42］［德］迈诺尔夫·迪尔克斯，阿里安娜·贝图安·安拖尔，［英］约翰·蔡尔德等．组织学习与知识创新．上海社会科学院知识与信息课题组译．上海：上海人民出版社，2001：382－402.

［43］孟建民．中国企业绩效评价．北京：中国财政经济出版社，2002.

［44］慕继丰，陈方丽．基于知识的企业理论．经济管理·新管理，2002，2：31－37.

［45］南希·狄克逊．共有知识——企业知识共享的方法与案例［M］．北京：人民邮电出版社，2002.

［46］乔雪莲．母子公司管控模式及其影响因素的研究现状与详述．现代管理科学，2010，12：97－100.

［47］秦世亮，万威武．个人知识和企业知识创造．研究与发展管理，2004，16（1）：55－57.

［48］宋远方．知识管理与企业核心竞争力能力培养．管理世界，2002，8：141－142，148.

［49］汤谷良，王斌，杜菲，付阳．多元化企业集团管理控制体系的整合观：基于华润集团6S的案例分析．会计研究，2009，2：53－60.

［50］王冬春，汪应洛，王能民．战略联盟的知识转移模式研究．科学管理研究，2006，6：88－91.

［51］王凤彬．集团公司与企业集团组织——组织、经验、案例．北京：中国人民大学出版社，2003.

［52］王君，樊治平．基于Multi-Agent的知识转型模型框架．东北大学学报（自然科学版），2003，1：94－97.

［53］王开明，万君康．论知识的转移与扩散．外国经济与管理，2000（10）：2－7.

［54］王璞，赵月华．母子公司管理．北京：中信出版社，2003.

［55］王清晓，杨忠．跨国公司内部网络结点之间知识转移的影响因素分析——一个概念模型．科研管理，2006，2：103－108转56.

［56］王炜瀚．知识观的多国企业理论：跨国公司与利用外资．北京：社会科学文献出版社，2005.

［57］汪波，籍斌．企业集团预防子公司机会主义行为问题研究．天津大学学报，2003，7：229－232.

［58］吴迪．习惯域理论与企业知识结构分析．科研管理，2004，4：32－36.

[59] 武立东，黄海昕. 企业集团子公司主导行为及其网络嵌入研究：以海信集团为例. 南开管理评论，2010，6：125 - 137.

[60] 席西民. 环境变革中的企业与企业集团. 北京：机械工业出版社，2002.

[61] 肖洪钧，刘绍昱. 基于动态能力理论的知识转移影响因素研究. 现代管理科学，2006，3：9 - 10，19.

[62] 肖久灵. 我国海外企业知识转移与绩效评价. 北京：经济科学出版社，2007.

[63] 肖小勇，曾怀风. 基于抽象水平和驱力类型的组织间知识转移机制研究. 情报杂记，2006，11：52 - 54.

[64] 筱月. 联想图变. 中国计算机用户，2001 - 6 - 4：35.

[65] 谢荷锋，水常青. 个体间非正式知识转移研究述评. 研究与发展管理，2006，18（4）：54 - 62.

[66] 徐金发，许强，顾惊雷. 企业知识转移的情境分析模型. 科研管理，2003，2：54 - 60.

[67] 徐笑君. 权力距离，不确定性规避对跨国公司总部知识转移的调节效应研究. 经济管理，2010，2：61 - 68.

[68] 许强. 母子公司控制机制选择：知识转移的视角. 科学学研究. 2007，12：388 - 393.

[69] 许强. 母子公司关系管理：基于知识转移的新视角. 北京：经济科学出版社，2008.

[70] 许强，施放. 从知识结构观点看母子公司关系. 科技进步与对策，2004，5：92 - 94.

[71] 许强，郑胜华. 母子公司的知识结构剖析. 技术经济与管理研究，2004，1：77 - 78.

[72] 薛求知. 全球学习效应：跨国公司行为新解释. 复旦学报（自然科学版），2001，2：184 - 189.

[73] 薛求知，关涛. 跨国公司知识转移：知识特性与转移工具研究. 管理科学学报，2006，12：64 - 71.

[74] ［日］野中郁次郎，竹内广隆. 创造知识的公司：日本公司是如何建立创新动力学习的. 科学技术部国际合作公司，1999.

[75] 阎同柱，李鹏. 全方位透视母子公司管理. 企业管理，2001，9：5 - 26.

[76] 杨开峰译. 《哈佛商业评论》精粹译丛. 北京：中国人民大学出版社，1999.

[77] 姚小涛，席酉民. 社会网络理论及其在企业研究中的应用. 西安交通大学学报（社会科学版），2003，3：22 - 27.

[78] 余光胜. 企业发展的知识分析. 上海：上海财经大学出版社，2000.

[79] 于鹏，曲明军. 跨国公司内部知识转移机制研究. 山东社会科学，2006，3：

99 – 101.

［80］袁润兵，李元旭．跨国公司知识来源与开放式创新．商业时代·学术评论，2006，5：6 – 7.

［81］张正堂，吴志刚．企业集团母子公司管理控制理论的发展．财经问题研究，2004，6：87 – 91.

［82］张文魁．大型企业集团管理体制研究：组织结构、管理控制与公司治理．改革，2003，1：23 – 32.

［83］赵景华．跨国公司在华子公司成长与发展的战略角色及演变趋势．中国工业经济，2001，12：61 – 66.

［84］张骥．母子公司网络横向联系及管理机制研究．杭州：浙江大学博士论文，2005.

［85］张志勇，刘益．企业间知识转移的双网络模型．科学学与科学技术管理，2007，9：94 – 97.

［86］周的孚．管理控制．上海：上海财经大学出版社，1998.

［87］中国企业集团促进会．母子公司关系研究——企业集团的组织结构和管理控制．北京：中国财政经济出版社，2004.

［88］周晓东，项保华．企业知识内部转移：模式、影响因素和机制分析．南开管理评论，2003（5）：7 – 10.

［89］周小虎，陈传明．企业社会资本与持续竞争优势．中国工业经济，2005，5：90 – 96.

［90］庄亚明，李金生．高技术企业联盟中的知识转移研究．科研管理，2004，6：50 – 55.

［91］赵福厚．跨国公司母子公司关系中自治权的确定性研究．南开管理评论，2004，5：106 – 111.

［92］赵曙明等．人力资源管理．北京：电子工业出版社，2003.

英文部分

［1］Abou-Zeid E. S. . A culturally aware model of inter-organizational knowledge transfer. Knowledge Management Research and Practice，2005，3（3）：146 – 155.

［2］Achrol Ravi S. . Evolution of the Marketing Organization：New Forms for Turbulent Environments. Journal of Marketing，1991（October），55：77 – 93.

［3］Allen R. . Collective invention. Journal of Economic Behavior and organization，1983，4（1）：1 – 24.

［4］Almeida，P.，R. M. Grant. International Corporations and Cross-Border Knowledge Transfer in the Semiconductor Industry. A Report to the Carnegie-Bosch Institute，1998，1 – 35.

［5］Ambos，B.，Schlegelmilch，B. B. . The new role of regional management.

Hampshire：Palgrave McMillan，2010.

［6］Ambos T. ，Birkinshaw J. . Headquarters' attention and its effects on subsidiary performance. Management International Review, 2010, 50 (4)：449 – 469.

［7］Amit R，Schoemaker Paul J. H. . Strategic assets and organizational rent. Strategic Management Journal 1993, 14 (1)：33 – 46.

［8］Anand Bharat N. ，Tarun Khanna. Do Firms Learn to Create Value? The Case of Alliances. Strategic Management Journal, 2000, 21 (3)：295 – 315.

［9］Andersson U. ，Forsgren，M. . Subsidiary embeddedness and control in the multinational corporation. International Business Review, 1996, 5 (5)：487 – 508.

［10］Andrew C. Inkpen. Managing Knowledge Transfer in International Alliances. Thunderbird of International Business Revie. 2008，March/April，Vol. 50，No. 2：77 – 90.

［11］Argote L. ，Ingram P. . Knowledge transfer：a basis for competitive advantage in firms. Organizational Behavior and Human Decision Processes, 2000, 82：150 – 169.

［12］Aubrey R. ，Cohen P. . Working Wisdom：Timeless Skills and Vanguard Strategies for Learning Organizations. San Francisco, CA. ：Jossey-Bass, 1995.

［13］Baldwin T. ，Magjuka R. ，Loher B. . The Perils of Participation：Effects of Choice of Training on Trainee Motivation and Learning. Personnel Psychology, 1991, 44 (1)：51 – 65.

［14］Barney J. B. . Strategic factor markets：Expectations, Luck and Business Strategy. Management Science：1986, Vol. 32, Issue10：1231 – 1241.

［15］Barney. J. B. . Firm resource and sustained competitive advantage. Journal of Management：1991, Vol. 17, No. 1：99 – 120.

［16］Barney J. B. . Gaining and Sustaining Competitive Advantage. MA：Addison-Wesley：Reading, 1997.

［17］Bartllet C. A. ，Ghoshal S. . Tap Your Subsidiaries for Global Reach. Harvard Business Review, 1986, Nov. -Dec. ：87 – 94.

［18］Bartlett C. A. ，Ghoshal S. Managing across borders：The transnational solution. Boston：Harvard Business School Press, 1989.

［19］Bartlett C. A. ，Ghoshal S. . The multinational corporation as an interorganizational Network. Academy of Management Review, 1990, Vol. 15, No. 4 ：603 – 625.

［20］Beccerra M. ，Gupta A. K. . Trust within the organization：Integrating the trust literature with Agency Theory and Transaction Costs Economics. Public Administration Quarterly, Randallstown, 1999.

［21］Birkinshaw Julian M. ，Morrison Allen J. . Configurations of strategy and structure in subsidiaries of multinational corporations. Journal of International Business Studies, 1995, Vol. 26 Issue 4：729 – 753.

［22］ Birkinshaw J. , Hood N. , Jonsson S. . Building firm-specific advantages in multi-national corporations: The role of subsidiary initiatives. Strategic Management Journal, 1998, 19 (3): 221 – 241.

［23］ Birkinshaw J. . How Multinational Subsidiary Mandates are Gained and Lost. Journal of International Business Studies, 1996, 27: 467 – 495.

［24］ Birnbirg, Jacob, G. . Control in interfirm co-operative relationships. Journal of Management Studies. 1998, Jul, Vol. 35 Issue 4: 421 – 428.

［25］ Björn Ambos, Volker Mahnke. How Do MNC Headquarters Add Value Management International Review, 2010, 50: 403 – 412.

［26］ Bock G. W. , Young-Gul K. . Breaking the myths of rewards: an exploratory study of attitudes about knowledge sharing. Information Resources Management Journal, 2002, 15: 14 – 21.

［27］ Booty I. . Inter-Persona land inter-action influences on informal resource exchanges between R & D and research across organizational boundaries. Academy of Management Journal, 2000, 43 (1): 50 – 60.

［28］ Bower, J. l. Managing the resource allocation process: A study of corporate planning and investment. Homewood: irwin-Dorsey, 1971.

［29］ Bresman H. , Birkinshaw J. , Nobel R. . Knowledge Transfer in International Acquisitions, Journal of International Business Studies, 1999, 30 (3): 439 – 462.

［30］ Buckley P. J. , Carter M. J. . Managing cross-border complementary knowledge: conceptual developments in the business process approach to knowledge management in multinational firms. International Studies of Management and Organization, 1999, 29 (1): 80 – 104.

［31］ Buckley P. J. , Carter M. J. . A Formal Analysis of Knowledge Combination in Multinational Enterprises. Journal of International Business Studies, Sep. 2004, Vol. 35, No. 5: 371 – 384.

［32］ Burgleman R. A. . A process model of internal corporate venturing in the diversified major firm Administrative Science Quarterly, 1983, 28 (2): 223 – 244.

［33］ Burt Ronald S. Social contagion and innovation: Cohsion Versus Structural Equivalence. American Journal of Sociology, 1987, 92: 1287 – 1335.

［34］ Chakravarthy B. S. , P. Lorange. Strategic adaptation in multibusiness firms. working paper 209, Strategic Management Research Center, University of Minnesota, 1989.

［35］ Chandler A. . The functions of the headquarters unit in the multibusiness firm. Strategic Management Journal, 1991, 12 (S2): 31 – 50.

［36］ Child J. Mansfield R. Technology, size and organization structure. Sociology, 1972: 369 – 393.

〔37〕 Child, John. 1973. Strategies of control and organizational behaviour. Administrative Science Quarterly, March: 1 – 17.

〔38〕 Ciabuschi F. , Martin Martin O. , Stahl B. . Headquarters' influence on knowledge transfer performance. Management International Review, 2010, 50 (4): 471 – 491.

〔39〕 Christian Berces. Managing foreign subsidiaries-aligning headquaters' and subsidiaries' goals. Seminar in Business Strategy and International Business, 2003, TU – 91. 167.

〔40〕 Cohen W. M. , Levinthal D. A. . Absorptive Capacity: A New Perspective on Learning and Innovation. Administrative Science Quarterly; Mar, 1990, Vol. 35, Issue1: 128 – 152.

〔41〕 Collins H. M. . The Structure of Knowledge. Social Research, Spring1993, Vol. 60, Issue 1: 95 – 116.

〔42〕 Conner K. , Prahalad C. A. Resource-based Theory of The Firm: Knowledge Versus Opportunism. Organization Science, 1996, 7 (5): 477 – 501.

〔43〕 Crossan M. M. , A. Inkpen A. C. . Promise and reality of learning through alliances. The International Executive, Man/June 1994, Vol. 36, Issue3: 263 – 273.

〔44〕 Cui A. S. , Griffith D. A. , Cavusgil S. T. . The Influence of Competitive Intensity and Market Dynamism on Knowledge Management Capabilities of Multinational Corporation Subsidiaries. Journal of International Marketing, 2005, 13 (3): 32 – 53.

〔45〕 Daft R. . Organization theory and design. New York: West, 1983.

〔46〕 Darr E. D. , Kurtzberg T. R. . An Investigation of Partner Similarity Dimensions on Knowledge Transfer. Organizational Behavior & Human Decision Processes. 2000, 82 (1): 28 – 45.

〔47〕 Dana B. Minbaeva. Knowledge Transfer in Multinational Corporations. Management International Review, Vol. 47, 2007, 4: 567 – 593.

〔48〕 Daniel Tolstoy. Knowledge Combination and Knowledge Creation in a Foreign-Market Network. Journal of Small Business Management 2009 47 (2): 202 – 220.

〔49〕 Davenport T. H. , L. Prusak. Working knowledge: how organizations manage what they know. Boston: Harvard Business School Press, 1998.

〔50〕 Davis Duane, Michael Morris, Jeff Allen. Perceived Environmental Turbulence and Its Effect on Selected Entrepreneurship, Marketing, and Organizational Characteristics in Industrial Firms. Journal of the Academy of Marketing Science, 1991 (Winter), 19: 43 – 51.

〔51〕 Dierickx I. , Cool K. . Asset stock accumulation and sustainability of competitive advantage. Management Science, 1989, Vol. 35, Issue12: 1504 – 1511.

〔52〕 Dong-Gil K. , Kirsch L. J. Antecedents of Knowledge Transfer From Consultants To Clients In Enterprise System Implementations. MIS Quarterly, 2005, 29 (1): 59 – 86.

［53］ Doz Y. , Santos J. F. P. , Williamson P. J. . From global to metanational. Boston: Harvard Business school Press, 2001.

［54］ Dröge Cornelia, Cindy Claycomb, Richard Germain. Does Knowledge Mediate the Effect of Context on Performance? Some Initial Evidence. Decision Sciences, 2003, 34（3）: 541 – 68.

［55］ Dyer Jeffrey H. , Kentaro Nobeoka. . Creating and Managing a High-Performance Knowledge-Sharing Network: The Toyota Case. Strategic Management Journal, 2000, 21: 345 – 367.

［56］ Easterby-Smith Mark, Lyles Marjorie A. , Tsang Eric W. K. . Inter-organizational knowledge transfer: Current themes and future prospects. Journal of Management Studies, Jun 2008, Vol. 45, Issue 4: 677 – 690.

［57］ Edstom A. Galbraith J. R. Ttransfer of managers as a coordination and control strategy in multinational organization. Administration Quarterly, 1977, 3: 313 – 327.

［58］ Egelhoff W. . How the parent HQ adds value to the MNC. Management International Review, 2010, 50（4）: 413 – 431.

［59］ Eisenhardt K. M. . Control: Organizational and economic approaches. Management Science, 1985, 31（2）: 134 – 149.

［60］ Eisenhardt K. M. , Behnam N. Tabrizi. Accelerating Adaptive Processes: Product Innovation in the Global Computer Industry. Administrative Science Quarterly, 1995 （March）, 40: 84 – 110.

［61］ Eisenhardt K. M, Martin J. A. . Dynamic capabilities: what are they? Strategic Management Journal, 2000, October-November Special Issue 21: 1105 – 1121.

［62］ Fabio Corno, Partrick Reinmoeller, Ikujiro Nonaka. Knowledge Creation within Industrial Systems. Journal of Management and Governance, 1999, 3: 379 – 394.

［63］ Fiol C. M. , Lyles M. A. . Organizational learning. Academy of Management Review, 1985, 10（4）: 803 – 813.

［64］ Forsgren M. , Pedersen T. , Foss N. J. . Accounting for the Strenghts of MNC Subsidiaries: the Case of Foreign-Owned Firms in Denmark. International Business Review, 1999, 8: 181 – 196.

［65］ Foss N. J. . On the rationales of corporate headquarters. Industrial and Corporate Change, 1997, 6（2）: 313 – 338.

［66］ Foss N. J. , Pedersen T. . Transferring knowledge in MNCs: The role of sources of subsidiary knowledge and organizational context. Journal of International Management, 2002, Vol. 8, Issue 1: 1 – 19.

［67］ Foss N. J. , Knudsen T. . The Resource-Based Tangle: Towards a Sustainable Explanation of Competitive Advantage, Managerial & Decision Economics, 2003, Vol. 24 Issue4: 291 – 307.

［68］Foss Nicolai J. , Bo Eriksen. Industry Capabilities and Competitive Advantage, in Cynthia Montgomery （eds）. Evolutionary and Ressource-based Theories of the Firm. Boston: Kluwer, 1995.

［69］Francesco Ciabuschi, Oscar Martín Martín, Benjamin Stöhl. Headquarters' influence on knowledge transfer performance. Management International Review, 2010, 50 （4）: 471 – 191.

［70］Friedman T. L. . The world is flat: A brief history of the twenty-first century. New York: Farrar, Straus, and Giroux, 2004.

［71］Gassman Oliver, Maximilian von Zedtwitz. . New Concepts and Trends in International R&D Organization. Research Policy, 1999, 28: 231 – 250.

［72］Ghoshal, S. , Bartlett, C. A. . the multinational corporation as an interorganizational network. Academy of Management Review, 1990, 15 （4）, 603 – 635.

［73］Ghoshal S. , Nohria N. . Internal differentiation within the multinational corporation. Strategic Management Journal, 1989, 10: 323 – 337.

［74］Gilbert M. , Cordey-Hayes M. . Understanding the process of knowledge transfer to achieve successful technological innovation. Technovation, 1996, 16 （6）: 301 – 312.

［75］Goh S. C. . Managing effective knowledge transfer: an integrative framework and some practice implications. Journal of Knowledge Management, 2003, 6 （1）: 23 – 30.

［76］Gomez C. , Sanchez J. I. . Human resource control in MNCs: a study of the factors influencing the use of formal and informal control mechanisms. International Journal of Human Resource Management, Oct 2005, Vol. 16 Issue 10: 1847 – 1861.

［77］Granovetter M. . Economic action and social structure: The problem of embeddedness. American Journal of Sociology, 1985, 91: 481 – 510.

［78］Grant R. M. . Toward a Knowledge – based Theory of the Firm. Strategic Management Journal. , 1996, 17: 109 – 122.

［79］Grant R. M. . The Resource-Based Theory of Competitive Advantage: Implications for Strategy Formulation. California Management Review, 1991, Vol. 33 Issue3: 114 – 135.

［80］Greenberg J. . A taxonomy of organizational justice theories. Academy of Management Review, 1987, 12: 9 – 22.

［81］Gupta A. K. , Govindarajan V. . Knowledge flows and the structure of control within multinational corporations. Academy of Management Review, 1991, Vol. 16, No. 4: 768 – 792.

［82］Gupta A. K. , Govindarajan V. . Knowledge Flows Within Multinational Corporations. Strategic Management Journal, 2000, 21: 473 – 496.

［83］Hamilton Ⅲ Robert D. , Roger J. Kashlak. National influences on multinational corporation control system selection. Management International Review, 1999, 39 （2）: 167 – 189.

［84］ Hakanson L. , Nobel R. . Technology characteristics and reverse technology trans-fer. In: Paper Presented at the Annual Meeting of the Academy of International Business, Vi-enna, Austria, 1998.

［85］ Hamel G. , Prahalad C. K. . Strategic Intent. Harvard Business Review, 1989, May – June: 63 – 76.

［86］ Hamel G. . Competition for competence and inter-partner learning within interna-tional strategic alliances. Strategic Management Journal, 1991, 12: 83 – 103.

［87］ Hansen M. . The search-transfer problem: the role of weak ties in sharing knowl-edge across organization subunits. Administrative Science Quarterly, 1999, 44, （1）: 82 – 111.

［88］ Hansen M. . Knowledge networks: Explaining effective knowledge sharing in multi-unit companies. Organization Science, 2002, 13 （3）: 232 – 248.

［89］ Harrigan K. R. . Innovation within overseas subsidiaries. Journal of Business Strate-gy, 1984, 4 （4）: 47 – 55.

［90］ Hedlund G. . The Hypermodern MNC – A Heterarchy? Human Resource Manage-ment, 1986, Vol. 25, No. 1: 9 – 35.

［91］ Hedlund G. . A model of knowledge management and the N – Form corpora-tion. Strategic Management Journal, 1994 （15）: 73 – 90.

［92］ Hedlund G. . , Nonaka I. . Models of knowledge management in the West and Ja-pan. In P. Lorange B. Chakravarthy, J. Roos, A. Van de Ven （Eds. ）. Implementing strate-gic process: Change, learning and cooperation. Oxford, UK: Basil Blackwell, 1999: 117 – 144.

［93］ Henderson R. , Clark. B. . Architecture innovation: the reconfiguration of existing product technologies and the failure of established Firms. Administrative Science Quarterly, 1990, 35: 9 – 30.

［94］ Henderson R. , Cockburn I. . Measuring competence? Exploring firm effect in pharmaceutical research. Strategic Management Journal, 1994, Winter Special Issue15: 63 – 84.

［95］ Hippel V. . Cooperation between rivals: informal know-how trading. Research Poli-cy1987, 16 （6）: 291 – 302.

［96］ Holm Ulf, Torben Pedersen. The Emergence and Impact of MNC Centres of Excel-lence. Basingstoke: MacMillan Press, 2000.

［97］ HolthamC. , Courtney N. . Developing managerial learning styles in the context of the strategic application of information and communication technologies. International Journal of Training and Developing, 2001, 5 （1）: 23 – 33.

［98］ Huber G. P. . Organizational learning: the contributing processes and litera-tures. Organization Science, 1991, 2 （1）: 88 – 115.

［99］ Husted K. , Michailova S. . Diagnosing and fighting knowledge sharing hostility. Organizational Dynamics, 2001, 31 (1): 60 – 73.

［100］ Inkpen A. C. . Managing Knowledge Transfer in International Alliances. Thunderbird of International Business Review. 2008, Vol. 50, No. 2: 77 – 90.

［101］ Ingmar Björkman, Wilhelm Barner-Rasmussen, Li Li. Managing Knowledge Transfer in MNCs: The Impact of Headquarters Control Mechanisms. Journal of International Business Studies, 2004, 9, Vol. 35, No. 5: 443 – 455.

［102］ Ipe M. . Knowledge sharing in organizations: a conceptual framework. Human Resource Development Review, 2003, 2 (4): 337 – 359.

［103］ James H. Taggart. Autonomy and Procedural Justice: A Framework for Evaluating Subsidiary Strategy. Journal of International Business Studies, 1st Qtr. , 1997, Vol. 28, No. 1: 51 – 76.

［104］ Jensen M. C. , Meckling W. H. . Specific and General Knowledge, and Organizational Structure. In: Paul S. Myers. Knowledge Management and Organizational Design. Butterworth-Heinemann, 1996: Pages 17 – 38.

［105］ Jack A. Nickerson, Todd R. Zenger, A Knowledge-Based Theory of the Firm-The Problem-Solving Perspective. Organization Science, 2004, Vol. 15, No. 6: 617 – 632.

［106］ Jarillo J. Carlos, Jon I. Martínez. Different roles for subsidiaries: The case of multinational corporations in Spain. Strategic Management Journal, 1990 ((Nov. – Dec.), Vol. 11, No. 7: 501 – 512.

［107］ Jeffrey L. Cummings, Bing-Sheng Teng. Transferring R & D knowledge: the key factors affecting knowledge transfer success. Journal of Engineering and Technology Management, 2003, 7, Vol. 20, Issue1 – 2: 39 – 68.

［108］ Jeffrey L. Cummings, Bing-Sheng Teng. The keys to successful knowledge-sharing. Journal of General Management, 2006 summer, Vol. 31, No. 4: 1 – 18.

［109］ Johnson Jean L. , Ravipreet S. Sohi, Rajdeep Grewal. The Role of Relational Knowledge Stores in Interfirm Relationships. Journal of Marketing, 2004 (April), 68: 21 – 36.

［110］ Kane A. , Argote L. . Knowledge transfer between group s via personnel rotation: Effects of social identity and knowledge quality. Organizational Behavior & Human Decision Processes. 2005, 96 (1): 56 – 71.

［111］ Katz R. , Allen T. J. . Investigating the Not Invented Here (NIH) syndrome: a look at the performance, tenure, and communication patterns of 50 R & D Project Groups. R&D Management, 1982, 12 (1): 7 – 19.

［112］ Kim L. . Absorptive Capacity, Co-operation, and Knowledge Creation: Samsung's Leapfrogging in Semiconductor. In Nonaka I. , Nishiguchi T. (eds) . Knowledge Emergence: Social, Technical, and Evolutionary Dimensions of Knowledge Creation. Oxford:

Oxford University Press, 2001: 270 – 286.

[113] Kim L. , Nelson R. R. . Technology, Learning, and Innovation: Experiences of Newly Industrializing Economies. Cambridge, UK: Cambridge University Press, 2000.

[114] Kim W. C. , Mauborgne R. A. . Implementing global strategies: The role of procedural justice. Strategic Management Journal, 1991, 12: 125 – 143.

[115] Kim W. C. , Mauborgne R. A. Procedural Justice, Attitudes, and Subsidiary Top Management Compliance with Multinationals' Corporate Strategic Decisions. The Academy of Management Journal, Jun. , 1993, Vol. 36, No. 3: 502 – 526.

[116] Kim W. C. , Mauborgne R. A. Procedural Justice and Manager, In-role and Extra-role Behavior: the Case of the Multinational. Management Science, 1996 (42): 499 – 575.

[117] Kim W. C. , Mauborgne R. A. . Procedural Justice, Strategic Decision Making, and the Knowledge Economy. Strategic Management Journal, Apr. 1998, 19 (4): 323 – 338.

[118] Kogut Bruce. The Network as Knowledge: Generative Rules and the Emergence of Structure. Strategic Management Journal, 2000, 21 (3): 405 – 425.

[119] Kogut Bruce, Udo Zander. Knowledge of the firm, combinative capability and the replication of technology. Organization Science, Aug, 1992, Vol. 3, Issue3: 383 – 397.

[120] Kogut Bruce, Udo Zander. Knowledge of the Firm and the Evolutionary Theory of the Multinational Corporation. Journal of International Business Studies, 1993, 24: 625 – 646.

[121] Kostova T. . Transnational transfer of strategic organizational practices: a contextual perspective. Academy of Management Review, 1999, 24 (2): 308 – 324.

[122] Lars Engwall, Cecilia Pahlberg. The diffusion of European Management Ideas. CEMP REPORT NO. 17, 2001, 64.

[123] Leonard-Barton D. . Core capability and fore rigidities: A paradox in managing new product development. Strategic Management Journal, 1992, Vol. 13: 111 – 125.

[124] Leonard-Barton D. . Learning on the Factory Floor. Industrial & Commercial Training. 1994, Vol. 26 Issue2: 6 – 7.

[125] Leonard-Barton D. . Wellsprings of Knowledge. Harvard Business School Press, Boston, MA, 1995.

[126] Leonard-Barton D. . Wellspring of knowledge. Boston: Harvard Business School Press, 2004.

[127] Leonard D. , Sensiper S. . The Role of Tacit Knowledge in Group Innovation. California Management Review, 1998, 40 (3): 112 – 132.

[128] Lind E. A. , Tyler T. R. . The social psychology of procedural justice. New York: Plenum, 1988.

［129］ Manzoni J. F. , Barsoux J. L. . The set-up-to-fail syndrome. Boston: Harvard Business School Press, 2002.

［130］ Lorsch J. W. , Morse J. J. Organizations and their members: A contingency approach. New York: Harper & Row, 1974.

［131］ Mahnke V. , Venzin, M. , Zahra, S. Governing entrepreneurial opportunity recognition in the MNe: aligning interests and cognition under uncertainty. Journal of Management Studies, 2007, November, 44: 1278 – 1298.

［132］ March James G. . Exploration and Exploitation in Organizational Learning. Organization Science, 1991 (Special Issue), 2: 71 – 87.

［133］ Martin X. , Salomon R. . Knowledge Transfer Capacity and Its Implications for the Theory of the Multinational Corporation. Journal of International Business Studies, 2003, Vol. 34, No. 4: 356 – 373.

［134］ Martinez, J. I. , Jarillo J. C. The evolution of research on coordination mechanisms in multinational corporations, Journal of International Business Studies, 1989, Fall, Vol. 20 Issue 3: 489 – 514.

［135］ Mason K. , Leek S. . Learning to build a supply network: an exploration of dynamic business models. Journal of Management Studies, 2008, 45: 759 – 784.

［136］ Maula Marjatta. Three parallel knowledge processes. Knowledge & Process Management, Jan-Mar, 2000, Vol. 7, Issue 1: 55 – 59.

［137］ Meyer J. , Rowan B. . Institutionalized organizations: formal structure as myth and ceremony. American Journal of Sociology, 1977, 83: 340 – 363.

［138］ Miesing P. , Kriger M. P. , Slough N. . Towards a model of effective knowledge transfer within transnationals: the case of Chinese foreign invested enterprises. Journal of Technology Transfer, 2007, 32 (1 – 2): 109 – 122.

［139］ Minbaeva D. B. . Knowledge transfer in multinational corporations. Management International Review, 2007, 4, Vol. 47: 567 – 593.

［140］ Minbaeva D. , Michailova S. . Knowledge Transfer and Expatriation Practices in MNCs: The Role of Disseminative Capacity, Employee Relations, 2004, 26, 6: 663 – 679.

［141］ Minbaeva D. B. , Pedersen T. , Bjorkman I. , Fey C. , Park H. . MNC Knowledge Transfer, Subsidiary Absorptive Capacity and Knowledge Transfer. Journal of International Business Studies, 2003, 34 (6): 586 – 599.

［142］ Mohr J. J. , Sengupta S. . Managing the paradox of inter-firm learning: the role of governance mechanisms. The Journal of Business & Industrial Marketing, 2002, 17 (4): 282 – 301.

［143］ Moore K. , Julian Birkinshaw. Managing Knowledge in Global Service Firms: Centers of Excellence. Academy of Management Executive, 1998, 12: 81 – 92.

［144］ Moorman Christine, Anne S. Miner. The Impact of Organizational Memory on New Product Performance and Creativity. Journal of Marketing Research, 1997 (February), 34: 91 – 106.

［145］ Morgan R. M. , Hunt S. D. . The Commitment Trust Theory of Relationship Marketing. Journal of Marketing, 1994 (58): 20 – 38.

［146］ Nelson, R. R. , S. G. Winter. An Evolutionary Theory of Economic Change. Cambridge: Belknap Press, 1982: 63 – 64.

［147］ Nelson R. (Ed.). National Innovation Systems: A Comparative Analysis. New York: Oxford University Press, 1993.

［148］ Nohria N. , Ghoshal S. . Differentiated Fit and Shared Values: Alternatives for Managing Headquarters-Subsidiary Relations. Strategic Management Journal, July 1994, Vol. 15, No. 6: 491 – 502.

［149］ Nohria N. Robert G. E. . Networks and Organizations: Structure, Form and Action. Boston: Harvard Business School Press, 1992.

［150］ Nonaka I. . A dynamic theory of organizational knowledge creation. Organization Science, 1994, Feb. Vol. 5, No. 1: 14 – 38.

［151］ Nonaka I. , H. Takeuchi. The Knowledge Creating Company. New York: Oxford University Press, 1995.

［152］ Nonaka I. . Toward Middle-Up-Down Management: Accelerating information Creation. Sloan Management Review, 1988, 29 (3): 9 – 18.

［153］ Nonaka I. , Konno N. . The concept of 'ba': Building a foundation for knowledge creation. California Management Review, 1998, Spring, Vol. 40, No. 3: 40 – 54.

［154］ Nonaka I. , Toyama R. . The knowledge-creating theory revisited knowledge creation as a synthesizing process. Knowledge Management Research & Practice, 2003, 11: 2 – 10.

［155］ Nystrom P. C. , Starbuck W. H. . To avoid organizational crises, unlearn. Organizational Dynamics, 1984, 12 (4): 53 – 65.

［156］ O'Dell C. , Grayson C. J. Jr. Knowledge transfer: discover your value proposition. Strategy & Leadship, 1999, March/April: 10 – 15.

［157］ O'Donnell S. W. . Managing Foreign Subsidiaries: Agents of Headquarters, or an Independent Network? . Strategic Management Journal, 2000 (21): 525 – 548.

［158］ Ouchi. W. G. , Maguire M. A. . Organization control: two functions. Administration Science Quarterly, 1975, 20: 59 – 69.

［159］ Ouchi W. G. . The Relationship Between Organizational Structure and Organizational Control. Administrative Science Quarterly, 1977, 22 (2): 129 – 141.

［160］ Ouchi W. G. A conceptual framework for the design of organizational control mechanisms. Management Science, 1979, 25 (9): 833 – 848.

［161］Ouchi W. G.. Markets, bureaucracies, and clans. Administrative Science Quarterly, 1980, 25: 129 – 141.

［162］Paul Miesing, Mark P. Kriger, Neil Slough. Towards a model of effective knowledge transfer within transnationals: The case of chinese foreign invested enterprises. The Journal of Technology Transfer, 2007, Vol. 32, No. 1 – 2: 109 – 122.

［163］Penrose, E.. The Theory of the Growth of the Firm. London: Basil Blackwell, 1959.

［164］Perlmutter H. V.. The tortuous evolution of the multinational corporation. Columbia Journal of World Business, 1969, 4 (4): 9 – 18.

［165］Peteraf M. A.. The Cornerstones of competitive advantage: A resourced-based view. Strategic Management Journal, 1993, Vol. 14, Issue3: 179 – 191.

［166］Pien Wang, Tony W. Tong, Chun Peng Koh. An integrated model of knowledge transfer from MNC parent to China subsidiary. Journal of World Business, 2004, 39: 168 – 182.

［167］Polanyi M.. Study of Man. Chicago: University of Chicago Press, Chicago, 1962: 12 – 31.

［168］Polanyi M. Personal Knowledge: Towards a Post-critical Philosophy. Chicago: University of Chicago Press, 1962.

［169］Porter M. E. From competitive advantage to corporate strategy. Harvard Business Review, 1987, 65 (3): 43 – 59.

［170］Powell T. C.. Competitive advantage: logical and philosophical considerations. Strategic Management Journal, 2001, 22 (9): 875 – 888.

［171］Prahalad C. K. , Gary Hamel. The Core Competence of the Corporation. Harvard Business Review, 1990, May-June: 79 – 91.

［172］Prusak L.. Knowledge in Organizations. Boston MA.: Butterworth-Heinemann, 1997.

［173］Quinn J. B. , Anderson P. , Finkelstein S.. Managing professional intellect: making the most of the best. Harvard Business Review, 1996, 74: 71 – 80.

［174］Quintanilla A. J. Direccion de Recursos Humanos en Empresas Multinacionates: Las Subsidiarias at descubierto. Madrid: Prentice Hall, 2002.

［175］Reed R. , DeFillippi R.. Causal Ambiguity, Barriers to Imitation, and Sustainable Competitive Advantage. Academy of Management Review, 1990, 15, 1,: 88 – 102.

［176］Rindfleisch Aric, Christine Moorman. The Acquisition and Utilization of Information in New Product Alliances: A Strength-of-Ties Perspective. Journal of Marketing, 2001 (April), 65: 1 – 18.

［177］Ronstadt R. , Kramer R. J.. Getting the most out of innovation abroad. Harvard Business Review, 1982, 58 (2): 94 – 99.

[178] Roth, Kendall & Allen J. Morrison. Implementing global strategy: Characteristics of global subsidiary mandates. Journal of International Business Studies, 23 (4): 715 - 736.

[179] Roth Kendall, Allen J. Morrison. An empirical analysis of the integration-responsiveness framework in global industries. Journal of International Business Studies, 1990, 22 (4): 541 - 561.

[180] Rubby P. Lee, Qimei Chen, Daekwan Kim, Jean L. Johnson. Knowledge Transfer Between Multinational Corporations's Headquarters and Their Subsidiaries: Influences on and Implications for New Product Outcomes. Journal of International Marketing, 2008, Vol. 12, No. 2: 1 - 31.

[181] Rugman A. M.. The regional multinationals: MNEs and "global" strategic management. Cambridge: Cambridge University Press, 2005.

[182] Salter M. S.. Tailor incentive compensation to strategy. Harvard Business Review. 1973, 49 (2): 94 - 102.

[183] Scott L. N.. Value, Rareness, competitive advantage, and performance: A conceptual-level empirical investigation of the resource-based view of the firm. Strategic Management Journal, 2008, 29: 745 - 768.

[184] Sharon Watson, Kelly Hewett. A multi-theoretical model of knowledge transfer in organizations: Determinants of knowledge contribution and knowledge reuse. Journal of Management Studies, 2006, Mar. 43 (2): 141 - 173.

[185] Sheremata W. A.. Centrifugal and centripetal forces in radical new product development under time pressure. Academy of Management Review, 2000, 25 (2): 389 - 408.

[186] Schoemaker, Paul J. H.. Strategy, Complexity, and Economic Rent. Management Science, 1990, Vol. 36, Issue10: 1178 - 1192.

[187] Simonin B. L.. Transfer of marketing know-how in international strategic alliances: an empirical investigation of the role and antecedents of knowledge ambiguity. Journal of International Business Studies, 1999, 30 (3): 463 - 490.

[188] Simonin B. L.. Ambiguity and the Process of Knowledge Transfer in Strategic Alliances. Strategic Management Journal, 1999 (9): 595 - 623.

[189] Snell S. Control theory in strategic human resource management: the mediating effect of administrative information, Academy of Management Journal, 1992, 35 (2): 292 - 327.

[190] Song X., Montoya-Weiss M., Schmidt J. B.. Antecedents and consequences of cross-functional cooperation: a comparison of R & D, Manufacturing, and marketing perspectives. Journal of Product Innovation Management, 1997, 14 (1): 35 - 47.

[191] Spender J. C.. Making Knowledge the Basis of a Dynamic Theory of the Firm. Strategic Management Journal, 1996, 17: 45 - 62.

[192] Stephen Tallman, Mitchell P. Koza. Keeping the Global in Mind The Evolution of

the Headquarters' Role in Global Multi-business Firms. Management International Review, 2010, 50: 433 – 448.

[193] Szulanski G.. Exploring internal stickness: Impediments to the transfer of best practice within the firm. Strategic Management Journal, 1996, Vol. 17, Winter Special Issue: 27 – 43.

[194] Szulanski G.. The process of knowledge transfer: a diachronic analysis of stickiness. Organizational Behavior and Human Decision Processes, 2000, 82 (1): 9 – 27.

[195] Taggart, J. H. , Autonomy and Procedural Justice: A Framework for Evaluating Subsidiary Strategy, Journal of International Business Studies, 1997, 28, 1: 51 – 76.

[196] Tallman S. John Dunning's eclectic model and the beginnings of global strategy. In J. Cheng, M. Hitt (Eds.) Managing multinationals in a knowledge economy, advances in international management (15th ed.) . Oxford: Elsevier, 2004: 43 – 55.

[197] Tallman S. , Jenkins M. , Henry N. , Pinch S.. Knowledge clusters and competitive advantage. Academy of Management Review, 2004, 29 (2): 258 – 271.

[198] Teece D.. Technology transfer by multinational corporation: The resource cost of transferring technological know-how. Economic Journal, 1977, 6: 242 – 261.

[199] Teece D.. The Market for Know-How and the Efficient International Transfer of Technology. Annals, AAPSS 458, 1981: 81 – 96.

[200] Teece D.. Strategies for managing knowledge assets: the role of firm structure and industrial context. Long Rang Planning, 2000, 33: 35 – 54.

[201] Teece David, Pisano Gary. The Dynamic Capabilities of Firms: an Introduction. Industrial & Corporate Change, 1994, Vol. 3, Issue3: 537 – 556.

[202] Teece D. J. , Pisano G. , Shuen A.. Dynamic capabilities and strategic management. Strategic Management Journal, 1997, 18 (7): 509 – 533.

[203] Tiwana A. , Bush A.. A social exchange architecture for distributed Web communities. Journal of Knowledge Management, 2001, 5: 242 – 248.

[204] Tran Y. , Mahnke V. , Ambos B.. The effect of quantity, quality, and timing of headquarters-initiated knowledge flows on subsidiary performance. Management International Review, 2010, 50 (4): 493 – 511.

[205] Tsai W. Knowledge transfer in intraorganizational networks: effects of network position and absorptive capacity on business unit innovation and performance. Academy of Management Journal. 2001, 44 (5): 996 – 1004.

[206] Tushman Michael L. , Philip Anderson, Charles O'Reilly. "Technology Cycles, Innovation Streams, and Ambidextrous Organizations: Organization Renewal Through Innovation Streams and Strategic Change," in Michael L. Tushman and Philip Anderson, eds. Managing Strategic Change and Innovation: A Collection of Readings, New York: Oxford University Press, 1997: 3 – 23.

［207］ Van Wijk R. , Jansen J. P. , Lyles M. A. . Inter-and intra-organizational knowl-edge transfer: A meta-analytic review and assessment of its antecedents and conse-quences. Journal of Management Studies, 2008, 45 (4): 830 – 853.

［208］ Vito Albino, Claudio Garavelli A. , Giovanni Schiuma. Knowledge transfer and inter-firm relationships in industrial districts: The role of the leader firm. Technovation, 1998, Nov. Vol. 19, Issue 1: 53 – 63.

［209］ von Hippel E. . Sticky Information and the locus of problem solving: Implications for innovation. Management Science, 1994, 40 (4): 429 – 439.

［210］ Vroom V. . Work and Motivation. New York, London and Sydney: John Wiley and Sons 1964.

［211］ Wegner D. M. . Transactive memory: A contemporary analysis of the group mind. In B. Mullen, G. R. Goethals (Eds.) . Theories of group behavior. New York: Spring-erVerlag, 1986: 185 – 205.

［212］ Weick Karl E. . The Collapse of Sensemaking in Organizations: The Mann Gulch Disaster. Administrative Science Quarterly, 1993 (December), 38: 628 – 652.

［213］ Wernerfelt Birger. A Resource-Based View of the Firm. Strategic Management Journal, 1984, 5: 171 – 180.

［214］ William G. Egelhoff. How the Parent Headquarters Adds Value to an MNC. Man-agement International Review, 2010, 50: 413 – 431.

［215］ Williamson Oliver E. Markets and hierarchies: Analysis and antitrust implica-tions. New York: Free Press, 1981.

［216］ Wnernerfelt B. . A resource based view of the firm. Strategic Management Journal, 1984, 5: 171 – 180.

［217］ Winter S. G. . Knowledge and competence as strategic assets. Ballinger Publishing Company, 1987.

［218］ Wong, Y. Y. , T. E. Maher, J. D. Nicholson, A. F. Bai, Organisational, Or-ganisational learning and the risks of technology transfers in China, Management Research News 26 (12), 2003: 1 – 11.

［219］ Yanqing Duan, Wanya Nie, Elayne Coakes. Identifying key factors affecting transnational knowledge transfer. Information & Management, 2010, 47: 356 – 363.

［220］ YiMing Tseng. International strategies and knowledge transfer experiences of MNCs' Taiwanese subsidiaries. Journal of American Academy of Business , 2006 , 8 (2): 120 – 125.

［221］ Zander U. , Kogut B. . Knowledge and the Speed of the Transfer and Imitation of Organizational Capabilities: An Empirical Test. Organization Science, 1995, Vol. 6 Issue1: 76 – 92.

后　记

本书是在我的博士论文基础上修订而成的。在导师及专家学者的帮助指导下，在求学与治学的道路上一路走来，一直围绕着母子公司管理控制这一主题。在知识经济时代，母子公司竞争优势来源于这样的公司结构有利于知识的转移。本书就是在这样的视角下，较为全面地分析了母子公司知识的生成与转移问题，希望能成为提升母子公司管理的引玉之砖。

感谢我的导师韩经纶教授在学业上给我的无尽指导与帮助，恩师的宽厚与仁爱、博学与严谨、达观与激情是我追求的目标。本书从选题到结构安排、从理论梳理到观点提炼，无不凝聚着韩教授的智慧与心血。希望本书能小小地回报恩师的指教与关爱。感谢师母的慈爱与照顾，师母的体贴与呵护让我时时沐浴在浓浓的亲情中，远离家乡却能感受到家的幸福与快乐。

感谢陈志军教授、王学秀博士、王刚夫博士对我的帮助与抚慰，他们亦师亦兄，在我处于困境时给予鼓励与慰藉。感谢薛有志教授对我的关照，薛教授的无私指点与开导，让我受益匪浅，才促成了本书最终付梓。感谢孟媛老师周全与细致的帮助，让我欣喜人间温情。还要感谢本书引用与参考的所有文献的作者们，他们高屋建瓴的研究，时时让我仰慕不已。

感谢我的妻子陈卫利女士，她一直用辛劳默默支持着我。还要感谢我的儿子孙小鲸，他年龄虽小，却已经能给予我生活上的帮助了，尽管还是某个时点或某个细节，却让我感觉到生命的神奇，顿生澎湃的力量。

本书完稿时，我已年逾不惑，虽然做不到世事洞明，却也能坦然面对一切，解开了一些工作与生活郁结。学术是神圣的，宁神清心也是必要的，这点我在写作的过程中感受颇深。保持怡然的心境，体味学术的乐趣，愉悦感会油然而生。感慨之际，拈得四句，果能如是，不啻一种境界，特附后。是为后记。

灯前独寂影，
小室横乾坤。
铺卷细研墨，
合书拂纤尘。

孙中伟

2013 年 5 月于泉城